现代英语教学中的课堂互动研究

董 岩◎著

吉林出版集团股份有限公司

图书在版编目（CIP）数据

现代英语教学中的课堂互动研究 / 董岩著. — 长春：吉林出版集团股份有限公司，2023.5
ISBN 978-7-5731-3190-4

Ⅰ．①现… Ⅱ．①董… Ⅲ．①英语－课堂教学－教学研究 Ⅳ．①H319.3

中国国家版本馆CIP数据核字（2023）第072698号

现代英语教学中的课堂互动研究

XIANDAI YINGYU JIAOXUE ZHONG DE KETANG HUDONG YANJIU

著　　者	董　岩
责任编辑	曲珊珊
封面设计	林　吉
开　　本	787mm×1092mm　1/16
字　　数	316千
印　　张	13.5
版　　次	2023年5月第1版
印　　次	2023年5月第1次印刷
出版发行	吉林出版集团股份有限公司
电　　话	总编办：010-63109269
	发行部：010-63109269
印　　刷	廊坊市广阳区九洲印刷厂

ISBN 978-7-5731-3190-4　　　　　　　　　　定价：78.00元

版权所有　侵权必究

前　言

联合国教科文组织指出，21世纪人才应具备正确处理人与人的关系的能力、集纳信息能力和较好的口才，才能适应社会发展需要。我国从现代国际社会发展情况和国情出发，提出21世纪人才除具备思想道德素质、科学文化素质、心理素质、审美素质、劳动技术素质、身体素质和创造素质外，还应具备较好的交往素质，具有良好的人际交往和群体合作能力，做到乐群合作，热心参与，善于交往。

大学英语教学是我国高等教育的重要组成部分。无论大学英语课程的教学目标、学习内容、授课方法、课程要求等进行怎样的改革，英语教师在学生学习过程中的作用都显而易见。在所有影响大学英语教学改革的因素中，教师素质的提高是改革成功的关键要素之一。

在教学中学生是主体，英语课堂上的互动式教学是发挥学生主体性的最佳教学方式。首先，互动式教学本身就是对学生主体性有着必然要求的教学方式，没有学生的主体性就没有互动式教学。其次，只有在教师、学生间的情感的、智力的互动中，教师、学生才会真正地了解对方或其他人。最后，互动还会引领学生主体性的方向，学生的疑问、教师的启示、师生的辩论、同学间的研讨，这些都会引领学生的主体性向着纵深方向和谐发展。

本书主要研究英语教学中课堂互动方面的问题，涉及丰富的英语教学知识。主要内容包括英语课堂教学概述、英语教学的主要原则、当代英语课堂教学的延伸、互动式教学概述与理论依据、有效教学视角的英语课堂互动、大学英语课堂有效互动的要素、影响大学英语互动式教学实施的因素、构建大学英语良好课堂互动的策略、教师话语的等同互动性、话语权势与主体间性教学模式等。本书是作者长期从事英语教学和实践的结晶。在内容选取上既兼顾到知识的系统性，又考虑到可接受性。本书向读者介绍课堂互动的基本概念、原理和应用，使读者能系统地理解课堂互动的基础知识，熟练地掌握英语教学基本应用技能。

由于笔者水平有限，本书难免存在不妥甚至谬误之处，敬请广大学界同仁与读者朋友批评指正。

目 录

第一章 英语课堂教学概述 ... 1
- 第一节 英语课堂教学的意义与构成 ... 1
- 第二节 英语课堂教学的特征 ... 4
- 第三节 英语课堂教学的类型与环节 ... 6
- 第四节 英语课堂教学的设计与评估 ... 15
- 第五节 当代英语课堂教学的发展趋势 ... 28

第二章 英语教学的主要原则 ... 33
- 第一节 英语教学的一般原则 ... 33
- 第二节 英语教学的特殊原则 ... 44

第三章 当代英语课堂教学的延伸 ... 55
- 第一节 英语课外活动与课堂教学的关系 ... 55
- 第二节 英语课外活动的意义与作用 ... 56
- 第三节 英语课外活动的原则 ... 58
- 第四节 当代英语课外活动的主要形式 ... 61

第四章 互动式教学概述与理论依据 ... 75
- 第一节 互动式教学的概念 ... 75
- 第二节 互动式教学的特点 ... 76
- 第三节 互动式教学的功能 ... 78
- 第四节 互动式教学的现实依据 ... 79
- 第五节 互动式教学的理论依据 ... 81

第五章 有效教学视角的英语课堂互动 ... 85
- 第一节 课堂互动的分类 ... 85
- 第二节 有效课堂互动的特征 ... 93
- 第三节 有效课堂互动的原则 ... 95

第四节　课堂互动存在的问题与分析···98

第六章　大学英语课堂有效互动的要素···106
　　第一节　互动意识···106
　　第二节　互动习惯···111
　　第三节　互动目标···116
　　第四节　互动情景···119
　　第五节　互动内容···124
　　第六节　互动形式···126
　　第七节　互动时间···131
　　第八节　互动空间···133

第七章　影响大学英语互动式教学实施的因素···136
　　第一节　学生学习动机的培养···136
　　第二节　教学内容的选择···138
　　第三节　教学环境的建设···139
　　第四节　对教师自身素质的要求···141
　　第五节　加强对学生学习策略的培养···143

第八章　构建大学英语良好课堂互动的策略···147
　　第一节　明确教学目标···147
　　第二节　互动式英语教学的实施原则···148
　　第三节　互动式英语教学的常用教学形式···149
　　第四节　互动式英语教学的实施环节···153
　　第五节　互动式英语教学评价···155

第九章　教师话语的等同互动性···156
　　第一节　互动性话语与学生课堂参与程度···156
　　第二节　话语的等同互动性以及意义构建···158
　　第三节　等同互动性信息交流以及语言关注···171
　　第四节　教师在等同互动中的角色定位···178

第十章　话语权势与主体间性教学模式···182
　　第一节　课堂话语、权力与话语权···182

第二节 课堂话语权势 …………………………………………… 189
第三节 英语教学中权势距离的小节 …………………………… 192
第四节 主体间性外语教学模式的建立 ………………………… 196

参考文献……………………………………………………………… 205

第一章 英语课堂教学概述

在我国，英语学习属于非母语学习活动，除极少数学生具备与外国人沟通的条件外，绝大多数学生习得英语是完全依赖于课堂教学的，因此课堂教学的质量至关重要。本章我们主要研究有关英语课堂教学的相关问题。

第一节 英语课堂教学的意义与构成

一、英语课堂教学的意义

在我们的学校里，课堂教学是教师向学生进行教育、传授知识、培养技能和技巧的主要形式。教师在课堂教学中要充分发挥主导作用，根据教学目标合理地安排好工作时间，以便更有效地利用课堂上的每一分钟，使教学过程成为学生积极学习的成长过程。课堂上，教师不但要教学生，更要教会学生。教师要把应教的材料教完，并使学生掌握教材中的知识。教和学两方面的任务都要在课上完成。

英语教学的质量是基于每节课的教学质量之上的。教师要把每节课都上好，保证质量，不留尾巴。如果学生每节课上都有收获，他们对英语学习就会有兴趣，有信心，运用英语的能力也会不断提高。

此外，要使学生真正地掌握知识，除了课上的教和学，课下的复习和巩固也是十分必要的。"温故而知新"告诉我们，由于人的大脑在储存新信息的同时可能会忘掉一部分先前的信息，只有循环记忆，反复复习才能把知识学习得扎实、牢固。如果学生在课堂上只懂得了所学的材料，但学得不熟，语音、语调、词句的用法原来就没有听清楚，后来又难免有忘掉的地方，在自行练习时，不仅会加倍吃力，还会由于走调、用错，养成错误的语言习惯，以后改起来就特别麻烦。

当然，教师不能将课上本应解决的问题全部推给学生在课下完成。所以，一名合格的英语教师，应该懂得如何恰当地安排时间，使学生有效地使用课上时间，合理地安排课下时间。

二、英语课堂教学的构成要素

构成英语课堂教学的基本要素包括教师、学生、教材和教法。下面我们就对这几个构成要素分别进行简要的阐述。

（一）教师

教师是课堂教学的首要构成要素。教师是课堂的掌控者，是学生的引导者。一名合格的英语教师首先要具有纯正的发音，要热爱教学，性格要活泼，对待学生的态度要和蔼，思维要敏捷，语言要幽默。然而，并非所有的英语教师都具有纯正的发音，如果教师发音欠佳，则可采用视频、广播以及多媒体等手段进行弥补，让学生听到纯正的发音。同时，教师在讲解单词、句子、课文时，要穿插必要的解释，并重复难懂的关键词语。

毫无生气的课堂很难激起学生学习的积极性，缺乏生气的教师也很难得到学生的喜爱。因此，教师要富有激情，并用自己的激情激发起学生的热情，在恰当的时候可用夸张的语言和语调来讲述故事，并采用开玩笑的形式缓解课堂气氛，平衡文静学生与活跃学生之间的谈话。

我们所了解的英语课堂，教师的讲话占据了课堂一定的时间。不可否认，教师的讲话有助于学生习得新的语言知识，但不能因此牺牲学生的练习时间。另外，教师要注意不断变化课堂教学的形式，以增加课堂的趣味性。好的英语教师还具有很强的应变能力，能预测课堂活动中出现的新动向，能很好地处理课堂上的突发情况，保证课堂活动生动有序地进行。

此外，教师在课堂上要注意随时调整自己运用语言、提问和提供反馈的方式。语言运用的方式非常重要，为了让学生对所讲述的内容有一个充分的了解，教师可以采用重复话语、降低语速、增加停顿、改变发音、调整措辞、简化语法规则、调整语篇等方法。在英语课堂中，提问可以说是教师最常使用的，也是非常有效的教学技巧之一。通过提问，可以有效激发学生学习的兴趣，促使学生积极思考，帮助教师启发式教授相关知识结构。

此外，提供反馈也十分重要，所谓提供反馈就是教师为学生的学习情况提供的反馈。教师的反馈可以是对学生话语的回答，如表示学生问答正确或错误、赞扬鼓励、扩展学生的答案、重复学生所答、总结学生回答、批评等。总之，教师的目的就是采用不同形式的教学方法，调动学生的积极性，扩充学生的知识，培养学生的学习能力，提高整体教学的效果。

（二）学生

只有教师而没有学生，课堂也就无法形成，因此学生是课堂的另一构成要素。通常，善于学习英语的学生对英语及其相关文化背景知识有浓厚的兴趣，对英语民族及其政治、经济、风俗习惯、生活方式等有开明的态度，有着明确的学习目标和强烈的学习愿望，善于寻找和琢磨适合自己的学习方法。这样的学生对学习有着负责的态度，不是为了考试而学习。他们通常具有以下特点：

1. 认真并愿意听教师讲课，勤于做笔记，经常复习教师讲过的单词、短语、句子和课文。

2. 懂得通过与教师进行适当的交际可以提高语言水平，因此经常提问，并愿意积极发言。

3. 富有冒险精神，能大胆运用所学知识，不怕出错，对于教师的纠正有正确的态度。

4. 热爱思考，勤于尝试用英语的思维来考虑问题，并善于将所见所闻与学过的英语知识联系起来。

5. 每个学生都有适合自己的学习方法，而且彼此之间都有所不同，例如有些学生喜好早上记忆单词、背诵课文，有些学生喜好睡前记忆单词、背诵课文，因此好的学生善于寻找和琢磨适合自己的学习方法和时段。

6. 懂得如何安排自己的课后学习活动，懂得学习英语贵在坚持。

7. 具有长远的学习目标，定下的近期目标往往比目前学习的内容更深入，善于充分利用课堂与教师和同学进行交流和沟通。

（三）教材

教材是为教师的教和学生的学而服务的，是课堂的必需要素。然而，教材是死的，学生是不断变化的。而且，任何教材的编写都受编者水平和资料的限制，不可避免地会存在某些缺点和不足。如果教师一味地以完成教学任务为目的，忽略学生的反应，按部就班地使用教材，恐怕很难起到促进学习的作用。因此，在教学过程中，教师应灵活处理不同的教材，在课上或课下询问学生的感受，及时调整教学的方法和进度。在教学过程中通常会遇到以下教材问题：

1. 教材的难度偏大，很多学生很难跟上其步伐，仅仅是进行机械的操练。此时，教师应放慢教学的进度，同时添加一些相近文章但难度较小的内容。

2. 教材语言材料过于简单，绝大多数学生已经熟记于心，课堂虽然活跃，学生交谈的兴致虽然很高，但也只是操练旧的语言知识和技能，不利于新知识的吸收和语言能力的发展。遇到这种情况时，教师应注意为学生添加一些具有挑战性的语言材料，使用一些略高于现有水平的词汇、句子及课文，便于学生理解，且富有一定的挑战性，从而激发学生的学习兴趣和学习动力。

3. 教材形式过于死板，趣味性不强，此时教师应注意增添一些符合学生心理特征的内容，以增强课文的趣味性。

4. 教材没有按照先易后难、先浅显后深入的原则编排，此时教师可以以整本教材为依据，调整教材文章的先后顺序。

（四）教法

语言教学无定法，英语教学历史上出现过诸多教学方法，这些教学方法都在英语教学中发挥过作用。但实践证明，没有哪一种教学方法是最好的、最有效的。如果在教学过程中采用固定、一成不变的教学法，必然会引起学生的反感，从而降低教学的效率。即便是在一堂课中使用一种教学方法，学生也会感到乏味，从而影响课堂教学效果。因此，在整个教学过程中和某一具体课堂教学中，都要采用不同的教学方法，这些教学方法对语言技能各有侧重，这样才有利于学生英语的全面发展。

第二节　英语课堂教学的特征

一、注重满足学生的成功欲

学生具有很强的求知欲，根据学生的这一特点，在英语课堂教学过程中，教师通常会设法让学生取得一定的成就，使其获得一定成就感。成就感对于激发学生学习的兴趣和主动性十分有利。这种成就感是在日常生活和具体的交际情景中获得的，因此教师除按照课本的内容进行操练外，还应结合教材和教师的具体情况创设一些情景，使学生在具体的情景中进行意义操练或交际操练。例如，教师在教学生"What's on the table？"这一句型时，教师常会手握一件小物品，然后将手放于背后，接着向学生问"What's in my hand？Please guess."这样，学生的积极性就很容易被激发，他们就会集中精神猜测，并且会坦然地说"There's a(n)...in it."或"Is that a(n)...？"当有学生猜到时，这位学生就会有一种成就感，其他学生也能从中获得乐趣。

二、经常提出启发性的要求

学生普遍具有较强的好奇心,他们常常希望在学习的过程中发现一些新的东西。这一点对于教师的教学具有启示性的意义,对于启发式教学也十分有利。因此,教师在教学的过程中要时常考虑到启发的作用,经常提出一些启发性很强的要求,使学生的思维始终保持在一种积极活跃的状态。教师的提问通常灵活多样,一般向全班提出,然后个别活动采用意义操练和交际操练。例如,教师在教"What's the girl doing?""Where are the children walking?""What's her mother saying to her?"等句型时,往往会先进行一定量的机械练习,然后利用教室的实际情况,如挂图、幻灯片内容等,让学生想象,并表达自己的想法。这一活动虽然是个别活动,但全班学生都会集中注意力,积极思考。

三、采用灵活多样的教学方法

在课堂上,要集中学生的注意力是很难的,尤其是集中低年级学生的注意力。因此,教师经常在课堂教学中采用灵活多样的教学方法,合理安排教学方式。例如,在音标拼读时,教师通常会为学生布置课前查阅词典的任务,使学生掌握单词的音标拼读。在教单词时,教师通常会把含有相同读音的单词,如 day,say,gay,lay,may,way 等,放在一起来教。在教句型时,通常借助歌曲、图片、幻灯片等进行教学。巩固、小结时通常会采用角色表演或连词成句等方法。

四、注重交际应用

实践性和交际性是外语教学的基本特征,并且仅应用于本学科。外语教学的实践性和交际性不能仅仅满足于一般的实践性,如重复、模仿、套用、改写等,而要有利于外语进行交际和模拟交际。基于这一要求,在课堂教学中,教师常设计大量的意义操练和交际操练,如两分钟讲话、师生自由谈话、值日生汇报、分组交谈等,以达到培养学生英语交际能力的目的。同时,教师也十分清楚,学生交际能力的培养不是一蹴而就的,因此常耐心地、有计划地一步步组织教学,根据课堂教学的结构,灵活、恰当地在各个教学环节中安排意义操练和交际操练。

另外,重视交际应用还体现在教师坚持精讲多练上,即把课堂的大部分时间留给学生,以便学生自主进行各种练习。

五、强调巩固和发展

遗忘是外语教学中一个非常严重的问题，外语教学的过程可以说就是与遗忘做斗争的过程。因此，在教学过程中要贯彻巩固性原则。但仅仅是消极的巩固并不能取得满意的效果，因此在进行巩固的同时，教师还要不断发展学生的实践能力，也就是在发展中达到巩固，以巩固求得发展。在具体的教学过程中，教师常将教材内容进行系统的安排，力求做到前后照顾，新旧联系，不断进行练习，以扩展学生的知识量和培养学生的实际应用能力。

第三节 英语课堂教学的类型与环节

一、英语课堂教学的类型

英语课堂教学中，常用的英语课程类型有讲练课、巩固课、复习课、阅读课和语法课。

（一）讲练课

讲练课又称综合课，是英语教学里最常用的课型。课上有讲有练，以练为主，但也根据实际的需要做精练的解释。讲练课通常包括以下五个环节：

1. 组织教学。
2. 复习、检查。
3. 提出新材料。
4. 反复操练。
5. 布置家庭作业。

讲练课的上述五个环节，体现出英语教学的一个完整过程和对听、说、读、写工作的全面安排。讲练课在教学内容上包括单词、语音、语法和课文，在训练上涉及听、说、读、写四个方面。讲练课的环节多，教学方式灵活多样，在新鲜多变的气氛中比较容易引起学生的注意力，增强学生学习的兴趣和积极性。

（二）巩固课

巩固课也称发展口笔语能力的课。巩固课一般包括以下三个教学环节：

1. 组织教学。

2. 反复操练。

（1）朗读课文；

（2）整理课文中的词汇和语法；

（3）就课文进行问答；

（4）逐段叙述课文大意；

（5）叙述整篇课文大意；

（6）改变课文中的任务、时间、地点等，另作叙述；

（7）叙述对课文的读后感。

3. 布置家庭作业。

（1）熟读课文；

（2）改写课文。

巩固课的目的是通过口笔语练习，复习、整理教过的材料，并进一步提高学生的听、说、读、写的能力，培养语言习惯。如果教师在教过某课之后，发现学生对知识掌握的熟练程度还不够，可以接着组织一次巩固课，以资弥补，还可以配合阶段考试，连续组织几个巩固课。

（三）复习课

德国哲学家狄慈根说过："重复是学习的母亲。"配合期中或期末考试，教师可以组织一次或几次复习课，把一个阶段里讲授的材料加以系统整理，一则帮助学生记忆；二则促进学生进一步提高口笔语能力。复习课的基本环节如下：

1. 组织教学。

2. 复习整理。

（1）提出语法或词汇题目；

（2）学生列举例词、例句；

（3）归纳语法要点或提示单词的用法；

（4）语言练习。

3. 布置家庭作业。

（1）朗读有关课文；

（2）课下做笔头作业。

在复习课中，教师要注意引导，使学生开动脑筋，积极参加活动，师生互相配合。切忌将复习课上成知识课，变成教师一人表演的独角戏。

(四)阅读课

阅读课是讲练课的一种。阅读课上有讲有练,以练为主。阅读课的任务主要是培养学生的阅读能力,训练学生的阅读技巧,围绕课文展开口笔语的练习,以口笔语练习,尤其是口语练习,推动阅读工作,检查阅读效果,促进阅读能力的提高。阅读课的结构如下:

1. 组织教学。

2. 复习检查。

3. 进行阅读。

(1)口头介绍课文大意;

(2)朗读课文;

(3)讲解课文。

4. 反复操练。

(1)朗读课文;

(2)提问课文内容;

(3)叙述课文大意。

5. 布置家庭作业。

(五)语法课

语法课也是讲练课中的一种。英语课本中总会介绍许多语法知识点。简单的语法可以结合课文学习,有意识地通过口头操练使学生掌握。而复杂的语法,可通过语法课进行专门的讲解和操练,使知识更具有系统性。语法课通常包括以下过程:

1. 组织教学。

2. 复习提问。

3. 提出新的语法点。

(1)讲解语法点。

(2)初步运用于实践。

4. 反复操练。

(1)问答练习;

(2)句型操练;

(3)做书本上的语法练习;

(4)提问新的语法点。

5. 布置家庭作业。

二、英语课堂教学的环节

（一）上课

上课是英语课堂教学的中心环节，也是完成英语课堂教学任务的主要手段。组织好课堂教学，对于减轻学生课后的学习负担十分有利。因此，教师在课堂教学中应将学习的内容讲授完，将英语的语言点巩固好。

英语课堂教学开始前，教师应懂得语言课堂教学的基本结构，如开始教学、安排教学活动的顺序、确定进度、结束教学等。在课堂的开始，教师要简要回顾以前所学的内容，陈述教学目标，吸引学生的注意力。进入正题后，有很多项活动，这些活动要按照先简后繁、先理解后运用、先学规则或先操练、先进行机械操练后从事重意义的交际、先重准确后重流利等原则进行。在具体的英语教学中，也要采用不同的教学方法和模式，以切实保证学生英语水平得到提高。

1. 课程的环节

（1）师生按照英美的习惯及使用语互相致以问候，问候时避免使用中国化的称谓，如 Teacher Liu 之类。

（2）简要回顾和复习前一次或几次课的重点内容，如一些具有特点的关键词、句式以及表达方式等。

（3）导入新的内容。最直接的方式是使用导入语，如"Today we're going to study…"等。间接的方式有很多种，如讲故事；提出与课文相关的问题，启发学生的思维，使学生在新的课文中寻找正确的答案；利用直观教具或图画等辅助手段开展新的教学内容。

（4）新课的教学活动包括多种教学，如生词教学、句式教学、对话教学、课文教学，所采用的教学方法也各不相同。生词教学可采用自制识字卡片或卡通图片；句式教学以模仿为主；对话教学可采用听录音、领读、角色扮演等；课文教学分为整体理解、分段讲解、重点句型模仿、回答问题、分组讨论、归纳总结等。

（5）依据课文内容，组织交际性活动，引出学生的交际需求，以补充教学内容，或是为下一次的教学做好准备。

（6）复习新学的内容知识，检查学生对新学的单词、短语、句子、对话等的掌握情况。

（7）布置家庭作业及下次课堂学习的内容，以便学生巩固所学的知识，同时预习将要学习的知识。

2. 注意的事项

教师在课上除了保证基本的教学环节以外，还要注意一些教学细节问题。

（1）做到因材施教。教师要充分分析和熟悉教材，针对学生的实际情况来灵活设计教学方案，做到因材施教，以避免学生对课堂产生厌烦。同时，教学进度的安排也应根据学生的反应进行适当的调整。

（2）了解学生特点。班级中的每个学生都有着自己的特点，特点不同，对英语课的看法和喜爱程度就有所不同。因此，教师要充分了解不同学生以及在不同阶段的个性特点，根据学生的年龄和阶段来调整教学活动。此外，随着年龄的增长，学生对外部世界有了更多的了解，自我意识开始增强，因此课堂教学应逐步增强学生的竞争意识，使学生认识到学习英语的积极意义，培养学生良好的学习习惯，使学生有意识地观察自己的进步，向更高的目标发展。

（3）争取学生的配合。教师只是一味地在课堂上讲，起不到应有的教学效果，因为课堂教学活动是一项交互式的教学活动。学生对教师知识水平和教学方法的态度对课堂活动的实施起着至关重要的作用。也就是说，教师和学生通过课堂进行相互了解，课堂教学的质量取决于两者的密切配合。具体来讲，教师在台上的每一个手势、眼神，学生都应该能心领神会，积极地参与到学习中去，使教师能得心应手地进行教学，避免在组织教学上浪费过多的时间，把握好课堂上的每一分每一秒。培养学生听到问题迅速作答的好习惯，教师一提出问题，学生就马上站起，大声回答。如果是点名作答，第一名学生答不出来时，应立刻换第二名学生，等第二名学生回答正确时，再由第一名学生重复一遍。在有限的课堂时间内，很难做到给每个学生机会，但要注意，不能每次课都向固定的学生提问，这样会打击其他学生的积极性，进而会影响教师与学生之间的配合。在此期间，教师要适当照顾有困难的学生，当问题比较简单时，应把作答的机会留给他们，以提高他们的自信心和学习的积极性。

（4）钻研教学用语。英语课堂倡导教师用英语进行教学，但是要确保教师用英语进行教学，又保证学生听得懂是很难的。因为教师自己能说，但说出来的英语对学生来讲却很难，这样便会给师生之间的交流带来阻碍，同时也会影响课堂教学的效果。因此，教师要刻苦钻研教学用语，争取做到课堂上用英语进行教学，学生又能顺利地听懂。另外，教师不要当学生的面说"You are wrong.You are mistaken.That's wrong."之类的否定语句。这样会严重打击学生的自尊心和积极性。即使学生答错了，也应鼓励学生，引导学生找到正确的答案，或请其他学生回答。

（5）合理利用板书。在黑板上书写能产生很好的视觉效果，还能加深学生的印象。教学的重点、难点都可以通过板书来突出。写板书时应注意以下几点：

①在上课前要做好计划，充分考虑板书的内容以及在黑板上的具体分布结构。

②站在黑板的一侧，避免挡住学生的视线。

③不要埋头写板书，要不停地讲话，边写边引导学生，也可以要求学生告诉你需要板书的内容。

④对于一些重点结构，可采用不同的形式引起学生的注意，如可以运用下画线或者表格等形式。

⑤如果被学生发现有书写错误，不要生气，应立即纠正，然后说："Sorry, I haven't noticed it. Thank you very much."这样不仅不会损害教师的尊严，还给学生树立一个正确对待自己错误的榜样。

⑥在黑板上画示意图，如简笔画，不求好看，能把问题描述清楚就行。也可以请学生在黑板上画画。学生在画的时候，教师还可以说："Oh, I can't draw. See, what a beautiful picture he/she is drawing! I hope I can draw like him/her some day."这样不仅可以活跃课堂气氛，还可以利用画画的时间说英语，使学生接触和学习一些日常用语。

然而，板书需要大量的时间，如果一整堂课都在书写板书，势必会占据课堂的大部分时间。如果在备课时做好图片、白板、小黑板、幻灯片、电子文本等呈现教学的要点，便能节省大量的时间，而且学生还可以直观、全面地感受到课文的内容，理解课文的思想。因此，教师要合理利用板书，并与视听说设备及图片相结合。

（6）做到和蔼可亲。教师的眼神和举动是组织教学的重要手段之一，可以有效节省语言和时间。因此，教师的态度要安详，要做到平易近人，时刻面带微笑，注视全班，留意每个学生的一举一动。不同内容和教学方式的课堂教学应该用不同的身体语言。当发现某个学生累了的时候，可以利用这个真实的情景运用英语表示关切，如询问一下"Are you tired？"当发现不少学生比较累的时候，可以用不同活动，如唱歌、背小诗、做游戏等，来适当调节一下课堂气氛，振奋学生的精神。不能因为学生累了，注意力不集中，就出现不良教态，大声吼学生或使劲敲讲台等行为。教师要尊重和热爱学生，不仅要热爱听话的和学习好的学生，也要热爱不太听话和学习成绩较差的学生，不能对学生存有偏见。只有教师热爱学生，学生才会热爱教师。

（7）突出重点，兼顾一般语言点。严格来讲，英语课堂中语言成分的教学没有什么重要与不重要之分。每一个知识点都对语言的正常运用起着重要的作用。但课堂的时间是有限的，不可能将所有涉及的语言点都进行练习。新出现的词汇与句型等都需要掌握。词汇的记忆靠一堂课难以完成，需要学生课前预习和课后复习，但句型的运用必须在课堂上完成，一堂课结束后必须使学生记住几个典型的句子，并能做到脱口而出。因此，教师在教授的过程中，要突出重点，同时兼顾一般的语言点。

（8）承前启后。在英语课堂教学中，教师不能孤立地进行一个单元的教学，因为单元前后都是相互联系的。因此，教师应尽量创造机会运用已经或正在学习的重要句型，加深学生的印象，适当将相关的句子放在一起让学生进行参考。此时不宜进行语法分析，避免学生的注意力因此而分散。

（9）设计随堂测验。短短两三分钟的听写或回答问题作为课堂效果的检验，可以为下一次课的设计提供一定的参考。因此，教师在课堂结束时可设计一些短小的随堂测验，检查学生掌握情况的同时，为下一节课打好基础。

（二）提问

提问是英语课堂中的一个关键环节，它对语言的习得起着积极的促进作用。但有关提问的一些方面，如问题的类别、等待时间的长短、提问过程的控制、问题的反馈等对课堂教学可以产生积极的影响，也可以产生负面的效应。在一定程度上，课堂教学中的提问策略影响着课堂教学的有效性。

1. 提问的功能

经研究发现，"问答"活动占据了英语课堂的一定时间。提问可以保证学生参与到课堂活动中来，促进交互活动的开展。提问还常作为一种手段来监控学生，可以提醒精力不集中的学生，将其唤回到课堂活动之中。提问的功能具有正反两个方面，下面我们进行具体的介绍。

（1）提问的正功能。提问对课堂教学有着较大的正面优势，具体包括以下几方面：

①激发学生的学习兴趣，调动学生的主动性。

②刺激学生的课堂参与。

③启发学生的思维。

④帮助教师检查学生对问题的理解和掌握程度。

⑤帮助教师就某些细节性问题进行检查。

（2）提问的负功能。在英语课堂教学中如果提问不当,则会产生负面的功能。具体表现在以下几个方面：

①问题难易程度不当。提问的问题太难时,学生很难理解和消化；如果提问的问题过于简单,则不具有挑战性,起不到应有的效果。

②问题的对象把握不准。有些教师在课堂上只提问比较主动的学生,而忽略了其他不够积极的学生,使得这些学生得不到锻炼的机会。

③问题等待时间的长短不当。问题太长则会增加学习记忆的负担,造成理解困难；等待时间过短,学生则很难做出正确的答复,难以使学生感受到答对问题的成就感,不利于动机的激发。

④对问题的程序把握不当。有些教师听到正确答案后便立即转入下一个问题,而不对正确答案进行简要的讲解,这样即使再富有挑战性的问题也起不到应有的作用。

⑤教师对学生回答的反馈方式不当。当学生不能正确地回答教师提出的问题时,有些教师就会责备学生,这样就会挫伤他们的积极性,使他们丧失信心。当学生答对简单的问题时,教师就会给予称赞,这样就会给学生一种错误的感觉,认为教师低估了自己,对自己不够信任。可见,教师对学生回答的反馈方式不当,就会打击学生参与问答活动的积极性。

2. 提问在英语课堂教学中的应用

提问是组织教学的重要手段之一,可适用于课堂教学的各个阶段。

（1）可作为教师引出主题的手段。话题是课堂活动的聚焦点,课堂从听说到读写的各种活动都是围绕一个话题进行的。话题在课堂活动中有着重要的意义,它可以增强活动的吸引力,使活动更富有意义。提问运用到英语课堂教学中,可帮助教师引出课堂教学话题。

（2）可作为阅读课堂教学的主要手段。阅读教学通常由阅读前、阅读中和阅读后三个阶段组成。而且课堂教学中的各个阶段都围绕着要解决的问题来展开。在阅读前阶段,教师可以通过提问引出课堂中要说的话题,激活学生已有的知识结构,组织学生对文中内容进行预测。在阅读中阶段,教师可以通过提问给学生布置问题,组织学生阅读文章,寻找问题的答案。在阅读后阶段,教师可通过提问,使学生描述和回顾文中的人物、时间等,也可以组织学生运用文中知识来介绍自己的经历,阐述自己的观点。

（三）辅导

辅导虽不属于课堂教学，但却是课堂教学的有效补充，是教学工作的重要组成部分。理想的课堂教学能解决教案中提出的一切设想，但是在实际教学过程中，会有许多新的问题出现。班上学生的构成比较复杂，不同的家庭背景、性格特征、智力水平、学习成绩、学习动力等因素使学生对英语学习产生不同的态度，同一起点开始英语学习的学生经过一段时间后，其英语水平会参差不齐。所以，适时的辅导可以使学习有困难的学生赶上去，增强其自信心，使有问题的学生提高认识，端正学习态度，学习成绩好的学生进一步提高水平。辅导对于提高教学质量有着积极的作用。应注意课后教学辅导要及时，问题积累越多，就会越难解决。辅导方式包括以下两种。

1. 批改作业

批改作业是辅导学生的常规方式。教师通过批改学生的作业，可以发现学生在学习过程中的诸多问题，然后针对这些问题进行及时的纠正和辅导。具体可采用以下多种方式：

（1）课堂上集中核对学生的作业答案，对于典型的错误可进行有针对性的评价，使学生相互借鉴。

（2）详细批阅所有学生的作业，这样可以清楚地了解每个学生的学习情况，针对每个学生的情况进行具体的教学活动。

（3）当面批阅学生的作业，可以个别辅导学习上存在问题的学生，提升班级整体的英语水平。

（4）教师安排学生相互批改作业，这样可以培养学生发现问题的能力。

2. 有针对性的辅导

辅导主要针对的是学习成绩较差的学生。针对此类学生，除了课后的思想教育，还需要进行必要的教学辅导，以提高其学习成绩，配合课堂教学。辅导的方式可采用以下几种：

（1）在课堂上让多个成绩较差的学生回答简单的问题，借机提高他们的自信心，然后逐渐提问较难的问题，以逐步提高他们的英语水平，最终赶上其他学生。

（2）辅导中，教师要注意听取学生对教学的意见，了解他们的兴趣，适时地对教学进行调整，同时适时地推荐一些课外读物，培养学生学习的自主性。

（3）还可以采用教师管理，优生辅导差生的方式来辅导差生的学习。采用这种方法时，首先要让优生认识到，辅导差生并非浪费时间，而是在辅导别人的同时，也巩固了自己的知识。教师对辅导效果进行定期检查。

批改作业的过程也就是教师与学生进行交流的过程。教师可以依据批阅的结果对学生进行有针对性的辅导。一般学生都比较关心教师对其作业的整体评价，因此教师要实事求是地指出学生的问题所在，帮助学生解决一部分问题，同时鼓励学生自己解决一部分问题。有一点需要注意，即教师在写评语时，注意不要打击学生的积极性，多写一些鼓励性的评语。

第四节　英语课堂教学的设计与评估

一、英语课堂教学的设计

（一）英语教学设计概述

英语课堂教学设计是英语教师根据一定的英语教学理念、教学理论、教学实践经验对课堂教学行为的一种策划，是帮助学生达成英语学习目标，表现出学业进步的条件和情境所做的安排。究其本质，英语课堂教学设计是对达成学生学习目标的一种策划。

英语教学设计与其说是一门艺术，不如说是一门科学。究其原因，可以从以下三点进行证实。

1. 英语教学设计的科学性体现在设计者必须正确运用教育思想和英语教育原理，以先进的教育思想、教学理念和教学理论指导英语教学设计，融教育和教学原理于英语教学设计之中。

2. 英语教学设计的科学性又体现在设计者对英语课程与教材的理解和认识之中。设计者要正确地理解英语课程和教材的内在意义，把握教材的知识、技能和主题篇章系统的运动规律，把教材的要求、教材的编制思想和设计者对教材的认识融入英语教学的设计之中。

3. 英语教学设计的科学性还体现在设计者对学习主体的认识上。学生既是教学的客体，又是教学的主体。英语作为一门学科教育，其操作是在师生互动中完成的；英语作为一门语言，其交际是在师生间实现的。对教学对象和主体的认识不足必然导致教学方向的迷失，教学目标的落空。无视教学对象和主体的存在，纵然再好的教学设计也是一句空话。学生的英语学习动机、经验和基础是设计者首先要考虑的问题。

（二）教学设计模式

教学设计的过程模式，也称教学设计模式，是指基于一定的教学设计理论和方法，通过理论演绎或长期设计经验而建构起来的能够对教学设计的过程做出说明和解释的框架。

英语教学设计通常包括以下四种基本模式。

1. 分析模式

所谓分析，是将研究对象的整体分为各个部分、方面、因素和层次，并分别加以考察的认识活动。分析的意义在于细致地找能够解决问题的主线，并解决问题。在当代英语教学中应对以下内容进行分析：

（1）学习需求分析。需求分析是教学设计的起点，缺乏应有的需求分析就难以保证教学设计的适应性。在教学设计中，学习需求是指学习者现有的知识、能力、素质等与学习目标所期望的知识、能力、素质等之间的差距，即教学期望达到的学习状况—学习者目前的学习状况＝学习需求。

学习需求分析就是通过科学、系统的调查与分析，确定学习者的学习需求。

学习目标的确定是学习需求分析的关键。确定学习目标需要结合社会需求和个人发展需求，充分考虑可以利用的各种资源和各种相关的促进与制约因素，确定合理、科学的学习目标。

要制定科学的学习目标，可以从时间的分配上下功夫。如长期目标、中期目标、近期目标，或者整个学习期间的目标、各学习阶段的学习目标、学年的学习目标、学期的学习目标、单元学习目标、课时学习目标等。形成科学、合理的目标体系是进行合理教学设计的前提条件。

要确定学习者现有的学习水平则需要对学生已经达到的学习水平进行调查、分析与评价，特别是与学习目标直接关联的学习水平。

在英语教学设计中，开展学习需求分析是非常重要的。我们需要依据社会需求和个人发展需求，科学地确定英语学习的目标。而目前，由于学习目标设置的不合理，我国基础教学阶段的英语教学面临着很多难题。

在总目标层面，我们确定了面向全体受教育者的、以培养外语运用能力为总目标的外语教育目标，但是我们并不需要全体国民都成为外语使用者。对于个人来说，我们绝大多数的英语学习者确定了中考、高考等外语学习目标，绝大多数学生是考什么就学什么，仅有极少学生是因为要掌握一门语言而去学习。

具体来说，在课时目标层面，很多教师会把词汇、语法作为基本的重点学习目标，而且在一个课时之内就要求学习者彻底掌握所学词汇和语法项目，而不考虑其学习能力。

（2）学习者分析。对学习者的准确分析是成功开展教学设计的一项重要因素。学习者分析是通过调查、分析，把握学习者的学习风格、心理特征、已有知识和技能等，为教学内容的选择与组织、学习目标的制定、教学活动的设计、教学方法与媒体的选择和运用等提供依据。学习者分析是整个教学设计的起点，教学设计的一切都基于对学习者的特征分析。

对于英语教学设计而言，学习者要准确分析把握学习者的真实学习动机、真实学习目的、知识认知机制、已有知识技能、英语学习机制、学习逻辑顺序、学习心理顺序等，因为这些要素都对英语教学设计有着根本性的影响。

（3）学习内容分析。教学内容的分析是教学内容选择的前提条件。教学内容的分析包括教学内容适切性分析和教学内容的理解。

学习内容就是教学活动中为实现学习目标而学习的知识与技能、过程与方法、情感态度与价值观的总和。根据国家英语课程标准的规定，英语课程的学习内容包括情感态度、文化意识、学习策略、语言知识、语言技能五个层面。具体的学习内容是课程标准规定的、通过教材实现的语言材料。

分析学习内容的目的是使教师和学习者明确教学活动要让学习者学什么，这与教学目标密不可分。

目前，我国英语教学中英语教师对英语学习内容分析时，对语义、语境都能有很好的把握，但大多数英语教师都很难把握好语用内容。普遍出现在分析教学内容时，只分析到语义内容，或者分析到语境内容，却没有分析到语用内容的情况，这导致学生语用能力的严重缺失。

因此，分析教学内容时，我们必须把握教学内容的语义、语境、语用内容，尤其是语用内容，这样才能全面培养学生的英语运用能力。

2. 设计模式

（1）教学策略设计。教学策略是实施教学过程的教学思想、方法模式、技术手段这三方面动因的简单集成，是教学思维对其三方面动因进行思维策略加工而形成的方法模式。教学策略是为实现某一教学目标而制定的、付诸教学过程实施的整体设计，包括对知识与技能教学内容的序列设计、对教学活动过程的系统问题和期望的学生反应的设计、对教学的组织形式和媒体呈现信息方式的设计等，具体包括课时的划分、教学顺序的设计、教学活动的设计及教学组织形式的选择与设计。

教学策略设计不仅要考虑到教学目标、教学内容、学习者特征，还要考虑实际教学条件的可能性；创造性地设计，灵活地安排教学活动，巧妙地设计各个环节，合理地安排各有关因素，形成系统、总体的设计，使之能够发挥完整的教学功能。

常见的教学策略包括组织教学过程、安排教学顺序、呈现特定教学内容的教学组织策略，确定教学信息传播形式和媒体、教学内容传递顺序的教学传递策略，将教学组织策略和教学内容传递策略协调起来的教学管理策略。

（2）教学过程设计。教学过程是为实现教学目标而开展的多个教学活动组成的连续过程。在长期发展中，英语教学理念形成了强调学习过程的任务教学，这也是英语新课程倡导的英语教学方式。

任务教学过程是一种以具体的学习任务为学习动力或动机、以完成任务的过程为学习过程、以展示任务成果的方式来体现教学效果的教学过程。

任务教学的教学过程设计应该包括以下内容：

1）任务设计。这一阶段教师首先应确定学习任务，使学习任务的设计具有层次性。

2）任务准备。这一阶段是指在学习者学习新语言之后，运用所学新知识完成任务之前，教师向学习者讲解完成学习任务所需要掌握的语言知识，强调语言表达过程中的正确性和得体性，目的是为接下来的任务做好准备。这是语言学习的过程，分为输入和吸收两个主要环节。

3）任务呈现。这是向学习者介绍任务的环节，目的是让学习者知道学习语言之后要用所学语言完成的任务，让学习者明确语言学习的目标。

语言输入是教师呈现所学语言、让学习者学习的环节。语言吸收是学习者经过练习内化所学语言项目的环节。

4）任务完成。这是学习者在学习新语言后，运用所学语言实践的环节，也是语言运用的环节。

5）语言巩固。这是学习者在语言运用的过程中存在问题，教师发现后要对学生进行有针对性的指导和训练，使知识得到巩固和强化，达到促进语言内化目的的环节。

（3）教学技术设计。教学离不开技术，无论是传统的黑板、粉笔等形成的技术，还是现代电子、互联网、多媒体等技术的使用，都是提高教学质量的有效保证。因此，教学设计需要教学技术设计。

教学技术设计包括教学媒体选择与使用以及运用教学媒体辅助教学活动的设

计。这种设计基于学习目标、学习内容、学习者特征、教学策略与教学过程，依据各种教学媒体所具有的教学功能和特性，选择教学媒体和设计教学媒体辅助活动。各种教学媒体对教学的功能不同、效果不同，并不适用于所有教学内容和教学情境的媒体。

教学媒体选择与教学媒体辅助教学活动的设计，直接影响学习目标的达成以及教学策略的实施。

3. 评价模式

教学评价是依据教学目标对教学过程及结果进行价值评判并为教学决策服务的活动。教学评价是研究教师的教和学生的学的价值的过程。教学评价一般包括对教学过程中教师、学生、教学内容、教学方法手段、教学环境、教学管理诸因素的评价，但主要是对学生学习效果的评价和教师教学工作过程的评价。教学评价设计通常包括以下内容：

（1）确定学习成效评价标准与方法。教学设计的目的在于提高教学有效性，教学目标是否达成是评价教学设计有效性的关键；而学习成效的评价是评价教学有效性的基础；确定学习成效的评价标准，是开展教学评价的前提。从评价目的分，学习成效评价可分为诊断评价、学业成就评价等；从形式分，可分为形成性评价和总结性评价。

学习成效评价的标准应该以学习目标为基础，如诊断评价的标准要根据学习过程中的实际学习情形确定，学业成就评价的标准则可以直接依据学习目标确定。

形成性评价常用于对学习过程的评价，评价标准可以根据评价需要确定；总结性评价常用于对学业成就的评价，评价标准主要基于学习目标。

（2）形成性评价。形成性评价是在教学过程中，为调节和完善教学活动，保证教学目标得以实现而进行的确定学生学习成果的评价。形成性评价的主要目的是改进、完善教学过程。形成性评价可以促使学习者获得学习成就感、增强自信心，有效调控自己的学习过程，成为评价的积极参与者。

英语教学设计的形成性评价应基于激励原则，采用描述性评价、等级评定或评分等评价记录方式。

（3）总结性评价。总结性评价是以设定的教学目标为基准，对评价对象达成目标的程度，即教学效果做出的评价。总结性评价注重考查学生掌握某门学科的整体程度，概括水平较高、测验内容范围较广，常在学期中或学期末进行，次数较少。

总结性评价是对学习者综合语言运用能力发展程度测试的重要手段。英语教学设计的总结性评价应依据课程标准的要求进行，重点考查学生在具体情境中的英语语言运用能力。

总结性评价应根据教学的阶段性目标确定评价的内容和形式，包括听力、口语、阅读、写作和语言知识运用等。

基于英语新课程标准的总目标，英语教学设计的总结性评价试题应以具有语境的为主应用型试题，合理配置主观题和客观题。

4. 反馈修正模式

反馈修正就是根据评价提供的反馈信息，对教学设计进行调整，从而提高教学的有效性。教学设计很可能会由于分析的误差、设计的失误，而导致教学过程中存在一些问题。作为对教学的修正，教学评价可以提供大量的反馈教学信息。教学设计不应该是一种一成不变的预设，而应该根据大量的反馈信息，不断调整教学策略，在教学设计中预测可能出现的问题，设立一些预案，从而在教学过程中根据教学反馈不断修正教学活动，提高教学有效性。英语教学设计中存在学生已有知识与技能不足、教学环境与条件不充分等特殊困难时，更需要根据教学信息反馈进行修正。

（三）英语课堂教学策略的选择与应用

在前面的教学设计模式中，我们已经对教学策略进行初步的研究。下面我们将进一步对教学策略中几种常见的策略进行详细的阐述。

1. 课堂指令策略

英语课堂中学生的活动是在指令下进行的。学生课堂学习行为和任务是否得以实施与课堂指令直接有关。学生课堂学习行为既受指令的制约，又受个性的激活。换言之，课堂英语学习是指令下的自主行为。就指令的功能而言，指令具有激发或唤醒学习行为的功能，优化着学习行为的过程，也规定着行为的取向。课堂指令效果具有两面性，它既具有正效应面，也具有负效应面，这取决于英语教师的教学理念、教学能力和课堂语言素养。由于课堂指令的优劣与课堂教学效率直接或间接相关，课堂指令的选择和使用必须慎重。课堂指令必须具有以下四个特点：

（1）语言要简明扼要、清晰完整。

（2）给予适当的例子或示范，以便进一步帮助学生理解指令。

（3）时机要恰当。要在学生注意力集中、等待发布指令时给予课堂指令。

（4）指令内容要完整。一般要交代清楚课堂活动的方式、目的、操作步骤、时间长度、反馈要求及方式等。

2. 问题的澄清与纠错策略

在课堂上，学生所使用的英语语言出现语误或差错是在所难免的，因此教师应该善于利用纠错方法提高学习效率，以便达到教学设定的目标。纠错的方式多种多样，有教师纠错、自我纠错和同伴纠错等。纠错的原则是突出重点、注重目标、抓住时机。教师最常见，也是无效的回应是"好极了"或者"嗯"这种程式化的、毫无意义的回应。教师应该尽力澄清、正面回应学生语言学习中出现的错误和问题。一位合格的英语教师应掌握以下澄清策略：

（1）当学生自信地回答出正确的答案，接受并承认答案，然后继续，不要过多地赞扬。

（2）当学生回答正确，但很犹豫，要及时反馈和鼓励，在继续之前，要解释答案为什么准确。

（3）当学生回答得很自信，但答案不正确，要对学生的积极思考予以肯定，然后用别的问题引导学生得出正确的答案。

（4）当学生由于粗心大意而回答不正确时，教师要给出正确答案，然后继续，避免直接纠正错误答案。

在对纠错策略进行实践验证和理论思考之后，我们认为好的纠错策略应该考虑以下三点：

（1）不同教学要求有不同的纠错方式。如果以语言准确性作为教学重点，那么教师就要及时指出学生英语学习中出现的错误，尤其是语法层面的错误，以减低错误的强化率。如果以语言流畅性作为教学重点，就可以忽略一些语法错误，鼓励语言的大胆产出。

（2）引导学生自我纠错。通过比较婉转的方式指出错误所在，引导学生自己改正错误，加深印象、养成良好的学习习惯。

（3）要把握时机，不能为纠错而纠错。如果教师经常随心所欲地打断学生的思路进行纠错，将对学生语言的形成和发展产生不利的影响。

3. 提问的策略

课堂提问是课堂上师生之间、生生之间互动的重要组成部分。课堂提问也是教学有效性的一个重要环节。有效提问的策略包括以下内容：

（1）问题的类型和水平必须与教学目标和要求相符合。

（2）在课堂教学过程中要问足够量的问题，使问题的类型多样化、层次化。

（3）提出问题后要留出一定的时间，然后请学生回答，给他们留有一定时间思考并且做好回答的心理准备。

（4）保证全班同学有相同回答问题的机会。

（5）学生回答不精确，或不完整时，需要继续提问，不必马上给出明确的答案。

（6）要将问题，特别是关键的问题，事先写入教学设计或教案。

（7）提出的问题应清晰、简短、切中要害。

（8）所设计问题要确保能够吸引学生的关注和参与。

（9）非语言行为，如眼神、站姿等应与所提问题协调一致，以便更好地启发和鼓励学生。

4. 维持课堂纪律的策略

良好的课堂纪律是保证课堂活动有效开展的前提。在进行英语课堂教学时，教师首先要尽可能通过教学设计有准备、有秩序地保证课堂纪律。减少因准备不充分而影响课堂的组织秩序情况。因此，教师要注意以下几点：

（1）精心设计，认真策划每一个教学步骤，使课堂教学活动与教学设计相匹配，使教学步骤与步骤之间、教学活动与活动之间环环相扣，使学生在紧张有序的课堂环境中学会学习。

（2）为不同年龄、不同认知能力的学生量身订制各种不同的活动，牢牢抓住他们的兴趣点，适时调节他们的兴奋点。

（3）设计出不同层次的活动和问题，使不同学生都享有展示自己的机会，切忌"厚此薄彼"。

（四）英语教学设计的编制

教学设计具有科学性的重要标志是它有一系列工具。这些工具将使教学设计具有可操作性。教学的常用工具是教学分析表、教学流程图、教学设计说明等。

1. 教学分析表

为了更好地明确教学目的、分析学习者背景及其他教学相关要素，教师可以制定一份教学分析表。

2. 教学流程图

教学流程图是用图的形式表述教学过程，可以帮助教师清楚准确地把握教学过程中各个要素和环节。

3.教学设计说明

教学设计说明是在教学设计之后所写的一段关于设计意图和活动特点的文字说明,它通常与教学后的教学反思连在一起,能起到不断反思教学的作用,不断反馈和修正教学的作用。

二、英语课堂教学评估

(一)英语课堂教学评估的分类

英语课堂教学评估一般可以分为诊断性评估、形成性评估、起点性评估、终结性评估、教学性评估以及正式评估。

1.诊断性评估

诊断性评估是进行教育鉴定与诊断的手段,它的目的及功能是通过收集有关信息来确定特殊教育的对象、培养目标和方案。学生在课堂学习的过程中不仅在学习上会遇到困难,如听不懂、注意力不集中等,还有情感、家庭或社交方面的问题,如当天的心情、对老师的喜爱程度、与同学是否发生了冲突等。因此,教师首先应该找到问题所在,然后记录,最后从理解的角度选择解决方法。学生的学习情况不仅体现在测试的分数上,还包括学生对某一主题的项目完成记载以及教师与学生家长的交谈结果。通过诊断性评估,教师可以对学生的知识掌握情况和能力有深入的了解,也能发现学生存在的问题及其性质、范围,进而能为学生设计满足其需要的教学活动。评估可通过多种方式进行,如精心设计的测验、课堂教学中对学生的简单提问和回答。

2.形成性评估

形成性评估是对学习者学习过程的全面测评,是对学习者课程学习成果的阶段性评价、是对学习者学习目标的阶段性测试、是课程考核中的重要组成部分。这种评估可以通过多种方式进行,如对学生学习研究报告的评论、访谈、座谈、测验结果的分析等。

3.起点性评估

起点性评估一般在学期或学年刚开始时进行,目的是为了解学生,为良好集体的建立打下基础。起点性评估要求教师在短时间里对每个学生的性格有初步了解,以便促进课堂上的交流。同时发现有突出特点的部分学生,让他们在今后的教学中协助教师的工作,共同做出相关决定。

4. 终结性评估

终结性评估注重的是对教育干预措施的评价。这种有效性评价可以针对整个教育过程进行总体评价，也可在教育活动暂告一段落时，对前一阶段的教育成果加以回顾性评价。如一个学期的中间或期末，学生经过集中复习，在固定的时间内完成一套试题等。

5. 教学性评估

课堂如同一个复杂的社会场所，学生和教师都是这个小社会中的成员，在不同层面上交往。教师如同这个社会的领导人，带领着学生一起建设和营造它，使它成为一个良好的社会和学习环境。要做到这些，我们不仅需要秩序、纪律与合作，还需要正面指导。教师的决定和指导是为了建立和维持一个和谐、稳定、进取的课堂环境。所以，教学性评估包括：备课评估——教什么，什么时候教，用什么材料；实施评估——把握课堂进度，对准备好的教案和计划好的课堂活动做相应的调整。

6. 正式评估

正式评估指要求教师完成上级教务部门交给的成绩评估任务的职责，如评分、评语、家长座谈等。

（二）英语课堂教学评估的原则

英语课堂教学评估有特定的实施方式，究其原因，在于它自身有着特有的目的和特有的作用。根据英语课堂教学评估的目标和特点，以及影响评估的因素等，我们可以总结出在进行课堂评估时应遵循的原则，其主要内容有以下几个方面：

1. 效率原则

影响课堂教学评估有效开展的因素有学生的配合、评估的方式等因素，据此，为了保证课堂教学评估的有效进行，我们需要注意以下几点。

（1）课堂教学评估以学生自评为主，通过它可以培养学生的自我监控能力，有利于他们成为自主学习者；而且评估所侧重的方面在于目标的完成情况，然后从完成的现状中发现存在的问题。

（2）对评估中所采用的方法应进行监控，因为这样可以及时发现并处理存在的问题，如调整方法的选择和具体操作等，从而保证课堂教学评估的有效开展，把课堂教学评估的作用充分发挥出来。

（3）评估的整个过程都需要让学生参与，如让学生理解所采用评估方法的作用和操作方式。另外，"反馈链"也需要引起教师的注意，尤其是链条中每一环节结束时所采用的处理方式，一定要在每个环节结束后使学生清楚课堂教学评估的作用和价值，而且要让他们看到课堂教学评估给他们带来的效益。只有让学生看到评估的实际效用，才有利于提高学生配合的积极性。

2. 目的性原则

（1）从教师的角度来看，不同评估方式的预期目标不同、适用的范围也不同，因此教师对各种评估方法的目的和其预期的效果应有所了解，在此基础上，才有可能在诸多评估方式中做出正确的选择。另外，教师在选择时还应把自己班级和课堂的具体情况考虑进去，且注意各项方法技巧的作用。

（2）从学生的角度来看，课堂教学评估的诸多方面都要让他们了解，如课堂教学评估的重要性、各种评估方式的操作和作用等，这样有利于学生积极配合，保证课堂教学评估的有效进行。

3. 过程原则

只有保证课堂教学评估持续进行，才有可能保证教学评估的良好效用。因为课堂教学评估是监控学习过程的一种手段，以形成性测验为主，并不是简单的单元测验，不是期中、期末考试，也不是总结性测验，在进行时必须经常且有规律性，使其成为一种过程的连续性，才能使实施的效果得到保障。想要落实这一想法，我们可以采取的措施是将评估纳入正常的课堂教学之中，使其对学生的学习和教师的课堂教学真正起到实时监控的作用。

4. 变化原则

评估的方式有很多种，如口头、书面、自评、互评等。课堂教学评估中除了应该注意所选择方式的适应性，还应注意的是，如果学生的具体情况发生变化，方式也应该进行适时的变化，如采用小组活动或两人活动等。

（1）在课堂教学评估结束后，教师需要对评估中获取的信息进行分类整合，找到学生学习中共同存在的问题；然后在分析"双峰"现象、检查计划完成情况的基础上，制订下一步的教学或评估计划。

（2）及时把评估信息反馈给学生。通过评估反馈信息，学生可以对教师采用这种评估方式的真正意义有一个整体性的了解，同时弥补自己在学习方面的不足和差距，从而促使教师和学生采取相应的措施来改进与提高。因此，应该将评估阶段获取的信息进行分析整理之后及时反馈给学生，最起码应将部分信息反馈给学生，以避免学生对评估的不认同或反感。

（3）课堂教学评估可进行适当量化，以作为反馈的一种手段。Angelo&

Cross 曾建议不对课堂教学评估分等级，但也有研究发现分级形式的评估能起到更加有效的作用。但在分级评估时，需要清楚的是这样做只是为了更清晰地进行反馈。作为教师来说，不可以把它作为检验学生学习成绩的体系，也不能盲目采用分级量化的方式进行课堂评估，应该视具体情况来定。

（三）英语课堂评估的策略

在施行课堂教学评估时需要有一定的策略，而在确定方法时除了遵循上述课堂教学评估的原则外，还要结合具体的英语课堂教学情况来选择适当的操作方式。下面我们就来研究英语课堂评估的几种策略。

1. 自我评估

自我评估培养的是学生为自己学习负责的能力，这一方法可以鼓励他们对自己在学习方面的问题进行思考，使他们能够直观地看到自己取得的成绩以及需要提高的地方。教师通过与学生讨论他们的自评实施的过程与结果，可以使他们对学生学习成果的态度有一个了解，也能使学生对自我的学习情况有清楚的认知。下面是两个自我评估的例子：

（1）学生自评表

自评表的运用对提高课堂教学评估的效率起着促进性的作用，而且操作起来也比较方便、省时，只需在课堂活动结束之时发给学生即可。下面这个就是自评表，它是在课堂结束时对阅读策略使用情况的一个评估。

（2）学生自我学习监控表

该方法主要是用于监控学生的学习行为上面的，而且在英语课堂教学的任何一个单元的学习过程之中，都可以使用此种方法。下面，介绍一下其具体的操作步骤：

首先，在使用学习监控表前，教师应该向学生介绍该方法的用途和操作方式，也可以在每一个单元学习之前都进行此表的使用方法介绍，以便学生能够正确地对其进行有效的应用。

其次，在开始学习一个单元之前，学生根据自己的实际情况自行选择想达到的等级；然后学生在活动一栏中写上他们要完成的活动，这时需要注意的是学生在计划时，一定要保证这些活动能为他们得到足够的分数；接下来学生需要进行的是在学习过程中按照自己预先制定的目标，在完成活动的过程中及时地标明自己的进度，这样可以为今后的行为调整做参考。

最后，监控表中的目标完成的过程是学生的自主行为，但教师如果袖手旁观也是不可取的。这时教师需要做的是时常提醒学生检查自己目标达成的情况，为他们调整下一步的行为做些许建议或指导。

2. 同伴评估

在同伴评估中，沟通技能和合作技能对评估的结果影响很大。但这一评估方法需要教师采取一定的策略来落实，因为同学之间彼此信任和真诚的互相评估一般来说都需要通过长时间的培养才能达成。但是同伴评估也并不一定要操作得很复杂，可以通过简单的活动来实施。例如，设计活动，让学生分组来完成一项任务，鼓励组中每个成员都积极参与其中，贡献自己的聪明才智，共同完成任务。而在活动结束后，组中的每个成员都要对自己和他人的贡献做出评估。当然，这种评估并不是可以盲目进行的，有时也要遵循一定的规则，如大家根据事实谈自己的观点或发表评论，而非完全根据个人主观偏见或好恶来评论。具体的方法可以举一个例子，如可以让 5 个学生评一个学生，每一个评估者都为某个学生的课堂表现写评语，但在评估时规定要把重点放在学生的优点以及改进的建议上。反过来，被评学生将根据同学和老师的评语进行反思并写一个总结，以确定自己的改进目标。

3. 教师评估

无论是学生的自评还是同伴互评，这些都必须与教师的评估结合起来，这样才能使评估结果得到保证。在对学生的行为表现进行评估时，教师起着多方面的作用。例如，在评估中，教师要示范操作的方法，在评估的实行中可以对学生的自评进行指导或帮助，管理学生学习；当学生制定和应用评估标准时，教师还必须给予一定的支持，帮助学生反思自己的学习过程、确定目标、组织学生收集和编辑档案材料；另外还有一点很重要的是，教师要经常与学生一起讨论学习的目的，定期评价学生的进步，对于学生的自评和互评进行时常性的抽查，仔细对他们自定的改进目标进行检查，要把反馈意见及时提供给学生，以便学生在改进时参考。教师在评估时一般都要写评语，这时需要注意所写的评估语言应该简短、具体并具有针对性，还要全面，应包括优点和缺点两个方面。教师评估的方式有很多种，比如可以把评语附在学生的作业本上，这样可以让学生获得简单的诊断性信息。还可以采用的方式有日常记录、评价量表、学生行为评估表以及座谈等。这样，教师、学生共同协作建立起了一种评估方式，这种方式在某种程度上是比较合理的，它能够使学习目的、学生个人需要以及整个班集体需要达成一致。下面两种教师评估方式是比较常用的：

（1）教师进行引导性评估

下面的几个问题范例是比较具有引导性的，教师可以根据学生和教学的具体情况灵活设计问题。这种方式简单，而且实施起来也方便。例如：

What can you do well in oral language？

What goals do you need to continue working on in oral language？

（2）教师建立学生档案

建立一个学生档案的表格范例，一般来说，这种表格由学生和教师共同填写。

第五节　当代英语课堂教学的发展趋势

一、英语课堂教学发展综述

中国的英语教学正式开始于1862年创建的京师同文馆。后来，上海方言馆、广州方言馆、台湾西学馆、湖北自强学堂、译学馆等类似的英语教学机构也随之诞生。当时的英语教学呈现出非常明显的中国特色，具体包括以下四个方面的特点：重视学生综合知识能力的培养；在学习外语的同时，强调汉语的重要性；重视语言实践活动；重视学生的德育培养。这些理念对于我们今天的英语教学也是很有启发的。

在外语教学的实践过程中，我们培养了一大批的语言人才，积累了丰富的教学经验，也在一定程度上形成了我们自己的英语教学理念。这是我国英语教育界的宝贵财富，值得我们去认真地挖掘和总结。目前，普遍存在的一种倾向是对过去的问题批评较多，不注重总结过去的经验。这种倾向的存在往往会导致英语教学缺乏必要的延续性。只有全面总结我国过去英语教学的得失，才能够对我国今后英语教学的发展具有一个稳定的高屋建瓴的认识与把握。另外，中国的英语教学还需要充分地考查中国优秀的教育传统。中国具有几千年的文明史，具有内容丰富的教育传统，具有自己独特的教育理论，从上面所述的我国英语教学早期的四个特点中我们就不难看出中国的教育传统对英语教学的影响，这些传统已经深深地植根于中国的教育思想之中，也必然会对我国的英语教学产生深远的影响。

除了需要继承中国传统的教育理论，在探索具有中国特色的英语教学之路的过程中，我们还要充分吸收国外的教学理论与教学思想。不可否认，国外在英语教学的研究方面已经走在了我们的前面，出现了许多教学流派，这些流派都具有扎实的理论基础，形成了完整的教学思路和教学理念，并进行了长期的教学实践。另外，国外也出现了许多关于语言学习的理论，例如，关于语言学习的认知理论、输入输出假说等，这些理论对于我国的英语教学都具有十分重要的借鉴意义。但是，我们在借鉴时不能盲目选择，而应当有所选择。因为语言是一种社会文化现象，语言既是文化的载体，也是文化的组成部分。语言教学和学习往往与学习者所处的文化背景具有很大的关系，在一种文化背景下所建立起来的语言教学与学习理论到了另一种文化中并不一定完全适合。因此，国外的理论与方法必须与中国的实际情况相结合。总体来看，目前我国在英语教学的理论与实践探索方面仍存在着两个极端的现象：一种是闭门造车，根本不借鉴国外的英语教学理论与方法；另一种是盲目引进国外的教学理论与教学方法，而不进行与中国实际情况的结合。另外，在借鉴国外的理论时，我们还应该注意要全面地领会这些理论的背景以及实质，而不能断章取义。例如，在我国许多地方所使用的交际教学法就有一些曲解的现象。其中的曲解之一就是认为交际语言教学反对教语法。交际教学法不赞成语法翻译教学法中把语言作为一种知识来传授的做法，反对过分强调语法的教学，但是，这并不等于不要教语法。虽然交际语言教学主张把培养学习者的交际能力作为语言教学的最终目标，但所有交际教学法的理论家在为交际能力下定义时，不把语言能力，即掌握语言的知识，作为交际能力所要具备的首要条件，并且认为，交际需要以适当的方式使用适当的语言形式，而不适当的表达方法或不准确的语言形式都会影响交际。所以，掌握语言的形式是语言教学的核心部分。其实，问题的实质并不在于教不教语法，而是一个应该怎样教的问题。另一种曲解则认为交际语言教学就是强调口头语言而不重视书面语言。还有人认为在交际教学中，尤其在其起始阶段，似乎只有教口语、教听说，才是教交际，而教书面语、教读写就不是交际教学法了。交际教学法的倡导者，从来强调的都是听、说、读、写之间是相辅相成的关系。不论是听说还是读写都是交际的重要形式，前者属于口头交际，而后者则属于书面交际。这种曲解很容易导致我们的英语教学从一个极端走向另一个极端，在改变以往忽视听说教学的同时，又忽视学生读写能力的培养。

　　事实上，中外融合的问题其实就是普遍性与特殊性相结合的问题。中国英语学习的环境、英语师资以及教育传统与现状都具有自己的特点。当我们在探索适合我国的英语教学之路时，就要把英语教学的普遍规律与中国特殊情况相结合。

世界各国的语言教学具有许多普遍规律，这是我们借鉴国外理论与方法的依据所在，而各个国家的语言教学又有各自的特殊性，各个国家在不同的社会发展阶段对英语教学具有不同的需求。例如，在改革开放初期，我们的英语教学主要是为了满足人们翻译、阅读英语文献的需要。而随着我国社会与经济的不断发展，对外交往日趋频繁，社会对人才的英语水平要求不断提高，我们的英语教学就要全面培养学习者的听、说、读、写的能力。而且英语学习者的情况也在不断发生变化，以往的英语学习者主要是在校的学生和在职的科技人员，而现在的英语学习者则覆盖各个行业和各个年龄阶段。下面我们就来具体讨论一下我国当代英语课堂教学发展的新趋势。

二、当代英语课堂教学发展的趋势

（一）科际整合

英语教学属于应用语言学的研究范畴，应用语言学是语言理论和语言教学实践之间的一道桥梁，是一门跨学科的综合性学科，它吸收了教育学、语言学、社会语言学、心理语言学、脑科学以及其他相关学科的研究成果，用来解决外语教学的问题。

1.英语教学与教育学理论具有密切的联系，英语教学是整个教育体系的组成部分，是在一定的教育环境中进行的，因此教育学理论具有普遍的意义，应该被广泛地应用到英语教学之中。另外，英语教学与其他学科的学习也具有密切的联系。我们在很长的时间内只强调了英语教学的特殊性，而忽视了教育学的普遍规律对于英语教学的指导意义。

2.语言学是对语言的科学研究，内容包括语言的本质、构成、意义以及如何使用语言。分支主要包括语音学和音系学、词汇学、句法学和语义学。语言学理论还可以有效地帮助我们正确、科学、全面地认识语言，从而树立正确的语言观。而不同的语言观对于英语教学具有决定性的影响。桂诗春教授曾经讨论了三种不同的语言观及其对外语教学的影响。第一种观点是把语言看成一种技能，和游泳、骑自行车没什么两样。既然是技能，也就有训练技能的方法。例如把外语学习的目标定为培养语言习惯，达到"自动化"的程度。因此，在课堂教学中，教师的任务是组织好语言训练，而学生的任务则是积极地参加训练。第二种观点是把语言看作一门知识，和历史、地理这样的科目并无两样。既然是知识，就有学习知识的方法，例如，学习靠领会和理解，以便认识事物的内在联系和规律。因此，上课要留心听讲、认真记笔记，课后要复习笔记。许多人就是把英语作为一门学科来教授的，他们强调记忆单词，甚至去背词汇表和小词典，强调理解和记忆语法规则。在学习过程中，他们很重视记笔记，积累知识。第三种观点是把语言看成一种社会规约。语言是适应社会中各个成员的生活需要而产生和发展的。词怎样通过声音来表示意义，句子如何通过语法规则来表达概念，都是约定俗成的。学习英语就是要大量地接触语言，观察和领会英语母语使用者是怎样进行交际的。持有这样观点的人更加重视语言的使用，注意学习在不同的场合，使用不同的语体。上述三种观点都从不同的角度去看待语言，都有其自身的道理，但是如果取其一点不及其余就会失之片面。

3. 社会语言学研究语言与社会之间的关系，它从不同的社会科学的角度去考察语言，进而研究在不同社会条件下产生的语言差异。社会语言学的研究对英语教学具有很大的影响，教学目标的确定、教学大纲的制定以及教学内容和教学方法的选择都需要借鉴社会语言学研究的成果。心理语言学研究人们学习和使用语言的心理过程。这些学科的研究成果都可以被直接应用于英语教学理论和方法的研究之中。

当然，英语教学所涉及的学科还远不止这些，还包括计算机科学、认知科学、教学技术等许多相关的学科。要想探索一种适合我国国情、完整的英语教学理论体系，就需要我们对相关的学科进行充分的研究，并融合于英语教学之中。这实际上也对我们的英语教学科研人员提出了更高的要求。

（二）工具资源整合

任何只要具有工具意义的应用软件，都可以纳入整合的视野。因此，比起科际整合和人才资源整合来说，工具性整合要相对单纯。根据教学不同环节的需要，工具性整合的对象可以归为以下三大类。

1. 教学准备型软件。这类软件可以帮助教师在教学准备阶段准备提供给学生的多媒体材料。如 word、Power Point、Flash、Photo Editor、Dreamweaver、CD Wave Editor、Ulead Video Studio 等。

2. 教学演示型软件。它与第一类有重叠，但相对单一，因为一般的制作软件都有演示功能，而且用不同软件制作的成果可以用单一的软件进行演示。

3. 教学评价与管理软件。如各种统计软件、电子表格、考试系统、出卷系统等。

(三)人才资源融合

人才资源的融合主要包括两个含义：一是英语教学界从事不同阶段英语教学的人员之间的融合；二是英语教学与科研人员与其他相关领域的教学与研究人员的融合。英语教学理论与方法需要多学科的融合，而这种融合的完成单靠从事英语教学与科研的人员是难以实现的。这就要求他们能够与从事相关学科的科研人员进行协作配合。一方面我们可以把研究成果与从事相关学科的科研人员交流，并请他们从自己学科的角度提出自己的意见；另一方面来自不同学科的人员可以相互合作共同开展研究课题。

事实上，从小学到大学，英语教学应该是一个完整的过程，但是由于教育体制的原因，我们人为地把英语学习分为了小学、初中、高中和大学等不同的阶段。目前的状况是各个阶段各自为战，从而造成各个阶段互不衔接、分工不明、职责不清。清华大学外语系"一条龙"课题小组以及其他单位曾经对此现状进行过比较全面的研究，引起了有关部门的重视，但是各个阶段各自为战的情况并未得到根本的改变。要探索适合我国国情的英语教学之路，需要我们把小学、初中、高中和大学的英语教学与科研人员团结起来，使他们能够经常沟通、互相了解，并能够互相合作。另外，人才资源的融合还涉及教学人员和科研人员融合的问题。我国目前从事英语教学与科研人员的基本现状是大量的一线教师具有丰富的教学实践经验，但是在理论和科研能力方面还比较欠缺；而从事科研的人员虽然具有一定的理论基础和科研能力，但是又缺乏必要的教学经验或者对具体教学情况的全面了解。因此，我们需要把教学与科研融合起来，一方面努力提升一线教师的理论素质，提高他们的科研能力，使他们成为英语教学的实践者和英语教学与学习规律的研究者；另一方面教学与科研人员需要互相合作，取长补短，共同探索具有中国特色的英语教学理论与方法。

第二章 英语教学的主要原则

现代教学理论认为：所谓教学，就是教师有效、合理地组织学生的学习活动。然而在英语教学里，为了有效地安排教学活动，高质量地完成教学任务，教师既要贯彻教育学里所提出的一般教学原则，又要遵循英语教学的特殊原则。下面我们就来研究英语教学的主要原则。

第一节 英语教学的一般原则

英语教学的一般原则有很多，在此我们仅就其中几个有代表性的原则进行介绍。

一、以学生为中心原则

教与学关系紧密。在英语教学里，一方面要发挥教师的主导作用，另一方面要调动学生的学习积极性，树立以学生为中心的思想。二者协调和配合，才能提高教学效率、保证教学质量。具体来说，教学这个词就包括教和学两个方面，缺一不可。学生是学习的主体，要努力学习、勤学苦练。而教师要为学生的学习创造条件，并随时给学生提供帮助。换句话说，就是教师的教应建立在学生的学上，教学里的一切工作都应是环绕学生的学习进行的，即在英语教学中应遵循以学生为中心的原则。要想做到这一点，教师可以从以下两个方面努力。

（一）在教学中充分了解与尊重学生

学生在整个学习过程中是作为学习的主体与核心承载者而存在的，因此教师在教学中应充分了解并尊重学生，在此基础上改变传统的学习方式，让学生通过体验和实践进行学习，这样才能调动学生学习的积极性，提高教学效率。传统的英语教学中强调学生在初级阶段要学好音标、语法与词汇，这种做法并不是没有道理，但是一些教师却把它作为英语教学的全部，这就有些不太合理，因为这种方式的教学很容易导致在英语教学中以教师为中心，使学生处于被动的状态。而实质上，教育应该是一种主动的过程，尤其是作为语言的英语教育，必须通过学习主体的积极体验、参与、实践以及主动地尝试与创造，才能够在认知和语言能力上获得发展。而教学中这种主动的过程需要建立在了解学习者各方面的基础上，比如少年儿童在学习英语中具有一定的优势，如模仿力强、记忆力好、心理负担轻、求知欲强、表现欲强、具有创造精神等。另外，教师在教学中还需要了解学习者在英语学习中存在的弱势，如注意力不易集中、理解能力相对较弱、对单调的重复和机械的训练抗拒等。如果英语教学只要求学习者学习和理解语言的知识，背语音和语法的规则，那么他们学习语言的优势就会被忽视，久而久之，就会导致英语成绩下降，严重的可能会导致一些学习者放弃英语学习。因此，教师必须在充分了解学生的基础上开展教学，遵循语言学习规律、尊重学生的整体和个体特点，从改变学生的学习方式入手，通过听做、读写、说唱、玩演和视听等多种活动方式，逐步培养学生的兴趣，尤其是在学习的初级阶段，这一点显得更加重要。

教师做到这一点，可以在教学中通过各种方式来加强师生之间的沟通。具体来说，教师应平等地对待每一个学生，对学生充满爱心，真心地与学生交朋友，用自己对工作、对学生的热情去影响学生。而且教师在个性上最好要活泼、富有幽默感，从而更有利于赢得学生的尊重与喜欢，促进沟通的顺利进行。通过良好的沟通，教师能够逐渐了解学生在英语学习中的各个方面。

（二）在教学中积极调动学生的兴趣

兴趣在英语学习中是最好的老师，是推动英语学习者不断前进的最强有力的动力。它在学生认识事物、获取知识、探求真理的过程中，能够使学生体验到学习的情趣，从而能够使他们在学习活动中变得积极主动，获得更好的学习效果。对于学习者来说，英语学习的兴趣高低在很大程度上决定着英语学习的成功与否。我们知道，学习者，尤其是少年儿童，具有天然的对于英语学习的兴趣，这是因为他们对新鲜事物和对异国语言与文化的好奇所致，但是，在实际的英语教学中，学生的学习兴趣并未得到很好的维持，教师也未能对学生学习英语的兴趣给予进一步的激发与培养，究其原因，在于考试体系的不科学、教学方法的不适当等。学习者对英语学习的兴趣来自学习英语的目的、学习活动本身以及由此带来的自信心和成就感。那么英语教师想要激发和培养学生学习英语的兴趣，可在教学中从以下几个方面努力。

1. 了解学生感兴趣的问题

教师在英语教学中要想激发学生学习英语的兴趣，可以采取发现和收集学生感兴趣的问题的做法，并把这些问题作为设计课堂教学活动的素材。例如，在英语教学初级阶段讲授英文字母时，可以编排英语字母体操来调动学生的兴趣；在教数字时，可以请学生收集自己家里所有的数字，这一活动与学生生活密切相关，学生会比较感兴趣，这样就能很好地调动学生英语学习的兴趣，可以让一节枯燥的课上得热闹非凡。

2. 了解和鼓励学生的进步

善于发现学生的进步，多鼓励表扬，这是培养学生兴趣的另一个方法，通过这种方式可以培养学生的自信心和成就感。对学习者来说，学习的鼓励可以很大程度地保持其学习兴趣。在英语教学中，教师通过奖品激励、任务激励、荣誉激励、信任激励和情感激励等多种方式，对学生所取得的进步给予鼓励，可以激发学生积极参与、大胆实践，体验成功的喜悦，这样学生的兴趣在这种激励中便逐步培养起来了。

3. 通过教材的挖掘激发学生英语学习的兴趣

教材在英语教学中所处的地位举足轻重，教师要想最大限度地调动学生的积极性，可以在准备教学时认真地研究教材，挖掘教材中的兴趣点，以消除教材的枯燥，保持每节课的新鲜感，保证教学的内容和活动能让学生感兴趣。

4. 改变传统的英语教学与评价方式

在英语教学中要避免太过强调死记硬背、机械操练的倾向。在英语学习过程中，一定的死记硬背和机械操练的活动不可缺少，只是一定要注意此类活动不宜太多，尤其是在小学英语教学中。过多的机械性操练很容易导致教学的死板与乏味，容易使学生失去或降低对英语学习的兴趣。因此，在英语教学中应努力创设知识内容、技能实践和学习策略需要的情景，以开发学习者学习英语的思维，帮助他们加速英语知识的内化过程，使他们能够在英语交际实践中灵活运用听、说、读、写的知识与技能，最终使英语知识变为自己进行交际的工具。通过此种教学方式，学生不仅能够获得交际能力的提高，同时综合素质也会得到相应的提高，学生的学习兴趣也会因良好的学习效果而得到巩固与加强。

另外，应试教育中传统的英语评价方式对学生英语学习的兴趣在很大程度上有着消极的扼杀作用。要想避免这种消极影响，应逐渐改变此评价方式。那么，基础英语课程的评价应以形成性评价为主，采用的操作方式也应该是学生在平时教学活动中常见的，重视学生的态度、参与的积极性、努力的程度、交流的能力以及合作的精神等。除形成性评价外，针对学习者不同阶段的考试可以一改往常笔试的形式，采用笔试与口试相结合的方式。这两种方式所考查的知识点不同，但把两者综合运用可以比较全面地了解学生的英语学习，具体来说，笔试主要考查学生听和读的技能以及初步的写作能力，口试主要考查学生实际的语言应用能力。

二、交际性原则

人们通过语言来交际，而人们学习英语的首要目标就是把英语作为一种语言工具进行交际，那么英语教学的首要目标也要以培养学生的交际能力为主。具体来说，就是学生要能够运用所学的语言知识在不同场合、对不同对象进行有效得体的交际。因此，我们在英语教学中应遵循的一个很重要的原则就是以交际性为目标，提高学生的英语水平，能用所学的英语与人交流。而要做到这一原则，教师在英语教学中应努力做到以下几点。

（一）正确认识英语教学的性质

要想落实交际性目标的要求，首先需要认清英语教学的性质。英语教学是一种技能培养型的课程，在教学中，教、学、用三个方面构成一个有机的统一体，这三者之间是一种相辅相成的关系，其中"用"在这三个方面中处于核心地位。与学习游泳、学习踢足球类似，用英语进行交际的能力是在使用的过程中培养出来的，只有理论没有应用，很难达到预期的目标。因此，在教学中应加强英语使用的力度。

（二）把英语作为一种交际工具

英语是一种交际工具，英语教学的目的是培养学生使用这种交际工具的能力。使用交际工具的能力是在使用当中培养的；英语教学中的交际原则，要求教师要将英语作为一种交际工具来教，也要求学生把英语作为交际工具来学，还要求教师和学生课上课下都将其作为交际工具来用。

教学活动要和以英语进行交际紧密的联系起来，力求做到英语课堂教学交际化。在英语教学中，教师或学生不是单纯地教或学英语知识，而是通过操练、培养或形成用英语进行交际的能力。教师要尽量利用教具，为学生创造适当的情景，协助学生进行以英语作为交际的真实的或逼真的演习。这样能使学生学得有兴趣、有成效，学了就会用。从教的第一天起就应该这样做，还要一直做到底。

教师从开始教，就拿着轿车模型或图画，说 a car，要学生边听边看，几遍以后，学生就能把 a car 和轿车联系起来。然后要学生反复指着轿车说 a car，要说得滚瓜烂熟，直到看到轿车就能脱口而出地说 a car。就是在走路时，一看到路上的轿车，也能不自觉地对同学说：a car，a car。学生用英语进行交际的能力就是这样一点一滴、由小到大逐步培养起来的。从学习英语的第一天起就这样做，教师和学生都不会有太大的困难。往后一直坚持下去、循序渐进，到了高年级，教到比较复杂的故事课文时，教师利用连环画或其他手段一段一段地教下去，通过反复的口、笔头训练，也不难使学生在课堂上用英语叙述故事，而且回到家也可以用英语把故事讲给家里懂英语的人听。

（三）结合学生的生活来选择教学内容与活动

在进行英语教学时，现实生活这个因素也是需要考虑的，因为语言总是与现实生活密切联系在一起。因此，在英语教学中，教师应把语言和学生所关心的话题结合起来，给学生提供足够的、内容丰富的、题材广泛的、贴近学生生活的信息材料，因为这样的材料具有一定的现实性，容易使学生产生共鸣，从而激发学生的兴趣，也能促使他们认识到学习英语的目的在于交际，而不是为了应付考试。另外，由于英语教学内容具有真实性，因此这要求教材的语言和教师的语言也都是真实的，具体来说就是教材的语言和教师的语言不是为了方便教学而人为编写出来的，而应该是英语本族语人在交际过程中所使用的语言。可在我国目前的英语教学中，这种真实性的材料却不容乐观，还需要有关人员做出努力。

（四）在教学中创设交际情景

在传统的英语教学中，很多教师偏重语法结构的正确性，学生通过这种教学并不能具备良好的英语交际能力。要想让学生具备使用英语进行交际的能力，也就是能够在适当的地点、适当的时间、以适当的方式向适当的人讲适当的话，就应在英语教学中创设情景，开展多种形式的交际活动，以此来提高学生英语语言应用的能力。我们知道，利用语言进行的交际总是发生在特定的情景之中。情景包括时间、地点、参与者、交际方式、谈论的题目等要素。在某一特定的情景中，某些因素，如讲话者所处的时间、地点以及本人的身份等都制约他说话的内容、语气等。而且，在不同的情景中，同样的一句话也可以表达不同的意义和功能。例如，Can you tell me the time？这句话可能表示的意思就有两种：一是向别人询问时间，是一种请求的语气；二是可能表示对他人迟到的一种责备。因此，在英语教学中，要把教学的内容置于一种有意义的情景之中，才有可能让学生充分理解每一句话所表达的意思。此外，在一定的情景之中进行的英语教学，还可以使学生身临其境，激发学习英语的兴趣。因此，英语教学活动要充分结合教材的内容，利用各种教具，来开展各种情景的交际活动，这样对学生和教学都会产生有利的影响，获得不错的教学效果。另外，还可以设计任务型活动，让学生通过完成特定的任务来获得和积累相应的学习知识与经验。需要注意的是，这些活动需要具有交际的性质，才有利于交际目标的完成。

三、灵活性原则

在英语教学中遵循灵活性的原则可以提高且保证学生，尤其是少年儿童，在教学中的兴趣。因为这个时期的学生正处在心理与生理发育成长的阶段，他们的特点是活泼好动、易于接受新鲜事物，而对于死板机械的内容很容易失去兴趣。而且对于英语语言来说，它是生活一个必要的组成部分，是一个充满活力、不断发展的开放性系统。综上所述，可以看出语言本身的性质以及少儿的自身特点要求我们在英语教学中遵循灵活性的原则，在教学方法、语言学习和语言使用方面做到灵活多样，这样才能使英语教学富有意趣。

（一）英语教学中采用的教学方法应具有灵活性

在英语教学中，教师应采用灵活性的教学方法。就其原因，我们可以从以下三个方面来分析：第一，在英语教学史上出现过许多种不同的教学方法和流派，如语法翻译教学法、交际教学法、视听教学法等，但每种方法对于教学并不具有适应性，它们都有其自身的优势与不足，教师应该兼收并蓄、集各家所长，切忌拘泥于某一种所谓流行的教学方法。第二，英语教学内容具有多样性。如以英语的内容为标准，可以把英语教学划分为两种：一种是语言知识的教学，包括语音、语法、词汇等内容，不同的语音、不同的语法项目、不同的词汇所具有的特点也是不同的；另一种是语言技能的教学，主要包括听、说、读、写四个方面。第三，从学习者自身来看，他们在个体方面都存在着很大的差异。因此，在英语教学中要综合学生、教学内容以及教师自身的特点，创造性地开展多种多样的教学活动，灵活运用教学方法和教学内容，保持英语课堂的新鲜度与趣味性，从而使学生学习英语的热情得到激发，学习的兴趣也得到培养，逐渐帮助学生探索与掌握英语语言学习的规律。

（二）英语教学中使用的语言应具有灵活性

英语教学中不应只是让学生认真听讲和做好笔记，因为英语学习的关键在于使用，应让学生参与到教学中，运用英语来实现目标、达成愿望、体验成功、感受快乐。那么作为教师来说，要想带动学生使用英语，可以通过自身灵活地使用英语来实现，为学生树立模仿学习的榜样，同时烘托应用英语的氛围。比如，教师适当地用英语组织教学，用英语讲解、提问与布置作业等，这样有利于使学生感到他们所学的英语是活的语言。教师还可以布置灵活性的作业，让学生在课下也灵活地使用英语。作业的布置并不是随意性的，应侧重实践能力，如可以让学生用磁带录制口头作业，让学生轮流进行值日报告、陈述、评议时事、新闻等。

四、输入优先原则

在英语教学中，输入是指学生通过听和读接触英语语言材料，输出是指学生通过说和写对英语语言材料进行表达。心理语言学研究表明，输出建立在输入的基础之上，那么从这一方面看，输入是第一性的，输出是第二性的。而且人们在学习英语的过程中，与能表达的比起来，能理解的总是要多一些，而且语言输入的量越大，语言输出的能力也就越强。一些有关第二语言的研究在这方面也有相关的理论支持。如在上一章节中介绍的克拉申的第二习得理论。埃利斯（R.Ellis）在他的著作《理解第二语言习得》一书中，从行为主义、先天论和相互作用的角度总结了外语学习中对待语言输入的三种观点。

1. 行为主义的理论强调外部条件，它是语言为一种人类行为，并认为语言行为与其他行为一样是通过习惯养成而获得的，而习惯需要外部语言输入对学习者的刺激才能养成。因此，在行为主义学习模式中，语言输入不可缺少。

2. 语言学习的先天论与行为主义理论对立。先天论者强调人们天生具有学习语言的能力；而行为主义者强调的则是外部环境对语言学习的作用。虽然先天论者是从人的内在结构研究语言习得的，但语言输入也起着关键性的作用。没有语言输入，语言习得机制就不能被利用，也就无法实现语言习得。因此，从语言学习先天论者的观点来看，语言输入在语言学习中也不可缺少。

3. 相互作用的观点认为，语言习得是学习者心理能力与语言环境相互作用的结果。语言学习者的语言处理加工机制受到语言输入的制约。

从以上的阐述中可以看出，在英语习得的过程中，语言输入起着十分重要的作用。因此，英语学习的成功与语言输入的量紧密相连。所以，作为英语教师来说，应该遵循输入优先的原则，向学习者提供尽可能多的适合于他们水平的语言输入。在进行语言输入时，需要注意的一点是，应保证所输入的语言是有效的。Krashen 认为有效的语言输入应具备以下三个特点。

1. 语言材料应具有可理解性。他认为，如果学生对所输入的语言不能理解，那么这些输入是不能被接受的。

2. 语言材料应具有趣味性。所输入的语言材料能调动起学习者的兴趣，要做到这一点，最好把他们的注意力转移到语言的意义上，最好使他们意识不到自己是在学外语。

3. 语言材料应具有足够的输入量。目前的外语教学对于语言输入量的重要性认识不到位。要使学习者实现对一个新句型的理解与掌握，需要数小时的泛读以及许多的讨论才能完成，仅靠几个简单的练习甚至几段语言材料远远不能够达到目标。

根据有效语言输入的特点，教师在英语教学中应该注意从三个方面努力：一是要通过视听、听和读多种手段，尽可能多地给学生增加可理解的英语语言输入，如适合学生的英语水平、具有时代特色的读物，声像材料和贴近学生日常生活和学习的材料等。二是在英语教学中，无论是教还是学，其内容都不要仅仅局限于课本之内，只依靠一本教材，很难学好外语。换句话说，教师在所呈现的语言材料中，应该打破英语教学内外的壁垒，帮助学生扩大语言接触面。三是在输入形式上应该多样化，使学生接触的英语有图像的、有声的、文字的等。而且语言的题材和体裁以及内容要广泛，来源多样化，才能使学生接触到大量的不同类型的语言材料。例如，在日常生活中，尤其是在大中城市中，每天都会接触到许多英语，像道路标志、衣服、文具、电器等上面，就有许多英语。如果我们能利用这些来源多样、内容广泛的英语语言题材，学生们就可能很容易地在轻松的氛围中学到许多英语词汇。

五、循序渐进原则

教师要想在英语教学中遵循循序渐进原则，可以从以下两个方面努力。

（一）先开始口语的英语教学，逐渐过渡到书面语

在英语的口语和书面语两种形式中，位于第一位的是口语，书面语位于第二位。究其原因，我们可以从两个方面来阐述：首先，从语言发展的历史来看，先有口语后有书面语。人类在几十万年前从学会劳动的时候起，就开始说话，但是

文字却到很晚才出现。口语和书面语的这种历史差别虽然对英语学习的顺序起到决定作用，但起码说明口语的需求比书面语的需求要早、迫切。其次，口语里出现的词汇比较常用，大多是日常生活用语，句子结构也简单，与书面语比起来更容易学习。而且通过口语的学习，学生可以尽快地获得一定的交际技能以满足日常生活所需，有利于学用结合。

（二）在语言技能上，先培养听说能力，逐渐过渡到读写技能

英语教学中的听说教学能使学生掌握正确的语音，学到基本的词汇和句子结构，这些从听说教学中掌握的技能有利于读写能力的培养。英语教学从听开始，也符合中国英语教学的实际情况。在中国英语作为一门外语课程，对于绝大多数学生来说，缺乏相应的英语语言环境，而"听"便成了他们获取英语知识和纯正的语音语调的唯一途径。而且只有具备了一定的听力，才能听懂别人说的英语，才能使学生使用英语进行交际，在英语教学中使用英语进行的交际活动才能顺利进行。因此，在英语教学的基础阶段，教师要尽可能地为学生创造良好的听力环境，让学生在大量的"听"的环境中学习英语，提高英语听力水平、培养英语语感。另外，教师可以结合听的内容，循序渐进地培养学生的口语表达能力，努力让学生在一定的情境中学会表达思想，学会使用已经学过的单词和句子，而不是让学生对英语单词或句子进行机械性的重复。总之，听、说、读、写作为英语的四项基本技能必须得到全面的发展，但是在英语学习的初级阶段，教师应从"听、说"开始，着手培养学生良好的听的习惯及说的能力，这样有利于提高学生的素质与培养学习英语的兴趣，甚至对改进教学方法等也能起到一定的作用。

在循序渐进地培养学生的英语语言技能时，有一点需要注意，即在英语课堂教学中，要使学生掌握一个语言项目不可能通过一次课程就能完成，它需要进行多次的循环，而且这种循环每一次都是对前一次的深化。例如，关于名词的单复数问题，在刚开始时只是要求学生知道在英语中名词有单复数形式，然后随着英语的深入学习，逐渐使学生了解规则名词复数变化的规律，最后再掌握不规则名词的复数形式。通过循环往复式的学习，学生就能掌握名词的单复数形式了。而且在具体的英语课堂教学中，教师应该注意在学生已有的语言知识和已经熟悉的语言技能基础上，讲授新知识、培养新技能，在教授新知识的同时还必须对以前学过的内容进行复习。例如，教师可以利用学过的单词来对新的句型进行讲解，也可以用已经学过的句型来对新的单词进行讲解。

六、可持续发展原则

众所周知，在完成基础英语教学阶段的学习之后，学生还要在大学继续进行英语学习，因此在英语教学中，教师要具有很强的可持续发展意识，在实践中自觉地为学生进入更高阶段的学习奠定良好的基础。要想坚持这一原则，教师可以注意下面两个方面的内容。

（一）增加英语语言知识前后的正迁移

遗忘在英语教学中普遍存在，也是个很严重的问题，因此我们必须对已学知识进行及时的巩固。但是，单是一味地巩固往往不能收到满意的效果，而应在教学中不断使学生的英语实践能力得到发展，也就是说在发展中达到巩固，以巩固求发展。而巩固性和发展性要在概念同化、知识和技能的迁移中具体体现出来，例如，在教形容词、副词比较级时，必须在相关项目的基础上进行教学。需要注意的是，一些知识和技能只有足够清晰才能产生迁移。心理学证明，学生先前学习的正确掌握率应达到80%~90%，才能产生良好的迁移。例如，在讲解间接引语"Granny told you not to be late for school."这一新句型时，必须由旧句型"Don't..."引入，而这个旧句型在之前一定出现并讲解过。那么在讲解直接引语"Don't be late for school"时实际上也是对旧句型的一种复习，这样有利于达到巩固的目的，提高"Don't..."这一句型的可利用性。但新旧句型毕竟是有区别的，其关键是"don't..."要改成"not to..."。对于两个句型之间的差别，在教学时要提醒学生，不可把两个句型混淆。最后，要在教学中通过充分实践，适当归纳，来进一步巩固新旧句型，强化学生认知结构的稳定性。因此，教学中应把教材内容有系统、有组织地安排，设法做到前后照顾、新旧联系、提高复现率，反复练习，尽可能地通过各种方法来增大正迁移量，逐步帮助学生实现对知识的掌握和实践能力的养成。

（二）培养学生学习英语的正确态度

1. 培养积极的情感态度

在情感态度的培养方面，培养学生敢于开口、积极参与的学习态度是基础英语教学的主要目标，对于教师来说，也能够很好地贯彻可持续发展这一原则。在此阶段，关键是要让学生体会学习英语的乐趣，在教学中逐渐把英语学习发展为学生心智的一部分。除此之外，还需要培养学生的自信心和克服困难的意志。英语与汉语的差别很大，对于多数学习者来说，尤其是儿童与青少年，英语作为一种全新的语言，在学习的过程中遇到各种各样的困难是难免的，但一定要克服掉这些困难，才能完成整个教学过程，这时就需要他们具有自信心和克服困难的意志。另外，还有一些情感态度，如抑制、焦虑、胆怯、害羞、缺乏学习动力等，这些在英语学习中都是比较消极的，需要教师在英语教学中帮助学生克服。

陈琳、王蔷、程晓棠等（2002）提出了几点培养和发展学生积极的情感态度的建议：

（1）建立良好的师生关系。有些情感因素具有外在的表现，也有许多情感因素是内在的，需要经过仔细地观察才能发现。为了了解学生的情感态度，帮助他们培养积极的情感、克服消极的情感，教师必须与学生建立良好的人际关系，只有这样才能真正地了解学生。

（2）建立情感态度的沟通和交流渠道。教师在教学过程中要注意使一个班级建立起融洽、民主、团结、相互尊重的氛围。有些情感态度可以集体讨论，而有些问题则需要师生之间进行单独的探讨。在沟通与探讨情感问题时，教师一定要尊重学生，不可以伤害学生的自尊心。

（3）结合外语学习内容讨论有关情感态度问题。教师要注意把积极情感态度的培养融入日常的教学过程之中，针对学生学习过程中出现的具体问题进行针对性的引导，帮助学生克服情感态度方面的困难。

2. 采取正确的学习策略

学生为了有效地学习和发展而采取的各种行动和步骤即为学习策略。英语学习的策略包括四种，即认知策略、调控策略、交际策略和资源策略等。认知策略是指学生为了完成具体学习任务而采取的步骤和方法；调控策略是指学生对学习进行计划、实施、反思、评价和调整的策略；交际策略是学生为了争取更多的交际机会、维持交际以及提高效率而采取的各种策略；资源策略是学生合理并有效利用多媒体进行学习和运用英语的策略。学生的学习成绩受多方面的影响，如学生的心理特点、健康状况、学习基础、学习动机、学习策略、教师的水平、学习的环境、社会和集体的影响，以及家长的影响等。在这些影响因素中，学习策略占据着重要的地位。学生如果在学习的过程中采用了科学、正确的学习策略，便可以有效节省时间，并能避免走弯路，使得学习的效果更佳。因此，在英语课堂教学中，教师应帮助学生形成适合自己的学习策略，培养他们不断调整自己学习策略的能力。在具体的英语课堂实施中，帮助学生有效地使用学习策略，有助于他们采用科学的途径来提高英语学习的效率,并有助于他们形成自主学习的习惯,奠定终身学习的基础。

第二节　英语教学的特殊原则

　　除了上一节研究的英语教学的一般原则外,还有一些不常见的英语教学的特殊性原则。下面我们就对这些特殊性原则进行简要的概述。

一、用英语教英语的原则

　　英语课是一门综合性工具课,也是实践性很强的课。用英语教学是实践性的具体表现,也是英语教学成败的关键。用英语教英语的原则对教师和学生都提出了更高的要求,它需要教师要使用英语来对学生进行指导和讲解,也要求学生基本上通过英语来与教师进行交流。也就是常说的把英语作为交际工具来教和作为交际工具来学的根本要求。因此,我们可以说:英语既是教学的对象,又是教学的手段。

　　在英语课上要教英语是必然的现象。教英语的含义既包括教学内容,也包括教学形式。当今我国英语教学中的一大弊端,就是教学内容和形式割裂,教师不是用英语来教英语,而是以汉语取代了英语来教。这样,就很难把英语课上成了真正的英语课,也就很难保证英语教学任务的圆满完成。如果英语课上英语气氛不浓,会产生以下不良后果:

　　1.降低学生的学习兴趣。

　　2.影响学生英语语感的发展。

　　3.影响教学材料的复习巩固。

　　4.影响英语教师自身英语水平的保持和提高。

　　因此,提高对用英语教英语原则的认识,增加英语课上使用英语的比例,是英语教学质量提高的重要措施之一,也是英语教学改革的重要方面之一。

　　使用英语教英语可以使教学统筹化、现代化。因为,这样做能使教师方面的讲直接转化为学生方面的练,就是通常所说的讲练结合,大量实践的要求会自然得到体现。在这种情况下,精讲多练的习惯也就自然地形成了。讲练一体化,即使讲多了一些,也只不过让学生多听了一些英语,不算浪费时间。可见,用英语教英语，英语教学中常见的一些普遍性问题，如缺少实践性、讲得多练得少、巩固性不够、学生边学边忘等在一定程度上可以得到解决，英语教学时间的大量浪费现象也由此而基本消除，学生学英语的效率会相应提高。另外，用英语学英语不只是一种行为，还是一种精神风貌的表现。在这样的英语课上，学生的注意力会更加集中、精神会更加振奋、与教师的配合会更为默契，观察力和感知力可锻炼得更为细致而敏锐、联想力和想象力可发展得更为全面且丰富，思维能力也会在新的语言工具的使用过程中有新的发展。所有这一切能力的磨炼实际上都是一般学习能力的磨炼，必然对学生的整个学习活动产生积极有益、潜移默化的影响。

贯彻用英语教英语的原则，要在教学方法上予以具体落实。主要包括以下四个方面：

1. 要尽量使用学生已学过的词汇。
2. 要把用英语教英语和复习已教过，但在课本里重复不够的材料结合起来。
3. 要随着教学进程的推进，不断更新所使用的词汇。
4. 要制订用英语教英语的专门计划，包括各个年级、各个课型、各个环节所用英语和相应的情景、上下文的设计，以及新旧更替的比例等，做到边教边用、学习和交际统一。

用英语教英语是由简到繁、由易到难的螺旋上升的变换趋势，是由低级到高级的系统发展过程。这样，对英语教学的时间潜力就会有更进一步的开发。

用英语教英语的原则要求教师要对学生学过的一切语言知识和材料牢记在心。在采用用英语教英语的策略以及整个教学计划时，教师必须了解和把握全局。教师要确保其学生能够不忘所学，能听懂教师所用的英语，首先教师就要不忘所教，在所教范围内能随机应变地用英语上课。

用英语教英语实际上应形成教师的一种习惯，同时也应转化为学生的习惯。习惯的养成需要经常化，并由必要的制度和纪律加以保证。在教师方面可建立教英语用英语公约和监督岗；在学生方面可建立学英语用英语公约和监督岗。

用英语教英语贵在坚持。从英语教学的第一天到最后一天，从课内到课外，从备课到上课，从新授课到复习课，都要时刻坚持。这一原则能否贯彻，首先不是能力和水平问题，而是认识和态度问题，情感和意志问题。

二、用英语想英语的原则

用英语想英语，就是在使用英语时用英语进行思考，而不是用母语思考。在英语教学法中，常说要用英语思维，确切地说应该是用英语思考。

学英语而不学用英语思考，一定学不好。用英语思考，就是在使用英语进行表达和理解时，没有母语思考的介入，没有"心译"的介入，或者说母语思考的介入被压缩到了极不明显的程度，自己也感觉不到"心译"的负担。这是真正流利、熟练的境界和标志。

使用任何工具都有一个从不熟练到熟练的过程。当你处在不熟练的阶段时，常常出现多余的动作，总要一边做一边考虑。对于英语初学者而言，"心译"就是这种多余的活动，是一边用一边考虑的表现。这里所说的考虑实际上是在大脑里进行的对将要表现出来的外部活动的一种检验。用本族语交际时，也有考虑考虑再说的情况，可以说是在心里把原要说的话转换或翻译为另外一些说法进行掂量。由于习以为常，所以不会给人造成负担和精神紧张。而在用英语交际时，由于害怕出错，所以想了又想；而由于对英语并不熟，掌握的语汇也不多，所以就求助于本族语，产生了"心译"。因此，消除"心译"，培养用英语思考，首先就要消除学生怕错的紧张心理，然后要增加同义词和同义结构的替代练习，训练有条理、有程序的表达习惯和理解能力。

学习和使用英语都要用思想。思想要有逻辑性。逻辑指思维的规律性。思想的逻辑性、条理性在很大程度上取决于人的大脑对客观事物反映的系统性和所掌握语言的系统程度。总的来说，逻辑结构中的概念、判断、推理与语言结构中的词、句、语段是对应的。语言问题与逻辑问题是密不可分的。学生使用英语进行表达或理解别人用英语表达的思想时，所遇到的困难虽然表现为语言上的困难，但实质上有相当一部分，或在相当程度上乃是逻辑上的困难。表达不好，思路不清，缺乏按照严格的逻辑对已掌握的语言材料加以组织的能力与习惯。而理解不好，常常是推理能力弱，对所听或所读不能从逻辑上进行整体性的把握。所以，为了培养用英语思考，就要加强练习英语的逻辑性。

对学英语的人来说，本族语思考和英语思考常常是交织和交替的。在情景、话题、上下文、语言形式和内容熟悉的条件下，在好的英语环境中，英语思考就容易实现。相反，在情景、话题生疏，语言艰深，内容冷僻的情况下，外语思考就难以实现了。因此，培养英语思考还要注意创设英语环境，制造英语气氛，并降低一部分练习的难度，以换取更高的练习速度。

三、综合教学原则

语音、语法、词汇是语言的三个组成部分。语音是语言最基本的内容，词汇是语言的建筑材料，语法是用词、造句规则的综合。三者各有各的内容、体系，并各自发展成为独立的科学。但是，语音、语法和词汇又是紧密联系、不可分割的。例如，学习 a plane, a flag，语音问题、语法问题和词汇问题都包含在内：三个元音 [ə], [eɪ], [æ]；五个辅音 [p], [l], [n], [f], [g]；三个单词 a, plane 和 flag，内有名词和冠词。语音、语法、词汇三者缺少哪一个，另两个的教学都会受到限制。另外掌握了语音，有助于记单词和它的拼写法，也有助于学习语法，如 a plane, an hour，这里面就有语法问题。同样，学会了语法，也有助于学习语调和词形变化。学会了单词，语音和语法教学才有所寄托。所以，在英语教学里，语音、语法、词汇应进行综合教学。但语音、语法、词汇任何一项都不是语言，也不具有语言作为交际工具的作用。作为交际工具，语言的使用单位是句子。语音、语法、词汇的用法，都是在句子里表现出来的。因此，语音、语法与词汇要坚持综合教学的原则，可以采取整句练习与单项练习相配合与对比的方法。

（一）在英语教学中进行整句教学和单项训练

语言的应用单位是句子。从教学法的角度来看，为了培养学生运用语言的能力，在英语教学里，尤其是在初级阶段，课文里大多数句子是简短的，最好整句教，整句学。这样，学会的东西就可以直接应用。句子学得多了，还能加强起学生的语感。听到一个句子，就能判断它的正误。反之，在教学里总是先分别教单音、单词和语法点，在这个基础上再教整句，乍看起来似乎符合由简而繁的原则，实际上却是把运用语言表达思想的过程复杂化了。老是用这种方法去教，往往会导致一种结果，即学生在运用语言时，不是直接运用句子，而是先把单词按语法规则组成句子，然后再按学过的语音规则说出话来。这样，说出来的话，一则太慢，不合时用；二则在用词和语调上往往不够自然。孤立地教单音、单词、语法所起的主要作用是教语言知识或操练语言知识，这和运用语言工具进行交际的能力是有区别的。当然，如果有必要对单音、单词和语法分别教学的话，也可以单独开展。而在外语教学里由简而繁的原则是先整句教，然后分析组成句子的语音、语法、词汇，最后仍回到整句的操练上来。在进行整句教学时，先教简短的句子，以后再整句教比较复杂的和比较长的句子。例如，在英语教学中一开始就教给学生:"I am here.You are there.This is a book.That is a pen."学生很容易就可以掌握这些句子,并熟练地掌握"I am..., You are..., He is..."的用法。如果教师一个词一个词地教,解释 am 的意思是"是",用于第一人称单数;are 的意思也是"是",用于第二人称单数或复数;is 的意思是"是",用于第三人称单数,通过这样的教学,学生很可能只是知道了这几条规则,很可能说出"I is..., You is..."之类的错误句子。换句话说,教师在解释语法规则上花了不少力气,对学生应用语言却帮助不大。因此,在开始教英语的阶段,对语言知识在培养言语能力上所能起的作用不要抱有太大希望。

教发音也是一样。通过整句教,学生能学会流利自然的语音、语调。如果先学单词的发音,再学整句的语调,学生往往受单词发音的影响或自以为学会了单词的发音,对教师的语调不够注意,导致学不好地道的语调,如句子里词的连读、不完全爆破、词的重读和弱化以及句中的停顿等。

综上所述,可知要想贯彻综合教学的原则,整句教学是比较好的方法。另外,在英语教学里进行整句教学时还要和单项(语音、语法或词汇)训练相结合。整句教学和单项训练是相互联系的,在处理二者的关系时应该注意以下几点。

1. 英语教学里要以句单位教学为主,使学生在句子里掌握语音、语法和词汇的用法。要根据学生在学习中的困难和需要,辅以语音、语法或词汇的单项训练,以弥补句单位教学的不足。在整句操练当中如果发现学生在某个音、词或语法点上有困难,就要随时针对问题进行单项操练。单项上的困难解决了,再回到整句操练上来。

2. 在开始教英语时要配合句型教学,加强整句练习,使学生熟练掌握基本的英语句型,并习惯于整句学习的方法。在教学中,要尽可能地使学生学一句会一句,也能把所学到的进行应用。学习语言是养成语言习惯的问题。在初级阶段不要给学生多讲为什么要这样说或这样用,这时要强调整句的模仿和套用。另外,还要正确处理学习的质量和数量的关系。

3. 到了中级和高级阶段,学生已熟练掌握了英语的基本句型,或具备了运用英语的一定能力,在这种情况下,先教句子的组成部分,再进行整句操练也是常见的。比如课文里生词多了,语法点复杂了,先初步解决一下这方面的问题,就可以为整句操练铺平道路。而且由于学生已掌握了基本句型,有了整句学习和运用的初步习惯,新的单词或语法点会被迅速地纳入句型中去,不会一个词一个词地说句子或把说话变成造句。随着学生英语水平的提高、年龄的增大、理解和分析能力的增强，学生对分析句子的成分、词的构成以及区别词意和用法的要求也提高了，这时也有必要讲解句子里难以理解的语言点。但需要注意的是，在这个时候，仍应以整句操练为主，不能陷入单纯地讲授语言知识的误区。

4.教学里对教过的语音、语法、词汇有必要随时进行复习和整理。年级越高，这方面的工作越应注意。在复习和整理过程中可分别罗列有关的单词和语法点，利用它们之间的各种关系进行操练，并帮助学生记忆。

（二）在英语教学中进行对比教学

在综合教学里着重整句教学，而在整句中教单词、语法、语音时可以采用对比的方法，自然地引导学生在句子里学习单词、语法或语音。通过这种方式，可以保证综合教学的效果。比如 This is a pencil. This is a book. This is a ruler. 这些句子的句型相同，一句里只有一个单词不同，在教师的引导下，学生会注意到各句中不同的单词，这样单词的意思和用法就会在学生的头脑里突出出来。又如，I will take the book off the table. I am taking the book off the table. I took the book off the table. 这几句话句型相同，动词的形式不同。教师可通过演示动作，使学生看到它们表示的时间不同。学生通过对比、分析、归纳，很容易就可以总结出英语动词的一般将来时、现在进行时和一般过去时及其表达法。而且动词的时间表达法是学生自己开动脑筋归纳出来的，这样所获得的印象会更深，记得会更牢。在学习语法的过程中，学生对语言材料观察、对比、分析和归纳，也是对思维方法的一种锻炼。在整句教学中要突出语音，也可以应用这样的方法。比如，I am here. This is my ear. I hear with my ears. He is my dear friend. 学生在教师的指导下，通过对比就可以发现 here，ear，hear，dear 等词中都含有 [ɪə] 这个音，还注意到 [ɪə] 这个音在不同的单词里有不同的拼写形式。

四、精讲多练原则

精讲多练是一个完整的概念，它要求既要重视讲的作用，又应保证练的质量，把讲和练的作用结合起来，发挥师生两方面的积极性。同样，英语课堂的工作也不外乎包括讲和练两种，前者是讲授语言知识，后者是进行语言训练。在课堂上，适当地讲授一些语言知识是必要的，可以提高学习的效率。就如同学习滑冰一样，在上冰之前，教练讲解一些注意事项、滑冰的动作要领，可以有助于提高学生在冰上训练的效果。但是，英语首先是一种技能，技能只有通过实际训练才能获得。所以，教师必须清楚，讲解的目的在于帮助学生更好地训练。教师要充分考虑少年儿童对抽象概念的理解能力差的缺陷，而对具体的语言材料接受快的特点，采取多种形式的语言训练活动。在语言训练的过程中要针对学生的具体问题给以"画龙点睛"式的点拨。当学生掌握了一定量的语言技巧时，要进行适当的总结与归纳，使学生的认识条理化、系统化，这不仅有利于学生语言交际能力的培养，还有助于学生养成良好的学习与思维习惯。在进行了必要的讲解之后，要给学生留出足够的训练时间。

五、正确利用本族语言的原则

本族语也就是母语。对我国多数学生而言，本族语也就是汉语。学生学英语之前所掌握的唯一语言是本族语，他们用本族语思考，用本族语交际。本族语习惯已经根深蒂固，无时无刻不在对英语的学习和使用产生影响。而对于英语教学而言，本族语会起到迁移性的影响，这一影响有正负两个方面，如果利用正确，将会对英语教学产生正迁移，促进英语的学习、保证教学的效果。教师要想做到坚持这一原则，应注意以下两点。

（一）在英语教学中使用本族语进行解释

这一原则的提出主要是由于英语学习是在本族语习得后进行的学习活动。在学习英语之前，学生已能用本族语进行交际，他们的时间、地点以及空间等概念已经形成，学习者已学会了用本族语来表达这些概念。因此，用一种新的语言来构建概念比较难，而借助本族语已建立起来的概念，我们只需要教会学习者一种新的符号表达形式，就可以使学习者较快和较好地掌握到某些概念。因此，适当地使用本族语进行解释能起到清楚、明了和加深印象的效果。比如，当我们在教单词 excuse, science 和 business 时，可以用中文对其意思进行解释：excuse 意思是借口，science 意思是自然科学，business 意思是商务或商业。如果我们用英语对 excuse、science 和 business 进行详细的解释，这会把教学中有限的时间浪费掉，而且不一定能解释清楚这些词。当然，虽然不同的语言之间存在着差异，某些概念在不同语言之间也会存在差异，但无论如何，本族语的适当使用都会起到画龙点睛、突出差异的效果。例如，有的参考书中说 festival 可用 red letter day 来解释，但对 red letter day 用红字标明的、值得纪念的日子这个概念对于不同国家、不同民族来说，其理解和认识方面是存在差异的，比如在中国，春节是节日，而在英国却不是 red letter day。因此，我们用汉语简单地解释 festival，能让学生更好、更快地对该词的意义有一个正确的理解与掌握。

适当地使用本族语进行英语教学，还有一个好处，就是本族语在一定阶段的使用，能使学生更容易理解英语某些结构和规则的特点，能更好地理解教师安排、布置的教学活动。而对英语结构和规则的正确理解有利于学生对其进行掌握和运用，同时透彻地理解教师的指示也能充分利用上课的时间进行英语实践，提高英语教学效率。比如，在教授现在完成时的时候，教师可以使用汉语对过去时和现在完成时的用法进行简单的讲述：一般过去时是用于描述过去的动作，现在完成时表示某一过去动作对现在的影响。从这个解释中，我们看到现在完成时所表示的也是过去的动作，但它侧重于该动作对现在的影响。例如，I lost my bike. 表示的是过去的动作，但 I have lost my bike. 这句话则包含有 I lost my bike. 和 I have no bike now. 双重意思。这样的解释，花的时间不多，使用汉语解释的句子也不多，但能向学生清楚地解释完成时的用法特点。

（二）在英语教学中通过本族语与英语的比较帮助理解

本族语的适当使用有利于本族语与英语的比较，帮助学习者更好地对两种语言各自的特点进行理解，从而排除在英语学习过程中出现的本族语干扰。具体来说，我们知道学习英语是个相当艰难的过程。在这一过程中，学习者很可能会因本族语系统的影响而犯错误。如果我们能在适当的场合，结合英语学习的内容，对英、汉两种语言在某一结构、某一用法上的差异和特点用本族语进行简单讲授，学习者通过比较将会了解并明确英、汉两种语言在使用上需要注意的问题，那么他们在使用英语进行交际时，就会对本族语系统经常造成英语使用中的错误进行刻意的避免，从而提高英语使用的效果。

在进行英汉两种语言差异的比较时，教师可以适当使用语法——翻译法。比如在英语应用中，我们会经常看到学生写出了用英语形容词作谓语的句子，如 we very happy，这种句子产生的原因很可能是受汉语的影响所致，因为汉语的形容词可作谓语，如"我们很快乐。"但英语的形容词在句子中却不能单独作谓语，要与动词 be 结合才能作谓语。因此，在讲授英语形容词作表语时，可以把英文句子译成汉语，通过这种方式，学生能够很容易且直观地看到英、汉形容词在句法功能方面的差别，避免把汉语形容词的使用规则迁移到英语形容词的用法上去，造成消极的影响。

六、背诵与多种练习结合的原则

事实证明，大量背诵课文与大量做练习相结合，是对于一切各不相同条件下的英语教学的普遍有效方法。所以，有必要把这一点提高到原则意义上来加以认识和贯彻。

背诵范文应该是我们每个人学习英语最行之有效的方法。背诵大量优秀的英语文章或段落将会对我们以后的学习有很多的益处：1.有利于语音和语调的正确、熟练；2.有利于语法和词汇的巩固；3.有利于语感的发展和口语、书面语能力的提高；4.有利于记忆力的锻炼和增强。

大量背诵是通往真实交际的重要方式之一，是作为预备性的语言练习和巩固性的语言练习的重要形式来使用的。大量背诵只有同多种练习紧密结合、及时配合、穿插呼应，才能起到有效作用。同时，也只有这样，背诵才能得到真正的检验，才会达到交际的目的。

背诵与活用基本上是同步的。只有将二者结合，才会使英语学习的效果更加明显。一篇课文的背诵至少经过三个层次：尝试性的、半熟性的、流利性的。围绕一篇课文的多种练习也是多层次的：改变人称和时间、同义词句代换、提问题和回答问题、扩展课文、压缩课文、复述大意、模仿作文、改变体裁、交流读后感等。在背诵与多种练习互相接应、互相支撑、互相补充的作用下，学生将不会因为大量的背诵而苦恼，反而会将二者的结合作为一种学习的乐趣。

七、语言知识和语言技能平衡

英语语言知识包括语音、词汇、语法三个方面的内容，它们是综合运用英语能力的有机组成部分，是发展语言技能的重要基础。英语语言技能指运用语言的能力，包括听、说、读、写四个方面，这四个方面又可以细化为两类：一是产出型技能，包括说和写；二是接受型技能，包括听和读。语言知识和语言技能并不是对立的，它们都是语言能力的组成部分，两者之间是相互影响、相互促进的关系。首先，语言知识是发展语言技能的基础，如果不掌握或了解一定的英语语音、词汇和语法知识，就不可能发展任何语言技能；其次，语言知识的学习可以通过听、说、读、写活动的过程来感知、体验和获得，可见，语言技能对语言知识的发展起着促进作用。在英语教学中，一定要处理好语言知识和语言技能这二者之间的关系，具体来说，就是在英语教学中要同时兼顾语言知识与语言技能，使两者达到平衡。而一些观点认为强调语言能力就可以忽视语言知识，这种看法显然是不正确的。因为语言的综合能力所包含的内容有很多方面，除了语法知识外，还包括社会语言学能力。例如语篇能力，像观察和使用各种衔接和照应手段等；

策略能力，像在交际遇到困难时使用哪些手段回避等。可见，语言综合能力的复杂性，它包含知识和技能两方面的内容。我们可以从以下两个方面的阐述来具体理解一下。

1. 在英语教学中要学习语言知识，要学习语法，不懂语法，语言能力也就无从谈起。但在学习语法的过程中，要对其有一个正确的认识，学习它不是为了掌握某种理论体系，而是为了正确地使用语言，而且在学习的过程中除了要保证语言的语法规范外，还要保证其社会文化规范。

2. 语言能力不仅牵扯到单个句子，还牵扯到语篇。英语教学中如果仅停留在知识的传授和学习层面上，就不能很好地完成英语教学的最终目标。合理而正确的做法是把语言知识的学习与语言技能的培养有机地结合起来，语言知识的学习要对提高语言技能的使用有利，而在发展语言技能的同时，也不能忽视语言知识的学习，两者要同时兼顾，不可只侧重某个方面。

我们知道，现在英语教学中盛行交际教学法，它是在批判传统的语法翻译教学法的基础上建立起来的，该教学法在目前应用比较广泛的一个主要原因在于传统的教学方法过分强调语言知识，尤其是语法的传授，而对语言技能的培养有所忽视。但是，当交际教学法在我国流行的同时，却出现了另一种现象，就是教师在教学中对于语言知识不敢传授，害怕那样做就会被指责为没有采用交际教学法。这种方法显然未能实现语言知识和语言技能达到平衡的原则。要想使语言知识和语言技能达到平衡，教师应在教学中重视语言实践活动，通过语言技能的训练来进行语言知识的学习。具体来说，传授英语语言知识并不是说要单纯对英语语言知识进行传授讲解。尤其是在基础英语教学阶段，主要通过听、说、读、写等实践活动来学习英语。由此可见，传授语言知识的基本途径是语言技能的训练，通过相关技能训练的实践活动来提高语言知识的运用。英语语言知识的教学可以采用的方式多种多样，如注意、观察、发现、提示、分析、对比、归纳、总结等。在过程中要有意识地使多数学生都参与到其中，这样不仅可以使学生学到语言知识，还能接受到科学的思维方法的训练。

八、尊重民族文化原则

语言是文化的载体，语言离不开文化，语言也不能脱离社会。语言又是了解社会现实生活的导向。通过语言特征分析和使用过程，可以体现一个民族的思维以及生活的特点。可以说语言是每个民族文化的风俗习惯的一面镜子，也是文化的表现形式。所以，我们在进行英语教学时要重视英语国家民族的文化和社会习俗，帮助学生了解中西文化差异，扩展视野，不能穷追、不能回避，也不能胡乱解释或更改。由于学英语是为了用英语，用英语是一种文化交际，不尊重英语民族文化，也就很难用得得体，更妨碍彼此的沟通。

第三章 当代英语课堂教学的延伸

2001年，我国《英语课程标准》指出："英语教学过程中应当组织生动活泼的课外活动，促进学生的英语学习。根据学生的年龄特点和兴趣爱好，积极开展各种课外活动来帮助学生增长知识、开阔视野、发展智力和个性、展现才能。教师应该有计划地组织内容丰富、形式多样的英语课外活动，如朗诵、唱歌、讲故事、演讲、表演、英语角、英语墙报、主题班会和展览等。教师要善于引导，激发学生的好奇心，培养他们的自主性和创新意识。"由此可见，英语课程的设置不仅要关注知识与技能的培养，还应注重学生整体素质的培养。因为，英语课外活动是课堂教学的辅助和延伸，目的是为学生英语的学习创造一个开放、自由、真实的语言环境和提供大量的语言实践机会，是提高英语教学质量以及学生整体素质的有效途径之一。本章我们就对英语课外活动的相关内容进行具体探讨和分析。

第一节 英语课外活动与课堂教学的关系

在分析英语课外活动与课堂教学的关系之前，我们有必要了解一下课外活动的含义。

苏联教育家凯洛夫在《教育学》一书中对课外活动下了定义："在课外活动和校外活动这个一般概念里，包括各个不同方面的学生课余文化活动；组织这些活动，达到对新生一代进行共产主义教育的目的，对实现社会主义社会所要求的普通教育和综合技术教育，对人的全面发展以及为学生从事实际活动做准备，都具有极其重要的意义。""所谓课外活动，就是指学校在必修的教学内容和教学大纲要求之外举办的形形色色的具有教育性质的作业和教育措施。"

由此可知，课外活动（Extracurriculum Activities）实际上是指学校在正式课程以外对学生所实施的各种有意义的教育教学活动。具体而言，课外活动即学校在国家统一规定的教学计划和统一编写的教材之外，为了发展学生的爱好、个性、兴趣及特长，开发学生的智力，基于学生自由选择参加的原则，在课余或节假日中组织学生开展的，有计划、有目的教育活动。课外活动包含的形式多样，如科技文体活动、晨会（夕会）、体育活动、各种本校的传统活动和社会实践活动等。

下面我们着重分析一下英语课外活动与课堂教学的关系。

一、英语课外活动与课堂教学的区别

我们通过下表来分析英语课外活动与课堂教学之间的区别。

通过上表，我们可以清晰发现，英语课外活动在多个角度与课堂教学存在着显著的区别。

二、英语课外活动与课堂教学的联系

尽管英语课外活动与课堂教学存在着巨大的差别，但两者之间仍有着密切的联系。

我们知道，英语课堂教学是教学工作的中心环节，是英语教学最基本的形式，也是学生在教师的指导下获取英语基本知识、基本技能，通过基本技能训练，培养运用英语进行交际能力的基本途径，对培养学生的英语能力起着关键性的作用。但是，失去了课外活动，课堂教学就不能成为一个完整的教育系统，只有二者相结合，才能形成一个统一、完整的教育系统，二者没有主次之分。英语课外活动是英语课堂教学之外，对学生进行多方面、多角度教育的有效形式，是对英语课堂教学活动局限性的有效弥补手段，它与课堂教学是相辅相成、相互作用的，对实现教育目标、完成教育任务有着同等重要的作用。英语课外活动对培养学生的特长爱好、激发学生的兴趣、开阔学生的视野、增长学生的见识、发展学生的智力有着积极、显著的作用。而且，英语课外活动对决定学生的全面发展与因材施教、一般发展与特殊发展、间接经验与直接经验等矛盾有着重要的意义。

第二节 英语课外活动的意义与作用

英语课外活动是整个英语教学过程中的一个有机组成部分，它和英语教学的基本形式——课堂教学紧密相连，是使学生掌握外语所不可缺少的辅助形式，可以说对整个教学有着重要的意义和作用。下面我们就其意义和作用进行具体说明。

一、有助于培养学生的自主学习能力

英语课外活动具有丰富多彩的形式和内容,可以为学生提供轻松愉悦的学习环境以及自主学习、探究的机会和条件。与课堂学习不同,课外活动中没有严肃紧张的气氛,学生心情愉悦,便能无拘无束、积极主动地完成教师分配的任务。在完成活动任务的过程中,学生学会独立思考、独立解决问题,实际运用语言的能力得到提高并获得成就感。所以,英语课外活动的实施,能有效激发学生的学习兴趣、调动学生的学习积极性,有助于树立学生自主学习的意识,从而真正体现了学生在英语教学中的主体地位。

二、有助于促进学生的个性发展

英语课外活动形式多样、内容丰富,可以使学生的个人兴趣、爱好、特长以及各种才能都得到充分的发挥。同时,在英语课外活动中,教师也有机会发现在某一方面有特殊才能的人,对其加以训练和培养,从而促进学生的个性发展和人才的早期培养。例如,学校组织的文艺会演、英语歌咏比赛、戏剧小组等,都可以为具有音乐天赋和表演才能的学生提供展示自己才能的机会和平台。

三、有助于培养学生的合作精神、增进师生感情

我们知道,英语课外活动中包含多种形式的活动,其中集体活动占很大一部分,例如小组之间的英语游戏、班级或者年级之间的英语竞赛活动等。在准备活动的过程中,有许多的工作需要学生与学生之间、学生和教师之间的相互配合。在活动进行的过程中,许多任务也是需要参加活动的每个成员共同来完成的。因此,开展英语课外活动对培养学生的合作精神、集体荣誉感、班级凝聚力十分有利。

此外,许多的英语课外活动都离不开教师的参与。巴班斯基指出:"只有在师生积极的相互作用中,才能产生一个完整的教学过程。"在教学活动当中,教师有时也要充当课外活动小组中的一员。同时,教师要提供完成任务的指导和建议,监督学生活动,帮助学生查找资料等作用。总而言之,英语课外活动对加深教师与学生之间的感情交流,增进师生感情起着积极的促进作用。

四、有助于培养学生良好的文化价值观

文化价值包括人文精神和科学精神两种含义,是体现一个社会的意义、价值、风俗、规范、概念与符号的概念。据了解,英联邦国家从一到十二年级中小学全过程开设戏剧表演和文学阅读课,并开展丰富多彩的英语课外活动,如英语文艺会演活动、演讲比赛、英语辩论会、英语专题讲座、英语课外阅读、英语经典影视欣赏及评论活动、各种社会实践活动等,旨在提升学生的文化品位、审美情趣和人文素养。因此,英语教学中要特别注意树立学生良好的文化价值观,包括人文精神中思想道德素质层面的社会价值标准、有关个人的价值标准、有关国家和世界的价值标准和认识世界的价值标准等方面。教学除了传授知识外,还应该重视学生在道德思想、身心健康、为人处世等方面的培养。同时,开展英语课外活动对培养学生的爱国主义、国际主义以及共产主义思想等也有很大的帮助。

五、有助于提高学生的整体素质

英语课外活动除有助于加深、巩固和扩大学生在课堂上所学到的英语知识外,还有利于学生不断地获得课堂以外的新知识。课外活动为学生提供了一个很好的实践机会,在课外活动中,学生能够将课堂上获得的知识运用于实际,从而加深对知识的理解、技能的掌握,开阔视野。另外,英语课外活动的开展还可以促进英语学科与其他学科的相互渗透和联系,扩大学生的知识面。例如,通过创造美、鉴赏美、感受美等课外活动,可以提高学生的审美能力;通过参加公益劳动,不仅可以锻炼学生的劳动能力、体力,还可以掌握一些基本的生产技能;让学生独立主持一些活动,不但可以锻炼组织管理能力,还可以培养学生良好的心理素质。总而言之,经常开展英语课外活动,有助于提高学生的整体素质。

经上述可知,教师在英语教学当中必须大力开展英语课外活动,并且在活动当中要选用适当的形式,有目的、有计划地开展。这样既可以减轻学生的负担,还能有效提高英语教学的整体质量。

第三节 英语课外活动的原则

开展英语课外活动的目的是辅助英语课堂教学,提高学生的英语水平和英语

教学质量。所以，英语课外教学活动的开展也应遵循一定的原则。其应遵循的原则主要包括以下几个方面。

一、因材施教原则

我们知道，传统的课堂教学只能保证大多数学生学习大体上相同的知识和技能，但难以兼顾每个学生的具体情况。例如，有些学生性格内向、胆小、害羞、不善言辞，即使有某种特长，也很难表现和发挥。而英语课外活动比课堂教学的内容更丰富、形式更多样，因此英语课外活动可以弥补课堂教学的这一缺陷，采取各种措施，使每个学生的潜能都能得到发掘。例如，学校根据实际情况定时举办含有多种形式的英语晚会，如讲故事、朗诵英语诗歌、唱英文歌、表演对话等。在具体的活动中，尽量保证每个学生都有展示自己才能的机会。

二、循序渐进原则

循序渐进指的是设置英语课外活动应坚持循序渐进、先简后繁、先易后难、先少后多的原则。课外活动刚开始的时候，形式和内容应比较简单。随着活动的开展，逐渐加大内容的难度，形式也逐渐多样化。学生通过克服不同程度的困难，完成不同形式的任务，就会享受到获得成功的喜悦，并逐渐树立起自信心。如果一开始学生就因过于复杂的课外活动受到阻碍，他们很难感觉到胜利带来的快乐，也会很快失去信心、丧失主动性，甚至产生自卑的心理。这样，英语课外活动就违背了它的初衷，很难再进行下去，也不利于学生的身心发展，对课堂教学的辅助作用也就更谈不上了。

三、自愿参加原则

课堂教学具有一定的强制性，要求每名学生都必须按规定上课。课外活动不同于课堂教学，它本身不具备法定强制性，教师也不能强迫学生参加。学生自己或者在教师的帮助下设置的各种课外活动项目，不同于教学计划中所设置的各个必修和选修科目，学生有主动选择权，他们可以根据自己的爱好等情况选择课外活动项目。

此外，英语课外活动的形式不应死板，应活泼多样，组织形式也应灵活多变，内容要生动多彩，这样才能激发学生的兴趣，吸引学生参加到活动中来。教师要积极组织活动，在适当的时候给以必要的指导，使课外活动逐步深入充分发挥课外活动的作用。

四、与课堂教学相结合原则

英语教学的基本组织形式就是课堂教学，而且学生的英语基础知识也主要是通过课堂教学来掌握的。而英语课外活动则是课堂教学的延伸和补充，旨在巩固课堂上所获得的知识和进一步发展学生听、说、读、写各项基本技能，培养学生英语实际运用的能力。因此，教师组织学生进行课外活动时，应注意将课外活动和课堂教学实际紧密联系起来，以课堂教学为基础，传递新知识、新信息，拓宽学生视野，扩大知识领域。例如在学习美国文学时，教师可以首先通过生动活泼的形式介绍美国的历史、文化背景、风俗习惯等，激发学生的兴趣和热情，使学生在轻松愉快的环境里学习课堂上的知识。

五、学生的自主性、创造性为主，教师的指导性为辅原则

在英语课外活动中，教师扮演着指导者角色，主要负责英语课外活动的制定，各种英语课外活动小组的组建，帮助学生选材、检查活动的完成情况等，起辅助的作用。而学生才是课外活动的主体。所以，教师应根据学生的实际情况，巧妙地利用各种有效方法调动学生的积极性，放手让他们独立去组织活动。例如，选出几位英语基础较好、组织管理能力较强的学生组织英语课外小组，让学生自己制定活动的各项规则等，这样能最大限度地发挥学生的聪明才智、锻炼他们的组织管理能力。因此，在英语课外活动中，要坚持遵循以学生的自主性、创造性为主，教师的指导性为辅的原则，让学生在轻松、自由的环境里发挥他们的自主性和创造性，培养他们自主学习和独立工作的能力。

六、思想性与趣味性相结合原则

在课堂之外实施的各种形式的英语课外活动应具有高度的思想性，寓德育于活动中。并且英语课外活动应该健康向上，这样有利于学生思想品德的提高。同时，各种课外活动应该富有趣味性内容，通过这些有趣味性内容的各种课外活动，激发学生的好奇心，激发他们的兴趣，吸引他们参加到活动中来。例如，在开展

小学英语课外活动时,做多样的英语游戏,把语言知识的学习与英语语言技能的训练有机地结合在一起,既可以激发学生的兴趣和求知欲,又可以训练学生灵活运用英语的能力,从而真正做到寓教于乐。因此,教师要根据学生不同的特点设置英语课外活动,以保证英语课外活动的形式、内容适合不同信息特征和学习阶段的学生。

七、认真总结原则

总结活动对课外活动再次开展十分有利,所以英语课外活动结束以后,应注意做全面的总结。总结的形式有很多种,例如在各种形式的英语竞赛之后,算出成绩,排出名次,实行对优胜者进行奖励的政策。然后再由教师或评委认真总结,肯定成绩、做出表扬,同时指出存在的问题,纠正错误。此外,每次活动后,教师还应对活动的开展情况做书面总结,总结经验教训、提出改进方法,以使下次活动的开展更加顺利。

第四节 当代英语课外活动的主要形式

一、活动小组

英语课外活动小组是普遍采用的一种课外活动形式。组织英语课外活动小组的目的,在于努力创设各种真实的英语环境,使学生在自由的气氛中掌握实际运用语言的能力,综合训练学生运用英语的能力、培养学生学习英语的兴趣,并多方面发展学生的英语才能。与课堂教学相比,课外活动小组形式更加活泼、自由,可以在教师的辅导下独立组织活动,自主分工、发挥各自的特长,学生的主体性可得到很好的发挥,从而调动学习的积极性。在活动实施过程中,学生之间可以取长补短、相互学习。通过伙伴之间的合作,可以学到在课堂上学不到的知识,如良好的道德品质、思维品质、学习策略等。

小组应由学生自己组织、自愿参加,推选组长和干事。通常情况下,教师不参加小组内部分工。教师可充当小组的顾问,指导和协助小组分工。英语课外活动小组要根据学生的兴趣爱好以及英语水平进行分组。要按照活动的性质、特点决定每个小组的人数。另外,教师参与和辅导的一个重要的作用是能够保证小组分工的公平性和合理性。在这里我们介绍几种常见的英语课外活动小组形式。

（一）会话小组

参加会话小组，可有效提高学生的听说能力。活动可以每一两周开展一次也可根据每个学校的实际情况而定。会话的题材要选择那些日常生活中十分熟悉的事情。设计会话的场合和情景时，应注意多样化。

英语游戏是活动的主要内容，英语游戏是发展口语技巧和巩固词汇、语法，训练发音的有效手段。它不仅是课外活动的主要形式，有时也可在课堂上应用。它可以缓和课堂上的紧张气氛，有助于消除学生的疲劳，还能激发学生的兴趣。通常英语游戏是带有比赛性质的，学生潜在的竞争意识就可以促使他们积极思维，并有助于克服腼腆羞怯的心理，从而树立他们的自信心。做游戏时，由提出游戏的学生用英语说明游戏的做法，接下来就可以开始做游戏了。

下面我们介绍几种常见的英语游戏。

1. 记忆游戏

在讲桌上摆放一些学生用英文可以说出名字的东西，让一名学生到讲桌前仔细查看，并尽量记住所有的东西。然后让学生转过身，回答教师的问题："What's there on the table？"学生回答："There's a ball on the table.There's a book on the table...."

然后逐步加深游戏的难度。例如，教师问："What do you see on the table？"学生说出他所见到的东西。然后教师再提问："What did you see on the table？"学生先要说出所看到的东西，然后再接着说出这些东西的位置。例如，"The pen is under the book.The book is between the pen and the cup..."教师改变东西的位置，学生再说："The pen was under the book and now the pen is on the book..."

2. 谁快

将全组学生分为两队，相向而坐。两队之间相隔2～3米。假设全部有20名学生，则甲队的第一名学生面向乙队的第10名学生，第2名面对第9名，依此类推。在两队之间的中心位置上放一小凳子，上面放一只球。每个学生需充分集中注意力。

当教师说No.5时，两个队的第五名学生立即跃起，抢凳子上的球。抢得者为本队得一分。不用基数词，也可用序数词。

3. 寻物

将参加游戏的学生分为两组。教师把几件东西放到平时不常放的地方，但要

保证这些东西学生都能看到。让学生考虑几分钟,然后每组学生轮流说出自己看到的东西,并说出东西所放的位置。例如:

There is a bag in the waste-paper basket.

There is a hairbrush on the floor.

There is a book on the top of the door.

There is a pen on the chair.

There is a piece of bread on the recorder.

每说对一个句子,小组得一分。

4. 拼词

将学生分为两组。教师预先选好一些单词,由各组学生依次轮流向对方提问,要求被问的学生迅速、准确地口头拼出单词。如 people/p-e-o-p-l-e。拼对一次得一分,拼错一次扣一分。拼完一定数量的词后,结算双方的积分,确定胜败。

5. 侦察

由一名参加活动的学生当"侦察兵",他环顾四周,暗自确定一件物品,然后说:"I spy with my little eyes something beginning with..."(我侦察到一个东西,第一个字母是……)接着,其他学生环顾四周,猜测可能的答案,依次向侦察兵提出。谁猜对了就当下一次的"侦察兵"。例如:

I spy with my little eyes something beginning with B.

A:Bed?　　　　　　　Scout:No.

B:Book?　　　　　　 No.

C:Box?　　　　　　　No.

D:Bottle?　　　　　　No.

E:Bell?　　　　　　　No.

F:Bookshelf?　　　　 Yes.

6. 发命令

该游戏的方式是两组学生轮流发命令,互相指定对方的一个学生执行。例如,Open the book.Shut the door.Come to the blackboard.Put your book in Li Wei's schoolbag.Draw a picture on the blackboard.Touch your nose.Hold up your left hand. Mop the floor.Comb your hair... 同时,其他学生做裁判,说 Right,或 Yes,或 No。

命令发对的得一分,执行对的也得一分。发错的或一时做不到的或不合逻辑的,扣一分。做错的也扣一分。得分最多的小组为优胜者。

7. 20 个问题

该游戏由全班人参加。游戏方式是由一名同学想出一件物品并向大家宣布它属于植物、动物、交通工具、日常用品或其他方面的东西。然后，大家依次向他发问。所提的问题总数不能超过 20 个，而且只能用一般疑问句发问。被问的人只用 yes 或 no 回答。例如：

A：I'm thinking of an animal.

B：Does it live in the forest？　　A：No.

C：Can it work for people？　　A：Yes.

D：Can it help plough the land？　　A：No.

E：Is it very big？　　A：No.

F：Does it have two legs？　　A：No.

G：Is it in your house？　　A：Yes.

H：Doesn't it like to eat fish？　　A：Yes.

I：It's a cat.　　A：Yes.

学生提出的每一个问题旨在缩小所猜物品的可能范围，最后确定是什么物品。

8. 集体组句

将参加游戏的学生分为两组，同时将黑板分为两部分。每组在已学词汇的基础上造一个句子。每人在黑板上只许写一个词。事先规定造句的具体要求。游戏开始后，两组学生选出两名学生作为代表走到黑板前，写上第一个词，然后回到座位上。接着另外两个人跑到黑板前，写上句子的第二个词，以此类推。如果单词写错了，叫该组下一个学生来改错。写完一个句子后，要让全组朗读这个句子。错误少的小组为优胜小组。

9. 讲故事

安排参加游戏的学生围坐成一个圆圈。每名学生讲一句话，这些话要连成一个故事。一个人先起个头，下一个人接着讲，依次不断讲下去。谁犹豫时间过长，或讲的句子不接上文，致使故事中断，谁就算输。要注意，所讲的内容应该是学生学过的内容，这样学生才能讲出有趣的故事，同时也能起到复习课文的作用。

英语会话小组的活动内容还有很多种，除了做游戏外，还可以接待外宾、旅游、过英语日等。

下面我们介绍几种英语会话活动的实际案例，以对上文进行补充。

案例1：

课文标题：Can You Play the Guitar？

活动内容：根据课文标题内容做话题为 Joining a Club 的对话练习。

（1）谈论自己在某一方面的能力、爱好。

（2）谈论自己所喜爱的明星。

（3）通过对话，教学有关乐器、体育项目的词汇。

（4）谈论想参加什么内容的俱乐部。

教学目标：

（1）To learn verbs of activity such as dance，sing，swim 等；names of musical instruments such as guitar，piano，drum，violin，trumpet 等。

（2）To learn sentences：

Can you...？

Yes，I can./No，I can't.

What club do you want to join？

I want to join the dance club.

What can you do？ I can play the violin.

Can he/she...？ Yes，he/she can./No，he/she can't.

（3）听力能力：能够识别不同单词和不同句式的语调，并能根据语调的变化判断句子意义的变化，能听懂问题并做出正确的回答。

（4）口语能力：能在所设计的课外活动中与他人交流，如询问会不会做某事、能做什么、不能做什么、想参加什么样的俱乐部等。

（5）通过谈论能力、爱好以及参加俱乐部的话题，培养学生兴趣多样、爱好广泛的学习方式。通过小组活动，培养学生的团队合作精神。通过谈论"能做什么"，增强学生的自信心。

Topic：Joining a Club

教师可以引导学生将日常生活中比较熟悉的活动、乐器等做成图片，目的是锻炼学生的动手能力。此外，让学生准备自己所喜爱的明星的照片。然后设立贴近学生日常生活的话题，让学生自己自由安排小组，做对话练习。

在设计对话时，教师可以采用以下设计方式：

A：拿出一张自己喜爱的明星的照片，说明此明星能做什么，拿出提前准备好的图片，如钢琴的图片，然后说："He can play the piano." "Can you play the piano？"

B：用"Yes, I can."或者"No, I can not."来回答。问 A："What can you do？"。

A："I can..."然后拿出另一张明星的图片，说："He can..." "Can you play basketball？"

B：用"Yes, I can."或者"No, I cannot."来回答。然后引出学校里的俱乐部都有哪些，在这些俱乐部里面分别能做什么事情。问："What club do you want to join？"

A：I want to join the dance club.

此外，教师也可以拿着图片向小组中每个学生进行提问，这样可以强化师生之间的互动、增加师生之间的交流、增进师生之间的感情。

当学生形成用英语对话的习惯后，教师还可以组织学生根据给定的题目或者小故事进行即兴发言。

案例2：

话题：根据教师提供的伊索寓言《狼和小羊》做即兴发言。

活动内容：听录音讲狼和小羊的故事。

录音内容：

The Wolf and The Lamb

Wolf, meeting with a Lamb astray from the fold, resolved not to lay violent hands on him, but to find some plea, which should justify to the Lamb himself his right to eat him. He thus addressed him, "Sirrah, last year you grossly insulted me." "Indeed," bleated the Lamb in a mournful tone of voice, "I was not then born." Then said the Wolf, "You feed in my pasture."

一只狼瞧见一只迷路失群的小羊，决定暂缓下手，想先找一些理由，对小羊证明自己有吃它的权利。它就说："小鬼！你去年曾经骂过我。"小羊可怜地说："老实说，我去年还没有出生呢。"狼又说："你在我的草地上吃过草。"

"No, good sir," replied the Lamb, "I have not yet tasted grass." Again said the Wolf, "You drink of my well." "No," exclaimed the Lamb, "I never yet drank water, for as yet my mother's milk is both food and drink to me." On which the Wolf seized him, and ate him up, saying, "Well！ I won't remain supperless, even though you refute every one of my imputations." The tyrant will always find a pretext for his tyranny.

小羊回答说："不，好先生，我还未曾尝过草的味道呢。"狼又说："你喝过我井里的水。"小羊叫道："不，我从没有喝过水，因为至今为止，我都是吃着母亲的乳汁。"狼一听这话，便一下子抓住它，把它吃了下去，然后说道："告诉你！即使你驳倒我每一句话，我终究要吃晚餐的。"暴君总有他暴行的借口。

故事讲完之后，教师可以让学生自由组合小组，并给予学生一定的时间对故事进行讨论，然后准备发言。题目不固定，可由学生自拟，为了保证每个学生都有发言的机会，小组人数不宜过多，发言时间也不宜过长。

听故事即兴发言的小组活动在锻炼学生的听说能力的同时还培养了学生独立思考和语言组织能力，对提高学生的综合英语能力十分有帮助。

（二）语音兴趣小组

语音兴趣小组的开展旨在满足不同学生的需要，针对不同学生的特点采取课外个别辅导。例如，有的学生胆小、害羞且容易产生自卑感。此时教师应该鼓励学生报名参加兴趣小组。针对学生发音上的问题，教师还可以组织学生在组内进行相互纠正发音和交流纠音的活动，并组织语音比赛，制定合理的奖励政策以激发学生的学习兴趣。此外，教师还向学生介绍有关语音知识，增加一些语调训练，满足不同对象的需要。经过一段时间的活动练习之后，一些英语语音基础较为薄弱的学生就会取得明显的进步。

（三）阅读翻译小组

开展阅读翻译小组对培养学生独立阅读、理解和翻译英语原著的能力非常有帮助。在阅读翻译小组活动中，材料的选择至关重要。在选择材料时应该注意以下几点：

1. 选材应以学生的特点为基础，既要有一定的难度，又要适合学生的水平，能被他们所接受。

2. 选材基本上应与所学课文的难易程度相当，如果难度较大，会影响阅读速度，降低学生的学习兴趣，过于简单则实现不了学习的目的。因此，应完全选择原著或者是经过改编的原著，其中的难点可以加注释说明。

3. 选材应由教师帮助学生选择。体裁力求灵活多样，既要有故事、童话、幽默小品等文艺读物，也要有社会政治、科普方面的读物，以培养学生对各种文体的阅读和欣赏的能力，扩大他们的视野和阅读量，使他们获取其中有用的知识。

英语课外阅读应采取泛读为主，精读为辅，精泛读相结合的方法。但要注意在泛读中遇到的难点问题，需要进行分析和翻译。课外阅读的方法根据阅读材料的性质和阅读的目的有所不同。学生每读完一篇课外读物，应系统地做读书笔记，将自己在阅读时获得的资料或感受记下来，教师应随时检查，巩固阅读的成果。活动的主要形式包括朗读部分段落、讨论难句、对难句进行语法分析和标准翻译、介绍作者的生平和作品的时代背景、座谈读后感、交流阅读心得等。通过阅读翻译小组，不仅有助于提高学生的阅读翻译水平，还能锻炼学生的交流合作能力。

（四）英语墙报小组

外语墙报和黑板报是英语墙报小组可出版的两种形式。出版外语墙报一般以班级为单位，黑板报可以年级为单位。墙报、黑板报的选材应该符合学生的知识水平，贴近生活。内容可以是英语小故事、寓言、童话、谜语、游戏、名人小传、国外地理知识、风土人情、英语知识的学习、优秀英语习作等。主题要鲜明，形式多样、活泼、美观醒目。此活动不仅可以巩固学生在课堂中学到的英语知识，提高英语写作能力，还可以使学生汲取大量的课外知识，增长学生的见闻，开拓学生的视野。另外，编辑工作对外语墙报和黑板报起着关键性的作用。教师应在每个班级选出几名英语基础好或者擅长绘画的同学参加编辑工作，让这些学生在教师的指导下分担组稿、写稿、版面设计等工作。各个班级、年级可以轮流出版外语墙报和黑板报，定期进行评比工作，排出名次，按照事先制定好的奖励政策进行奖励，以激发学生兴趣，提高学生的学习积极性。

（五）歌咏小组

开展歌咏小组的目的是通过学唱外语歌曲的形式进行英语的听说训练，这种小组形式是促进学生英语学习的有效手段。通过学唱英语歌曲，不仅可以激发学生学习英语的兴趣，提高学习英语的积极性，还能满足大多数学生的心理需求。因此，教师应该鼓励学生参加到活动中来，并将其适时与英语歌咏比赛活动结合起来，计算成绩、排出名次，让他们在一次次的成功中获得成就感。经常组织集体性的歌咏小组比赛，还能够增加学生的集体荣誉感、培养团队合作精神。

此外，利用英语歌曲还能很好地训练学生的听力。与听、说、读、写相比，听力更容易使学生产生紧张和焦虑的情绪，影响他们水平的正常发挥。而利用歌曲来训练听力，能让学生在比较放松的状态下参与学习活动，接触真实的语言材料，提高学习效率。

在学习英语歌曲的过程中，学生可以自然地习得英语的音韵、语法、词汇和意义,并且形成对英语作为语调语音的语感,从而有效地提高英语听力能力,培养综合运用语言的能力。

但是英文歌曲的选择很关键,所以在选取英语歌曲的时候,应注意以下几点。

1. 歌曲的内容难度应该具有层次性,正确分析学生的语言水平和听力理解能力。根据学生的英语及英语听力水平进行小组人员分配。不同的小组所学唱的英语歌曲难度要具有层次性。

2. 组织英语歌咏小组的目的在于向学生提供真实的语言材料,让学生在真实的英语环境中学习专业的英语。但是选取英语歌曲的时候,要注意不要选择特殊的语言现象太多的歌曲(比如,太多的方言或俚语),这样会增加歌曲的难度。因此,在选择歌曲时,既要考虑歌词语言的真实性,也要考虑歌词语言的可操作性。

3. 选择歌曲的内容要有一定的趣味性,这样才能吸引学生积极参与到活动当中来,才能做到让学生享受歌曲,让他们感觉到听歌时的快乐。在选择歌曲时,还要考虑学生的年龄特征,根据不同的年龄选择不同的歌曲。另外,教师还应根据不同的教学内容,并在课堂教学的目标或者听力教学的目标基础上选用不同的歌曲,采取任务型教学模式与小组活动相结合的方法,根据学生的英语水平提供一些 TASK-LISTENING,使得听歌曲的过程在学生的有意无意中自然而然地转变成为学生的英语学习过程,成为辅助和促进教学目标达成的过程。

(六)广播小组

开展英语广播小组活动对提高学生的英语口语能力十分有利。各年级都可以组织英语广播小组。从英语广播小组成员中选出语音、语调比较好的学生作为学校英语广播站的播音员,根据学校的统一安排向全校做英语广播。教师要审查他们的播音稿,并给予指导。

(七)戏剧小组

英语戏剧表演对培养学生学习英语的兴趣、锻炼学生的表演能力十分有利。同时,通过戏剧表演,学生在施展表演才能的同时还学习了语言技能、增强了集体荣誉感。一些具有表演才能的学生从中脱颖而出,这还有利于人才的培养。

戏剧小组对学生语音、语调、朗诵、对话、表演等方面有一定的要求,需要学生在这些方面有较好的素质。但是如果有的学生有很强的表演天赋,英语水平一般,教师也可以考虑先留在戏剧小组内,加以训练。在排练的过程中,教师要对演员的台词、语音、语调、表情、手势和动作进行全面的指导。有条件的话，学校还可以请专门的戏剧演员进行指导。同时要注意发挥学生的主体性和创造性。让学生尽量独立完成一些任务，如舞台的布置、简单的化妆等。

组织戏剧小组的关键在于选择合适的剧本。选择剧本时，要选择那些动作较多、容易理解的戏剧片段，那些容易用动作表现，情节生动的故事可以作为戏剧表演的材料。因此，教师可以从所学过的课文中选择材料改编成戏剧让学生表演，这样不仅可以加深学生对课文的理解，还可以使学生巩固所学的知识与技能。

下面我们通过具体实例来进一步了解戏剧小组活动。

Step 1：教师先利用多媒体播放一段英语电影《狮子王》中的片段：

Endless African plain.The sun is bright, the trees are green and the animals live happily.

Mufasa：Look！ Simba, everything the light touches is our kingdom.

Simba：Wow！

Mufasa：A king's time as ruler rises and falls like the sun.One day, Simba, the sun will set on my time here and rise with you as the new king.

Simba：And this all be mine？

Mufasa：Everything！

Simba：Everything the light touches！ What about that shadowy place？

Mufase：That's beyond our borders, you must never go there, Simba.

Simba：But I thought a king can do whatever he wants.

Mufasa：Oh, there's more to being a king than getting your way all the time.

Simba：There's more？

Mufasa：Simba, everything you see exists together in a delicate balance. As king, you need to understand that balance and respect all the creatures from the crawling ant to the leaping antelope.

Simba：But dad, don't we eat the antelope？

Mufase：Yes, Simba.But let me explain.When we die, our bodies become the grass and the antelope eat the grass, and so we are all connected in the great circle of life.Simba, let me tell you something that my father told me.Look at the stars.The great kings of the past look down on us from those stars.

Simba：Really？

Mufasa: Yes, so whenever you feel alone, just remember that those kings will always be there to guide you, and so am I.

Step 2: 欣赏完这段对白,教师可以设计这样的活动:学生自由分组进行角色扮演,演出一部新的 The Lion King。

二、学习报告会、学习经验交流会

英语学习报告会、学习经验交流会主要有以下几种形式:

1. 组织本校优秀学生介绍自己学习英语的方法,或者请本校的毕业生结合自己的工作实际介绍学习英语的经验。

2. 请本校和外校的优秀教师做有关英语学习技巧的报告。让学生与优秀教师面对面交流,请他们解答学生提出的问题。

3. 经常邀请专家、学者、教授来学校做报告。

4. 请外籍教师到本校做有关英语国家的历史、地理、风俗习惯和学习工作生活等方面的报告。

英语学习报告会、学习经验交流会对提高学生学习英语的一般态度、端正学习态度、改进学习方法、开阔眼界、增进对英语国家人民的了解、提高学习效果有很好的帮助。

三、英语竞赛

英语竞赛的形式有多种,如朗读竞赛、讲演(讲故事)竞赛、歌咏竞赛、英语作文比赛等。英语竞赛是发展学生运用英语的熟巧,激发学生学习英语热情的有效手段,是开展最为广泛的英语课外活动形式之一。

开展竞赛活动之前的动员工作很重要,尤其是对那些性格内向、胆小、容易害羞的学生,先鼓励他们报名参加一些较为简单的课外活动,让他们在一次次的成功中逐渐树立起自信心。另外,在竞赛前,要向全体学生宣布竞赛的项目、日期和要求。在准备过程中,教师还应帮助学生选材、审稿,并进行辅导,帮助他们克服缺点,提高运用英语的技巧。为了培养学生的组织管理能力,可以由学生轮流担任竞赛活动的主持等工作。竞赛会由学校领导主持,由教师组成评判委员会,并订出评分标准。比赛结束后,算出成绩,排出名次,奖励优胜者。授奖后由评委会进行总结,肯定成绩,指出存在的问题和今后努力的方向。

四、英语文艺会演活动

英语文艺会演主要以班级或者年级为单位展开，其内容丰富多彩，形式多种多样，包括英语歌曲演唱、英语课本剧演出、英语故事会、英语诗歌朗诵等。英语文艺演出的形式能极大调动学生的积极性，激发学生的热情。例如，在英语歌曲演唱晚会前，每个学生都会做出精心的准备，布置场地、购买演出服装等。参赛的学生则会积极练习英语歌曲，学生在欣赏歌曲的同时，"听说"技能会得到很好的锻炼。此活动形式应与英语课外活动小组活动紧密结合起来。

五、英语学习成绩展览会和成绩汇报会

英语学习成绩展览会和英语学习成绩汇报会能有效激发学生的自信心，也会对学生的学习起到很好的鼓励作用。英语学习成绩展览会和英语学习成绩汇报会一般在学期末，以班或年级为单位举行，邀请学生家长和有关人员参加。展览会上有计划地陈列英语课本、课外读物、教学用具、学生的平时作业、作文、英语试卷、学生学习成绩统计、学生所写的有关英语学习的体会，以及上英语课、自习、课外活动、辅导等的照片或记录。结合展品由学生用英语做简短的汇报，还可以由学生表演英语节目，作为汇报的组成部分。

六、英语电影欣赏

随着多媒体教学的广泛应用，英语电影欣赏成为全面提高学生英语水平的重要途径之一，使学生摆脱了学习英语时的枯燥、单调。北京外国语大学朱维芳认为，英语电影教学这种教学方法能使文化内涵和语言自然地结合在一起，它能通过鲜活的语言、动人的故事描述等把社会价值观念等深层次的文化以一种大众都能接受的方式反映出来。

英语电影欣赏可以融听、说、读、写为一体，寓教于乐，不但能够使学生在真实的语言环境中提高英语听说能力，培养学生用英语进行思维的能力，还能让学生直观地感受到英语国家的风俗习惯、地理知识、政治经济等，激发学生学习英语的兴趣。

在课外活动中开展该活动时，影片的选择很关键，所以选择电影时应注意以下几点。

1. 影片中的发音应地道纯正、语调优美。

2. 电影内容要健康、积极向上，能够引导学生树立正确的人生观和价值观。如那些获得奥斯卡奖项、根据文学名著改编的比较受欢迎的影片。

3. 影片的难易程度要适中，不要选择特殊的语言现象太多的电影，如含有许多方言和俚语，这样会增加学生理解电影内容的难度，使他们失去欣赏电影的兴趣。

4. 影片可以根据所学的课文内容来选择，这样不仅可以降低学习的难度，而且有助于学生加深对课文的理解。

5. 所选择的影片要易于模仿和表演。

电影欣赏活动的形式有很多种，这里主要介绍以下几种。

1. 根据电影串讲故事。教师可以每次播放一个小的片段，然后让学生分成小组，对影片的下一步发展进行预测并编成一个个的小故事。

2. 学生自由分小组进行讨论，交流心得体会，或者做影片介绍，轮流发言，锻炼英语听说能力。例如，在欣赏《阿甘正传》后，学生分小组进行讨论，然后小组内每个成员轮流发言，讲一下自己对阿甘的命运的理解。

3. 根据影片的精彩片段，进行角色扮演。每次活动之后，教师可以选取影片中的一段让学生自由分配角色进行表演，还可以让学生为影片编排不同的结局，然后做成小短剧来表演。通过这种方式，学生会积极地投入编排短剧的活动中，学到专业的英语口语表达法，发现和纠正自己的发音。另外，学生还可以从中学习电影中的经典语句。看以下实例：

Step 1：教师先播放电影《怪物史莱克》(*Shrek*)中 Shrek 和 Donkey 的一段精彩对白：

（at Shrek's swamp）

Donkey：You know you are quite a decorator.It's amazing what you've done with such a modest budget.I like that boulder.That is a nice boulder.I guess you don't entertain much，do you？

Shrek：I like my privacy.

Donkey：You know，I do too.That's another thing we have in common.Like，I hate it when you got somebody in your face.You're trying to give them a hint，and they won't leave.There's that awkward silence，you know.

Shrek：（Looking ironically at Donkey.）

Donkey：(embarrassed)...Can I stay with you？

Shrek：Uh，what？

Donkey：Can I stay with you，please？

Shrek：Of course！

Donkey：Really？

Shrek：No.

Donkey：Please！ I don't wanna go back there！ You don't know what it's like to be considered a freak.Well，maybe you do.But that's why we gotta stick together.You gotta let me stay！ Please！ Please！

Shrek：OK！ OK！ But one night only.

Donkey：Ah！ Thank you！

Step 2：教师指导学生自由分组、分配角色、练习台词，学生分角色进行表演。

上面我们介绍了多种英语课外活动的形式，教师可根据实际课堂教学内容选择合适的课外活动，以补充课堂教学、切实提高学生的英语能力。

第四章 互动式教学概述与理论依据

第一节 互动式教学的概念

互动是一个从社会心理学中引入教学领域的概念。它来自德国社会学家A.齐美尔所著的《社会学》一书。互动是两个或更多的人互相交流感情，传递信息并对双方都产生影响的过程。同时，要求双方一定有交流的兴趣，注意力集中在接收或表达说者或听者感兴趣的信息。

目前流行的交际英语教学理论的核心就在于交际能力培养必须具备"互动"这个性质。在交际语言教学时代，互动其实是交际的核心，也是交际所需体现的全部内容。换言之，交际的主要来源是"互动"，即两者或更多人之间合作式地交流思想、情感和想法，因而相互产生影响。同时，互动要求双方一定有交流的兴趣，注意力集中在接收或表达说者或听者感兴趣的信息。

所谓互动式英语教学就是在英语教学活动中，师生之间通过真诚和谐的交往、沟通，相互作用、相互推动，形成师生互动、生生互动、学习个体与教学中介互动的教学局面，推动教学进程，提高教学效果的一种教学方法。教师尊重学生的个体差异，营造能引导学生主动参与的课堂教学环境，引导学生质疑、调查、探究、实践，发展，培养学生运用英语知识的能力，使学生主动、有个性地充分地发展。它是教与学的相互结合，辩证统一。教师和学生互为主体，互为客体。教师和学生进行交互式的问辩、探讨与交流，教与学双方是良性互动的，即学生在老师有目的、有计划、有组织的指导下，积极主动地掌握系统的文化知识、发展智力、陶冶情操的过程。在决定教学的整体效果中，教师和学生起着同等重要的作用，要成功且有效地完成教学过程，取得好的教学效果，必须同时调动教与学两个方面的积极性，即充分发挥教师和学生这两个主体复合而成的统一体的作用。

互动式英语教学与传统教学相比，最大差异在一个字："动"。传统教学是教师主动——脑动、嘴动、手动，结果学生被动——神静、嘴静、行静，从而演化为灌输式，一言堂，"我打你通，不通也通"。而互动式教学根本上改变了这种状况，真正做到"互动"，"教师主动"和"学生主动"，彼此交替，双向输入，多言堂，"我打你通，你打我通"，奏出和谐乐章。在英语课堂中运用互动式英语教学，能有效地促进英语教学质量的提高，培养学生灵活运用英语知识的能力，实现了互动式教学法在外语教学实践中的应用；丰富了国内关于语言教学的理论研究；完善并发展了相关语言教学的方法，为一线英语教师教学提供了借鉴。

第二节 互动式教学的特点

一、明确的目的性

互动式英语教学是以社会语言学为本，即语言是学习的工具，而不是学习的终点，外语学习的目的是满足某种社会活动需要，如借助外语来完成某项任务，或摄取以本族语为媒介难以捕捉的信息。因此，英语教学的目的不仅仅是为了应付考试，所以，在英语课堂教学中，就不应该只重视零碎的词汇、语法规则的讲授或句型的反复操练，而轻视语言运用能力的培养。

二、过程的互动性

英语互动式教学的互动性是指在教学过程中，包括心理、身体、情感等方面师生和学生之间的双向活动。

英语互动式教学课堂信息输入量大，学生接触、操练语言的时间增加，自然会减少教师讲话的时间。这就使教师的地位发生了变化，由"主导"变为"从旁指导"。虽然教师讲授的时间减少了，但是他们组织课堂教学的任务却增大了。教师在教学过程中借助电教设备、直观教具、实物、图片、简笔画等手段创造语言交际情景，加上必要的表情、眼神、动作、语音、语调的变化使讲解变得生动，以唤起学生的注意力，让他们全"身、心"地投入课堂教学活动中。学生集中注意力听讲的时候，就是动眼、动耳的过程；他们积极的思考、发挥各自的想象力和创造力的时候，就是动脑的过程，每个学生踊跃地参与各种游戏活动的时候，就是大量地动口、动手的过程。在学生活动过程中，教师的"身、心"也一直在参与，教师从学生输出的反馈信息中，及时调整活动内容、速度，不断地调整学生的非智力因素，才可以保持学生"动"的活跃程度。

三、组织形式的多样性

（一）真实情景——真实的语言交际环境

教师可以鼓励学生多到旅游景点或大型活动地点和外国游客用英语进行会话，或当他们的义务小导游。还可以找机会请外国朋友给学生上课，或一起举行联谊活动、英语晚会等，让学生在自然、真实的情感中使用英语进行交际，这样更容易激发他们学习英语的兴趣，增强学好英语的信心。

（二）模拟的语言交际情景

除了自然的语言情景，教师还可以通过直观教具、实物、幻灯片、图片和简笔画等方式为学生设置模拟的语言交际情景。例如，让学生进行角色和短剧表演。这种教学方法的结果是：学生不但学会了语言，还学会了如何使用语言。

四、内容的广泛性

由于互动式英语教学打破了以往的教学模式，由以教师为主讲转化为师生互为教学活动主角，互相交流信息。因此，教师在设计教学内容时，势必改变以往把范围局限于某课内的做法，往往是以教材为主线，根据学生的承受能力来定范围，常常是在学生可承受的范围内尽量增多输入内容，而且体裁范围广，包括各种语言变体。同时，教师还可以布置一些对教材内容有补充作用的、让学生通过查字典或课外收集资料才能完成的作业。另外，教师还可以指定一些难度略低于教材内容，题材广泛且趣味性强的补充材料让学生课后阅读。

五、方法的灵活性

互动式英语教学，以交际法教学为主要指导原则，并博采了其他教学法流派之长。如在学生可理解和承受的范围内，最大限度地扩大学生的语言输入，是自然法教学流派的一大特点。如在游戏的设计中采用了情景法的情景设计；直接法的直观教具、挂图和演示动作；结构法的句型操练；翻译法的朗读、翻译；认识法的以学为中心的原则；听说法的以听说领先、兼顾读写的原则。

第三节 互动式教学的功能

一、调动了学生参与教学的积极性

教学活动是由教师和学生共同组成的系统,教师和学生是教学活动的组成成分。传统教学模式只注重教师的"教",而置学生的"学"于不顾,学生缺乏课堂参与的积极性、主动性,教学效果不理想。而互动式教学注重学生的主体地位,让学生参与到教学中,教师以自身教学方式影响学生,激起学生的学习兴趣,而学生的学习兴趣和激情又影响教师的情绪,调动了教师的教学热情,有利于教师更好地施教,从而收到更好的教学效果。

二、注重了学生创新精神的培养

传统课堂教学抑制了学生的个性和创造精神,学生只是被动地听、记,对内容理解少,提不出问题,即使个别学生在听课中提出问题教师也无暇解惑释疑,甚至作为扰乱课堂秩序而加以谴责。互动式教学法则注重培养学生的创新精神,课堂上教师的任务是启发、设疑,鼓励学生独立思考,大胆质疑,大胆提问,大胆发言,对学生提出的正确观点给予分析、引导,增强学生在讨论中的自信心。同时,在讨论中师生之间得以互相启发,形成了良好的交流氛围,优化了课堂教学效果。

三、营造了良好的互动环境

传统教学方法不注重课堂情景设置,因而学生的个性不能得以充分发挥。互动式教学注重把课堂教学形象化、生动化、审美化,给学生创造一个互动空间,让学生成为课堂角色的扮演者,成为道德价值的主体,在互动交流中启迪真、善、美,从而树立自己的世界观、人生观、价值观。互动式教学在教学活动中使教、学双方都发挥自身主观能动性,创造和谐的互动氛围,使教师在"教"中探索求学,学生在"学"中挖潜增智,从而达到相互促动、共同完成教学任务。

第四节　互动式教学的现实依据

一、大学英语单向式教学已经不适应社会发展的需要

传统的语法翻译法的英语课堂教学中，教学方法相对单一和陈旧。我们的外语教学一直保持着教师主讲、学生主听的课堂教学模式，教师通常采用的是一字一句地把教学的内容翻译成自己的母语，并反复强调某些字词或句型的用法，而且多数是大班上课，课堂教学几乎成了以教为主的满堂灌。学生只是被动地听，生硬地做笔记，缺乏使用语言的机会，课堂教学气氛沉闷，教学"费时低效"，造成了课堂教学主体单一化、教学结构模式化、教学目标和教学组织形式单一化、教学方式静态化和教学与生活割裂的局面。

特别是在高校扩招以后，这种状况更加突出。这种教学模式与方法，既不利于调动和发挥学生英语学习的积极性，也是违背语言学习规律的，更不利于学生英语综合实际应用能力的培养。在教学手段方面，基本沿用黑板、书、粉笔、老师加课堂的方式，现代教育技术没有得到很好应用，多数学校缺少高质量的教学软件，即使使用多媒体教学也只停留在将黑板搬上屏幕的水平。这同样也不利于学生英语综合实际应用能力的培养。

这种传统的"哑巴英语"已经不能适应时代对英语人才的要求。社会对外语人才质与量的需求的重大变化，决定并呼唤着外语教学思想与时俱进，做出与社会发展相适应的变革与调整，即应由传统的重语言形式（词汇和语法）教学转向掌握语言形式和培养交流能力，即听说、词汇、语法并重。与此同时，传统的单向式教学也必须尽快进行相应的改革，以适应培养具有较强外语交流能力的应用型人才的需要。

二、《大学英语课程教学要求》要求大学英语教学采用新的教学方法

为了扭转大学英语单向式教学"费时低效"的局面，中国大学英语教学改革已悄然启动。教育部高教司司长张尧学指出："转变思想，把由培养阅读能力为

重点转变到提高学生综合性实用能力上来。我们必须把听力和交流放在英语教学的重要位置,并全面发展和提高学生的听、说、读、写能力。"从2004年教育部制定的《大学英语课程教学要求》可以看到,在将来较长一段时间里,大学英语教学的主导模式是:大学英语教学应完成以教师为中心,单纯传授语言知识和技能的教学模式,向以学生为中心,既传授一般的语言知识和技能,更加注重培养语言运用能力的教学模式的转变。这就要求英语教学要把培养学生的语言运用能力提高到应有的地位,而要培养学生的英语交际能力就必须采用有效的课堂教学方法,实施师生互动,以学生为交际活动的中心,强化大学英语教学。

而且大学英语教学与其他学科相比,它更强调听、说、读、写、译等各项技能的反复训练,从而增强语言敏感度,达到促进语言习得的目的。外语学习不仅需要教师的理论指导,而且更为重要的是学生在理论指导下的语言习得与情感的交流。而互动式语言教学,正是一种能适应现代英语教学,并深受广大英语教师和学生欢迎的新型且实用的教学方法。

三、外语教学方法发展的必然要求

多来年,无论在国内还是国外,对教学方法的研究一直是外语教学过程中的一个核心,也是众多学者、教师不断研究、讨论的一个焦点。外语教学法从听说法风行的20世纪60年代,功能法全盛的70年代,跨进了多种教学流派趋向综合的80年代、90年代。从20个世纪70年代以来,把语言作为一种交际工具,进行教学的交际教学法已成为国外第二语言教学颇受青睐的教学方法,而对基于交际法的互动式语言教学的理论与实践的研究更加广泛、深入。Brown(1994)对第二语言教学历史和现状进行精辟的分析,提出了12条教学原理,为互动式教学法的产生提供了理论基础。Brown(1994)提出互动对于外语教师非常重要,在交际教学法中,互动是交际的核心,是交际的全部;经过几十年关于语言教学的研究,我们发现互动式教学是获得互动的最好的方式。

英语互动式教学,以交际法教学为主要指导原则,并博采了其他教学法流派之长。如在学生可理解和承受的范围内,最大限度地扩大学生的语言输入,是自然法教学流派的一大特点;在游戏的设计中采用了情景法的情景设计;直接法的直观教具、挂图和演示动作,等等。而且互动式教学法有传统讲授法所不具备的优势作用,即改变学生学习的被动局面,培养其创造性思维;培养多种能力,提高综合素质;教学相长,提高教师的教学水平;并符合外语教学的终极目标——发展学生的语用能力，即用英语进行交流的能力，用英语获取信息、处理信息、进行思维的能力。

因此，互动式英语教学是顺应时代发展，符合现代英语教学改革要求，适应现代英语人才培养模式的一种新颖、实用的教学方法。

第五节　互动式教学的理论依据

Brown（1994）对第二语言教学历史和现状进行精辟的分析，提出了12条教学原理，这12条原理共分为三类：认知类（自动化、意义学习、期待奖励、激发内在动力、策略投资）、情感类（语言自我、自信心、敢于冒险、语言与文化相连）、语言类（母语影响、中介语言、交际能力）。12条教学原理涵盖了心理学和语言学等各个学科对第二语言习得的最新研究成果，为互动式教学法的产生提供了理论基础。广大外语教学工作者在长期的教学实践中归纳出互动式教学法形成的理论基础，主要有以下几个方面。

一、社会建构主义理论

从本质上讲，社会建构主义理论是皮亚杰（Piaget）认知发展理论的延伸，即关注个体认知得以发展的原因。社会建构主义（social constructivism）认为，知识是个体在与物理环境的相互作用中建构起来的，社会性的相互作用同样重要，甚至更加重要。人的高级心理机能的发展是社会性相互作用内化的结果。另外，每个学习者都有自己的经验世界，不同的学习者可以对某种问题形成不同的假设和推论，而学习者可以通过相互沟通和交流，相互争辩和讨论，合作完成一定的任务，共同解决问题，从而形成更丰富、更灵活的理解。同时，学习者可以与教师、学科专家等展开充分的沟通。这种社会性相互作用可以为知识建构创设一个广泛的学习共同体（learning community），从而为知识建构提供丰富的资源和积极的支持。

社会建构主义主要是以维果茨基的理论为基础的。社会建构主义将知识视作社会的建构，其主要依据是：知识的基础是语言知识、约定和规则，而语言则是一种社会的建构；人类知识、规则和约定对某一领域知识真理的确定和判定起着关键作用；个人的主观知识经发表而转化为使他人有可能接受的客观知识。这一转化需要人际交往的社会过程，因此客观性本身应被理解为社会性。

互动式教学是基于维果茨基心理发展理论开发的一种进行听、说、读、写能力教学的方法。其依据的是维果茨基思想的两条原则：一是语言的基本功能，是为交际服务的社会性功能；二是读写能力的教学，是处于社会中介活动之中的一种符号中介活动。互动式教学强调在读写能力的教学中教师中介意义的共享，通过在教学活动中发生的社会性交互作用，既发展了教师的导向作用，又取得师生的各自发展。借助互动式教学，教师不必简单地向学生读者传递文本的含义，而代之以通过社会性的交互作用去中介学生的学习。教师的这种中介作用除了表现为对某事的模拟与演示外，更应表现为在师生互动中，对学生思维方式、解决问题的策略等的分析，以决定给予学生什么样的支持以及什么类型的支持。这种教学的交互，最终帮助学生发展自身固有的自主中介系统，使之成为具有自知之明的学习者和独立自主的读者。

二、交际教学法理论

交际教学法（the Communicative Approach）产生于20世纪70年代初期，它的创始人是英国的语言学家威尔金斯（D.A.Wilkins）。在短短的10年之内，交际教学法被大多数英语教师所接受，并且在英语教学中起支配作用。在我国，交际教学法同样也被一些英语教师所接受，并且得到广泛地普及。

心理语言学认为，言语交际的心理包含两个重要方面：一是运用语言表达什么思想（内容），也就是意念；二是怎样运用语言表达思想（形式），也就是表达方式交际法的出发点，就是要在交际活动中表达意念（思想内容）。他们认为，外语教学的好坏取决于教师和学生、教学内容和教学方法等多种因素，而学生是内在因素，内因起决定性作用。所以，外语学习要以"学习者为中心"，强调外语教学要从学生实际出发来确定教学目的，要注意因材施教。同时调动学生学习外语的主动性和积极性。他们还认为，学生学习语言的过程，是由有错误、不完善的言语过渡到正确、完善的言语的过程。因此，学习语言中出现错误是正常现象，容许出差错。学生会在以后的语言交际活动中逐步改正这些错误。而教师应由表及里，透过错误去发现学生理解上和学习方法上的问题并予以解决。

交际法主张语言的学习应从功能到形式，从意念到表达。功能指语言行为，即用语言做什么。意念是从心理学角度提出来的，强调思维过程中想什么，即用语言表达什么内容。教学内容以表示数量、时间、次数以及打招呼、邀请、告别、询问等意念和功能为纲,针对教学对象的不同需要做出安排,选择日常生活和社会交际最需要的内容作为语言教材。根据这一指导思想,教学过程要实现交际化,活动要以学生为主。要让学生充分接触所学语言,在真实的交际中学习所需的语言。交际既是外语教学的目的,也是外语教学的手段,还是检查教学效果的基本标准。因此,在外语的课堂教学或课外活动中,教师要提供真实的情景,为学生创造适当的外语环境,提供交际所需要的语言材料,让学生主动、创造性地去学习和运用语言。

交际法教学的核心思想是培养学生的交际能力,即培养学生在实际生活中运用外语的能力。这一核心思想在外语教学中的具体体现为重视语言的使用,打破传统教学中对语法知识传授的局限性。语言使用的侧重贯穿于教学大纲设计、课程设置、教材教法的选定及课堂教学过程中的各个环节。

三、外语学习规律

(一)量变到质变的原则

量变到质变的原则指出,学习必须经过一定循序渐进的学习,在一定量的积累之后,语言水平才能得以提高,形成某种语言能力。语言学习本身是一个比较漫长、按部就班的过程。没有足够的语音、词汇和语法基础以及大量的练习,英语听说读写中的任何一项都很难在短期内有实质性的提高。英语水平突破的实质就是量变到质变的过程。

(二)内因与外因的原则

事物内在的矛盾性是事物发展的源泉,它决定着事物发展的性质和方向,因而是事物发展的根本原因,外因是变化的条件,内因是变化的根据,外因通过内因而起作用。在教学过程中,学生是认识的主体,教师则是这一活动过程的组织者和指导者。学生的知识、能力、品质、性格发展的根本原因在于学生本身内部的矛盾性。教师水平、教学内容、教学方法、教学设备等对学生来说虽然重要,但外因再好,终究还要靠内因起作用。任何高明的教师,都不能替代学生学习。

学习语言外因是条件,内因是根据,语言知识、规律、原理等外部因素必须通过学生愿意学习,专心勤奋地接受教学的信息,才能使这些语言知识、规则、原理、语言内化到学生的大脑中形成一定的语言能力。

（三）个别差异的原则

在语言教学中，我们要正确认识个别差异。

首先，我们要承认个别差异确实存在于我们的教学实践当中，根据瑞士心理学家皮亚杰的研究，遗传和后天环境是影响学习结果的两个原因，任何一方面受到破坏，都会导致中等程度的损伤。由于遗传和学生的后天学习经历不同，使学生形成了自己独特的学习方式以及不同的人格特点。

其次，不能把一方面的能力看作评价学生的唯一标准。著名心理学家加德纳把人的能力分为多种，认为一个人每方面能力的发展都是不均衡的，因此每个学生表现出来的这方面能力强，那方面能力弱都是正常的，这才构成了一个个与众不同的个体，所以我们不能因为个体学生某一方面能力的薄弱就认定其不好，不能把一个方面的能力看作学生评价的唯一标准。

最后，我们要认识到学生学习英语的能力不同。这主要表现在认读单词、口语交际、记忆单词和听力方面的能力。这一点正好体现了加德纳多元智能理论，好学生在新授课的时候很快就可以标准地读出单词，并且能够流利地说出句子和其他同学进行对话。而口语表达能力较差的学生，就要花更多的时间去学、去记，最后，学习的效率也不高。由于人类大脑倾向性不同，有些学生的语言感知能力较强，有些学生的语言感知能力则较弱，因而他们需要不同程度专门训练，才能提高他们的语言水平。

因此，英语教师应该更加关注学生在英语学习中表现出来的个别差异，才能更好地认识学生在英语学习中的个别差异，处理学生之间的个别差异，从而提高英语教学效果。

（四）认识与情感相互渗透原则

教育活动中，师生之间的教育关系，离不开双方之间的心理活动。这种心理活动主要表现于认识和情感交流。具体来说，就是师生之间的认识关系和情感关系。我们应该学着揣摩学生的心理，用不同的方式及动作等表达对他们的真爱和鼓励。

从语言理解的角度来说，越是形象，与学生周围生活关系密切的、具体可猜的、有意义的，学生越是容易接受。没有感情色彩、与不熟悉事物有关的语言、概念，学生很难理解和掌握。因此，我们如果能将抽象的认识活动赋予感情的因素，如兴趣、爱好、信心以及与具体有情感的事物联系起来，则将会提高认识活动效果。

第五章　有效教学视角的英语课堂互动

有效，是课堂互动永远的价值取向。教师根据学生的认知水平和年龄特点，依据教学内容和教师对互动活动的把握能力，投入时间认真设计互动活动，在课堂上精心实施互动活动、反馈互动活动，通过观察学生的反应，深入反思、调整、改进互动活动，目的是取得最佳的互动效果，通过课堂的师生互动、生生互动激发学生的学习兴趣，提升学生的学习效果和互动能力。

第一节　课堂互动的分类

师生互动、生生互动是课堂中最常见的两种显性的互动形式。师生互动又可分为师生互动（教师和个别学生的互动），师组互动（教师和个别小组的互动）和师班互动（教师和全体学生的互动）。其实，每一种互动形式都有其特殊作用，没有哪种形式绝对优于另一种形式。但是教师在一节课或一个活动中运用的互动形式过于单一会导致课堂话语权的不均衡、语言练习机会的不均等，导致学生语言技能发展的不平衡。

师生互动和生生互动本身不是课堂互动的目的，而是促进学生语言能力提升和综合素养提升的手段。师本互动是有效课堂互动的前提和基础。为了有效地实施课堂互动，教师要通过师本互动的形式备课，体现为解读教材，设计课堂师生、生生互动活动，设计教学反馈活动等。师本互动不仅局限于课前的教师备课，还可能体现为课间教师灵机一动式的教学智慧闪现，或对文本教学突发问题解决方式的随机生成，甚至是课后对教学文本内容的再思考。生生互动是师生互动的延伸、扩展和深入。通过人人能参与的生生互动，学生得以内化知识，形成能力。生本互动才是课堂互动的终极追求。学生通过师生互动的启发引领，通过生生互动的语言实践，在正确理解文本内容的基础上，能对文本进行个性化解读，在获得语言知识和技能的基础上，形成语言迁移能力、发展阅读能力、思考能力和表达能力，提升核心学习力。

在课堂上，师本互动和生本互动不像师生互动、生生互动那样外显与易观察，更多时候是以一种静悄悄的方式进行。但是，师本互动和生本互动的重要性，并不会因为它们"安静"的特点而有丝毫减弱。没有深入的师本互动，没有教师对教材的正确理解和对互动内容的把握，课堂互动就会迷失方向。而如果经过师本互动、师生互动、生生互动等系列的互动性学习活动，学生最终还是未能成功实现生本互动，说明学生未能达成课堂互动目标，课堂互动效果就十分有限了。

一、师本互动

师本互动指教师和文本之间产生的交流沟通。大多发生在教师备课时，或出现在课堂教学中，甚至是文本教学后。师本互动是有效课堂互动的基础和前提条件。在教学时间极其有限的情况下，没有教师课前对课堂互动目标、互动内容、互动形式、组织方式、互动情境、互动语言认真斟酌，课堂互动就会变成流于形式的随意而动、随机而动、随心而动，没有周密计划的课堂互动，效果是没有保证的。

师本互动的主要任务是教师通过仔细深入的教材研读，实现对教学重点、难点的精准把握，对学科核心素养培育点的深入挖掘，做到对课堂互动目标、互动的内容和形式、互动时间和空间、组织方法的准确把握，对教师语言、教师反馈、资源利用、支架搭建等互动细节的了然于胸，即对课堂互动有较为详尽的教学预设。凡事预则立，不预则废。师本互动越深入到位，教师在组织课堂互动时就越能游刃有余，越能从容应对可能出现的各种问题，从而保证师生互动、生生互动的顺利开展，保证互动实效。

师本互动也可发生在课堂教学中，在课堂互动实践中，通过观察课堂互动的实际情况，教师可能发现自己原先的互动预设还存在一定的问题，教师通过及时反思，探寻问题产生的原因，寻找解决问题的办法，在另外的教学时机（另一个班的教学或本班的本节课或下节课的合适时机）就可以尝试新方法，检验改进方法的实施效果。鲜活、生动的课堂互动的现场情境，往往能激发教师的许多奇思妙想，从而迸发出一些课堂互动的新方法、新内容，这些动态生成的教学资源都是教师长期课前用心设计、课上精心施教、课后深刻反思的结果。教师一旦养成良好的与教材、学生互动的习惯，就会仔细观察、用心收集各种互动资源，积极思考改进方法。这样，课前、课中、课后这些都能成为师本互动的好时机，师本互动进入全时空的自由、自主的高级阶段。有了这种全方位的师本互动意识，随着时间的推移和教学经验的积累，教师的师本互动能力一定会逐步提高，甚至实现质的飞跃。

最好的教学设计，是在教学结束之后，经过教师修订的教学设计。修订教学设计、撰写教学反思、记录教学启示、总结失败教训，都是课后师本互动的具体体现。这些看似费时、费力、费脑筋的事，绝不是可有可无的事，而是有极高教学价值的事，是最值得每一位教师坚持不懈去做的事。做这些事的目的是为今后的教学做准备，也是为了不再重复曾经的错误，获得更多的教学智慧，从而优化课堂互动，提升互动质量。教学实践证明，对日常教学经常进行反思和及时的文字记录，有助于教师深入理解文本内容和文本框架，有助于教师引导学生进行有效的文本学习，能有效地促进学生对文本内容的深入理解、对文本语言知识的掌握、语言技能的提升和核心素养的形成，提升生生互动和生本互动的效果。

二、生本互动

生本互动指学生和文本之间的交流沟通。课前，学生通过预习等自主探究形式，调动原有的知识和生活经验，借助词典或网络等学习工具理解、识记生字词，理解、背诵相关文本内容，解决文本中的问题，这些尝试都是生本互动的具体表现。明确的学习目的，强烈的学习愿望，内在的参与动机，是课堂互动效果的重要保证。这些被激活的知识和经验，以及通过预习获得的新知识、形成的新能力和引发的新思考作为课堂互动的铺垫，对学生参与课堂互动至关重要，直接影响学生后续课堂互动的信心和表现，影响学生的学习效果。

在课堂互动中，经过教师的引导，同学间的互相启发和自己的努力，学生课前形成的文本理解都会发生不同程度的变化。一般而言，能积极参与师生互动、生生互动等具体的学习过程，学生对文本的情境，文本语言的意义、功能和结构都会有深入的理解和相当程度的掌握。和课前相比，经过课堂互动教学，学生能更准确地理解文本内容，了解新功能语言的运用场合，掌握新语言的听说读写以及交流等基本技能。和师本互动类似，生本互动也经常发生在课堂教学之后。实际教学中，对于某些语言现象，特别是一些比较抽象的语法现象，相当一部分的学生是无法当堂理解与掌握的。但是随着教学的推进，随着学生知识的积累和思维水平的发展，学生在某些时候会产生顿悟，就是突然能理解原来不能理解的问题，能解决原来不能解决的问题。

有效的学习是个连续不断、循环往复的过程。课前生本互动引发地问能成为学生课堂互动的动力源；课后生本互动产生的疑问，同样可以成为激发学生后续自主学习的兴趣源。这样由互动引发的学习，就渐渐成为一个持续不断的发展过程。在这个过程中，学生的自主学习习惯得到有效培养，自主学习能力也得到有效提升。

三、师生互动

师生互动、生生互动是最重要的两种课堂互动形式。英语课堂教学中常见的学生与教师之间的师生互动，学生与学生之间的生生互动，实质上都是借助互动主体间语言的交流，达成情意相通，思维发展，能力提升的互动目标。但互动双方之间客观存在的知识和能力上的差异，会给互动双方造成一定的交流困难。这就需要在知识和能力上占优势的教师发挥主导作用，根据互动内容、学生的年龄特点和现有的知识水平，为学生提供内容适宜、形式恰当的互动支架，帮助学生克服互动困难，成功实现互动。

师生互动经常出现在教师提出问题，引发学生思考的时候。提出问题，得到学生的回应后，教师会对学生的回应做出相应的反馈，包括评价和纠错。这种互动形式也常出现在文本学习后，教师组织的以问答为形式的文本内容巩固练习示范活动中，目的是为后续的生生互动做必要的示范，让学生知道接下来要做什么，怎么做，保证对生生互动的示范效果。

根据不同的互动对象，师生互动又可以分为师班互动、师生互动、师组互动。师班互动，指教师一人和全班学生的互动。课堂教学中，教师向全班提出问题或发出活动指令，就是采用师班互动形式。这种形式有节约时间，保证每一位学生的互动参与权，避免学生被个别提问可能出现的焦虑感。但这种互动形式也有一些明显的弊端，即一些学生会利用教师不能逐一提问检查的空子，或者开小差，或者小声讲话，没有认真参与问题的思考和回答。

师生互动就是教师与某位学生之间的交流。这种互动的优点是针对性强，个别化程度高，能发现学生生性化的学习问题，使指导更富针对性和实效性。但是这种互动用多了，会占用较多的课堂时间，影响教学的推进速度和整体教学效果。教学实践表明，如果学生没有养成认真倾听的习惯，或教师提出的只是针对被提问学生的，和其他学生关系不大的，过于私人化的问题，学生常会走神，甚至表现出漠不关心的态度。课堂教学是一个公共的空间，虽然教师与个别学生之间的互动是公开行为，也具有教学教育性质，但教师还是要有群体利益意识，自觉把握师生互动的时间和深度，减少过长时间的师生互动可能给其他学生造成的负面影响，保证互动的整体效益。

教师要从大多数学生利益的角度，选择师生互动的内容，控制师生互动的数量，避免时间的浪费，防止课堂互动沦为教师与个别学生长时间的私人对话，注意培养学生倾听的良好习惯，尝试用听前问题引导学生的认真倾听和思维参与，通过及时的正面反馈内化学生参与动机，提升互动效果。

师生互动能帮助教师检查学生对问题的理解，检验自己提出的问题是否符合学生的思维水平。如果问题过难，教师可以及时调整问题难度；或对问题做出必要解释，降低问题难度；或为学生搭建学习支架，帮助学生正确理解问题、分析问题，顺利解决问题。教师也可经常通过师生互动，检查自己的互动指令是否清晰、明了，能否为学生所理解。

师生互动也常常发挥着示范的作用，帮助学生迅速明白要做什么，如何做。这样的师生互动经常发生在教师和学优生之间。和学优生之间的师生互动能在最短的时间内为其他学生做好示范，保证后续的生生互动顺利进行。如果教师不注意选择师生示范互动的对象，与一位思维混乱、语言逻辑不清、表达不流利、声音很小的学生进行示范互动，不但无法有效达成示范目的，还会浪费宝贵的课堂时间。

师组互动指教师和多种形式的学习小组之间的互动。这是介于师班互动和师生互动之间的互动形式，是师班互动和师生互动的有益补充。有时可能是教师与同桌两人，有时是教师与四人小组、六人小组或者整个小组进行交流。

课堂活动内容的丰富多样性，决定了课堂互动形式的多样性。就文本角色表演这一学生喜闻乐见的互动方式而言，文本学习后，教师可以根据文本角色的需要，组织师组之间的互动，教师扮演一个角色，其他的小组分别扮演一个角色，进行角色扮演的语言实践活动。又如，有若干个需要学生掌握的问句与答句，教师可以将全班学生分成男、女生两大组轮流问答；也可利用原来的大组，一组问，一组答，轮流进行；或教师提问，每个大组轮流回答一个问题；或一组问，其他组一起回答。

总之，师组互动兼具师班互动和师生互动的优点，集体行动压力小、力量大，通过与四人小组或同桌两人互动，教师能及时发现学生存在的一些问题，有利于教学方法的改进和教学策略的调整。无论哪种形式的师组互动，教师都要通过发现、鼓励、表扬，从而带动更多的学生主动参与学习；通过个性化表达，鼓励学生的创新意识、创新思维，促进学生创新能力的发展；通过提供具体的反馈信息，为学生指明改进和发展的方向。

鉴于学生有限的知识积累和思维水平，师班互动更多地表现为教师问，学生答，缺少学生经常性的主动提问，多是教师主动发起互动，学生被动参与互动。学生主动互动意识的薄弱，提问能力的欠缺，批判性思维的缺失是课堂互动的常见现象，但是只要教师有培养学生提问能力的意识和行动，加上耐心的候答和必要的提问支架的帮助，一定会换来学生提问意识的觉醒和提问能力的逐步提高。

在教学实践中，教师对组际互动和生生互动，都可以进行类似的引导。通过激发学生的提问意识，鼓励提问行为，积极反馈学生的提问行为，培养学生的主动探究意识和提问能力，促进学生的发展。

四、生生互动

生生互动可以分为生班互动、生组互动和生生互动。生生互动为学生提供了最多样化的学习资源，是最自然的学习交流方式，以及最好的学习伙伴和学习反馈者，能满足学生对同伴学习的期许和愿望。在同伴学习中，学生能找到可追赶的目标、可以帮助的伙伴。合作学习，能促进学生学会和同学建立关系、维护关系，建立同学友谊，提升学生的人文素养。

生班互动就是一位学生与班级其余学生之间的互动。一位学生接受班级其余学生关于某一个问题的调查或询问，就是典型的例子。也可能是一位学生提出的问题触发大家的思考和讨论。由于学生英语知识积累的有限性和用英语提出问题的要求较高，这样由个别学生引发的生班互动较少，应大力鼓励。因为提出问题能极大地促进学生的思维能力和表达能力的发展，提升学生的语用能力。学生提出的问题，同时也成为班级学生学习的重要资源。学生主动提出问题，是学生主动学习的表现。生班互动还可能出现在文本角色扮演活动中：一位学生扮演某个角色，班级其余学生一起扮演另一个角色。这样的生班互动，能帮助学生有效地巩固知识，加深对文本的理解，促进语用能力的提升。

生组互动是指一位学生与某个小组之间的互动。它可能出现在一位学生扮演某个角色，小组同学一起扮演另一个角色的时候；也可能出现在教师请某位学优生当"小老师"，轮流向小组提出一些问题，检查大家的理解的教学情境中。教师让位、让学、下放话语权的意识引发学生争当"小老师",这不但能激发学生学习的积极性,挖掘学生的学习潜能,在某种程度上也能缓解教师的辛苦。教师可以稍微喘口气,观察、收集"小老师"的表现情况,腾出时间巡视学生的学习情况,准备有针对性的反馈,提升反馈效果。通过引进"小老师"机制,教师巧妙地将师生之间的互动转换成了生生间的互动,是教师互动智慧的体现。尊重学生的表现愿望和发展意愿,遵循"学生会做的事放手让学生做"的教学原则,放心学生的能力,才能完成让学生进步的心愿,促进学生互动能力的提升。

生生互动是一位学生与另一位学生之间的互动,是生生互动的最常见的方式。但在大班教学中,要极力避免课堂互动成为个别学生之间的交流,其他学生被剥夺参与权只能当听众,无法真正参与学习的现象发生。教师要认识生生互动对于落实学生的学习主体地位,保障每一位学生的学习权、发言权和发展权,对于增加学生的语言实践数量,保证语言实践质量的重要性,强化生生互动的意识,组织经常性的生生互动,才能保证课堂互动效果,保证教学质量。良好的课堂教学质量是以保证参与语言实践的人数为基本条件的。如果作为学习责任人的学生,没有和要学习掌握的语言有一定数量的亲密接触,即没有保证语言实践的总量,是无法实现掌握知识和提升语用能力的互动目标的。

学生要想学得好,即学习前后知识积累有所增加,语言能力有一定程度的提升,一定时间和密集度的语言练习是前提。在保证听得清、说得对,保证语言准确度的前提下,进行语言流利度、迁移语境中的语言迁移能力的训练,以及最后的真实运用任务情境下的语用能力发展训练中,学生都需要有深度参与、深度卷入的机会。教师教得再好,如果只有少数的学生有机会参与语言的练习和巩固活动,教学效果一定是很有限的。

组织经常性的生生互动保障课堂互动效果,是由大班教学的学情决定的。一节课的时间只有40分钟,学生数多达50多位,教师如果采用过多的师生互动,势必挤占其他学生能参与深度学习的时间,减少学生参与互动的机会,影响课堂教学整体质量。而如果教师能把大多数学生的利益放在首位,巧妙地运用师生互动、师组互动形式为生生互动做好示范,既能平衡互动方式,又能保障全体学生的利益。教学实践证明,只有教师能把绝大部分的时间还给学生,才能保证学生的语言参与面,保证互动效果。教师要通过对课堂互动形式的经常性反思,强化生生互动的意识,不断调整互动策略,探索更多生生互动的有效方式,提升互动组织能力,提升互动效果。

参与学习的机会对于提升学生的语言能力、心理感受以及参与活动的意识、互动能力都具有积极的意义。有机会意味着有提升的可能。获得均等的语言练习机会，是学生的权利。必要的关注，公平的待遇，包括获得教师及时积极的反馈，是学生拥有积极健康心理的保证，也是学生互动积极性的重要来源。互动的意识唯有通过学生亲身参与互动，才能得到强化；互动能力也唯有在互动过程中才能得到发展。总之，生生互动，对学生的语言能力、核心素养的发展都有极其重要的作用。教师要鼓励学生主动积极地参与互动，促进学生生动活泼、健康地全面发展。

　　班级也是小社会，班级范围内的课堂互动就是社会互动的缩影，学会与老师、同桌、小组、班级进行互动，能为未来的社会互动打好基础。一般而言，那些平时爱参与各种互动的性格开朗、活泼的学生，在全班面前读书、在全校面前表演时表现出来的紧张度，明显低于那些平日不喜欢参与互动的学生。缺乏锻炼和表现机会的学生，往往从幼儿园时期开始就获得相对少的互动与上台展示机会。

　　生生互动有利于学生改善人际关系，增进彼此了解，成为学习中的好伙伴；也能使学生相互取长补短，相互学习，共同进步。出于对学生视力的保护，教师应该经常变换学生座位，位置的变换会带来接触新朋友的机会。不同的学生来自不同教育背景的家庭，有不同的生活经验和社会阅历，这些都是丰富的教育教学资源，也是教师组织有效课堂互动的基础。同伴学习，共同分担，不但能降低面对问题和困难的焦虑，还能增强成功的喜悦感。

　　拓展互动空间，保证互动时间，还学生发言权、提问权、评议权，甚至出错权，是落实学生学习权，发展学生学习能力、思维能力的前提。从教育公平的角度而言，教师经常性地组织生生互动能最大限度地保证教育的公平性。每一位学生都能获得平等的学习权，都有机会提问题，有机会回答问题，表达自己的见解。提问能力是学生自主学习能力的重要组成部分，是学生自学能力、思考能力和表达能力的外在表现。提问能力是中国学生的能力短板，已经成为制约学生长远发展的瓶颈，需要教师从提升学生阅读能力、批判性思考能力和表达能力等方面入手，提升学生的基础学力，培养学生的提问意识和能力。虽然教师无法听到每一位学生的观点，但是借助鼓励学生表达观点，通过组长收集反馈小组观点，教师还是能对学生的观点进行有针对性的反馈的。

　　让学生有更多的机会参与课堂评议，能唤醒学生的主动学习的意识，使学生养成认真倾听的良好习惯，学会客观公正地评价，树立宽容悦纳同学不同观点的开放意识，对于开阔学生视野，提升学生的综合素养大有裨益。教师下放评议权的过程就是学生能力提升、学习主体意识激发的过程，也是学生表达能力、互动能力提升的过程。

课堂是学生可以放心犯错的地方。出错是学习最自然真实原始的状态。没有学生能从不犯错。犯错、有机会改错、在错误中学习也是学生的基本权利。教师不仅要有容错的胸襟，更要有引导学生辨错、识错、自主纠错、相互纠错的教学智慧。站在促进学生长远发展的高度，应经常性组织学生当"啄木鸟医生"，开展互听、互改、互评、交换阅读等符合学生的心理特点和知识水平的"捉虫"活动，促进学生自主学习能力的发展，培养学生仔细认真、严谨治学的良好习惯，提高学生发现问题、分析问题和解决问题的能力。

教学实践证明，生生互动是保证互动质量的有效方法。如何组织有效的生生互动活动是值得每一位教师不断研究的问题。保证生生互动的质量，就等于落实了学生的学习过程，保证学生有足够的学习体验。在平衡各种互动形式的同时，一定要保证生生互动的频率和质量。教师要从明确指令、到位示范、优化教师语言和教师反馈，为学生搭建适宜的支架着手，保证生生互动的质量。教师在利用师生互动、师组互动为生生互动做示范的时候，一定要通过清晰的指令和到位的示范，让学生明白要做什么，怎么做，必要时要通过提问检查保证学生对活动要求的正确理解。活动前，针对可用什么学习资源，如何用这些资源，有多少活动时间都要有详细的说明，让学生心中有数；活动中，教师要通过不间断的巡视，及时发现问题，通过有针对性的指导解决问题，保证活动的顺利进行；活动结束后，教师还要通过及时的反思，将活动情况和效果告知学生。通过对问题的分析，使学生懂得在今后类似的活动中如何调整活动方法，改进活动行为，提升活动效果。教师反馈除指出存在的问题外，还要发现学习典型，为学生树立学习的榜样。只有将肯定学生的努力和指出不足相结合的具体的教师反馈，才是对学生有帮助的有效反馈。

第二节　有效课堂互动的特征

自实施新课程标准以来，促进课堂互动，提高英语教学的实效，已经成功，那么，有效课堂互动具有哪些特征呢？

一、有可实现的互动目标

教学目标是课堂教学的指南针,也是课堂教学的灵魂所在。没有目标的教学一定是低效甚至无效的。要提高教学的实效性就要从制定切实可行的教学目标开始。可以实现的目标是教师精心实施教学后能完成的目标,也是学生努力学习后能达成的目标。一些公开课制定的目标在常态的课堂就变成教师无法实现的"超级梦想",出现教学内容太多、环节太多、时间不够等诸多问题,仔细剖析,原因有三:公开课学生预习充分、教师试教充分,发现问题能做及时的调整,常态课不能;公开课教学环节常经过教研组全体教师的仔细推敲,常态课没有;公开课的特殊氛围能激发学生的优异表现,常态课不能。让教学少些急躁、少些立竿见影的幻想,让教师的教和学生的学都更从容一些、扎实一些,是许多一线教师的希望。

在英语教学中,许多教师采用任务型教学法,有的教师把它当成发展学生语言能力的灵丹妙药,在制定教学目标时要求自己一定要冥思苦想出一个任务,也要求学生每节课都要完成任务。久而久之,学生都产生了"任务抗体",甚至产生反感的情绪。与其如此,不如变每节课一个任务为每个模块一个任务,不要求学生当堂学习新知当堂就要会灵活运用,而是引导学生扎扎实实地学会课本要求的知识:理解课文的大意,理解新学的句式的意思,通过练习巩固句式的用法,能听懂、会认读文本出现的新词。没有扎实的语言知识的支撑和文本语境的烘托,学生的学习就会成为无源之水、无土之木,语言能力的发展失去根基,这种缘木求鱼的做法注定是收不到实效的。

二、有真实生活联系

著名教育家杜威倡议要让教育和生活紧密接触,实现两者的完美融合。

他的"教育即生活"的主张与当今新课程标准倡导的教学生活化有异曲同工之妙。两者都要求教师平时要关注身边的人和事,将学生和教师自己的日常生活、国家的大小事情都融入小小的课堂,一方面开阔学生的视野,另一方面使学生真正明白学英语的意义所在。教学生活化的另一层意思是教师要鼓励学生把课上学到的知识运用到广阔的生活中去,利用丰富生活提供的一切机会提高学生的语用能力。

三、有思维激活和拓展

不管哪一学科的教学都肩负着根据学生年龄特点，结合学科内容对学生进行思维训练，提高学生思维能力的重任。英语学科虽然以语言训练为主，教师也要十分重视激活学生的思维，去通过精心设计的思维训练活动发展学生的思维能力。

四、有深度、广度和温度

成功地英语教学应该是有深度、广度和温度的教学。有效教学一定是以学生原有的知识和生活经验为起点，在突破重难点的基础上，向学生思维发展和语言能力迁移点上向横向纵向有效拓展。教师用饱满的教学热情施教，学生用饱满的学习热情学习。基于课本而又高于课本的拓展教学使教学激情而灵活、扎实而高效。

五、有学法指导

学法是构成学生学习能力，影响学生学习效果的重要因素。从某种程度上而言，帮助学生掌握学法就帮助其掌握了学习的捷径。授生以鱼，不如授生以渔。结合教学内容进行学法指导，渗透学习策略，促进学生学习能力的提高是教师教学的重要任务。

学习方法多种多样，涉及英语语言学习的听说读写和交际运用的各个方面。教师要深刻认识策略指导的重要意义，讲究学法指导的策略，提高指导实效，提高教学效益。

第三节 有效课堂互动的原则

教学过程是师生交往、生生交往、积极互动、共同发展的过程，没有交往互动就不可能发生教学。教学是教与学两边共同的互动过程，是教与学的互动统一体，师生交往互动是教师实施课堂教学的重要手段。教师是课堂互动的组织者、互动机会的创造者，学生是互动的积极参与者。学生可充分参与的互动活动的数量和学生互动的质量决定了课堂教学的效果。但实际教学中，部分教师的有效互动意识很弱，教学还停留在传统的"满堂灌"上，课堂上讲得最多的是教师，学生基本只当听众，少有发言交流、参与语言实践的机会，教学中出现许多表面看似热闹实则互动无实效的教学行为，违背了新课标倡导的让学生充分参与语言实践和在实践中感悟、理解和内化语言的新理念。

有效是课堂互动的价值追求，学生知识、技能、情感态度和价值观方面的进步是教师组织课堂互动的出发点和落脚点。教师只有遵循课堂互动的一些基本原则，才能提高学生学习效率，促进学生的运用能力、学习能力的发展，思维品质和文化品格的提升。

一、营造和谐教学氛围，促进学生积极互动

宽松、民主的课堂教学氛围是促进积极、有效课堂互动的基本前提。在课堂上学生只有在安全、和谐的教学氛围下才可能产生参与课堂互动的欲望。没有这个前提，再精彩的互动内容，再好的互动形式都不可能产生好的互动效果。长期以来，教师习惯当课堂的管理者和控制者，学生则长期充当着教师命令的执行者和接受者。由于学生的主体性被忽视，积极主动性没有被激发，课堂师生互动常流于形式，难见实效。教师要改变观念，转换角色，为学生营造民主和谐的互动氛围，创造更多的互动机会，丰富互动内容，选择更好的互动形式，提高学生参与互动的广度和密度，提升师生互动的效果。

二、科学互动，保证互动效果

教学是一门艺术，更是一门科学。教师只有遵循教育规律中的学情，用清晰的指令和到位的示范引导学生科学地互动，才能提高互动的有效性，提升教学的效果。

（一）根据学情选择互动形式和内容

据学而教，即把教学建立在学生原有的知识和生活经验之上是教师必须遵守的金科玉律。正确的学情分析是教师教学成功的起点，也是有效互动的保证。教师对学生学情分析的缺失可能导致学生无法参与互动。

（二）用清晰的指令和到位的示范引导学生有效互动

如果没有教师清晰的指令和到位的示范做保证，那么即使课堂洋溢着和谐的互动氛围，学生有很多参与互动的机会，有效的互动也不一定能发生。

三、保证学生参与权，扩大互动广度

由于教师忽视学生的参与权而导致的学生参与互动面过窄、教学效果低下的现象时有发生。所以，教师积极地和学生互动。保证学生的参与权、扩大互动广度、提高课堂效率。

四、有效提问引路，提升互动深度

课堂互动不能仅停留在浅层次的动作互动，教师还可以以问题为抓手，促进学生思维的深层互动，发展学生的思维能力。

（一）鼓励学生积极提问

创设开放互动的课堂环境，让学生通过生疑、发问、相互交流、相互合作的学习方式发展技能是素质教育对每一位教师的要求。课堂互动形式多种多样，提问是最常见、最有效的互动方式之一。鼓励学生提问能激活学生的思维，实现深层次的互动。由于长期缺少自由提问的机会，思维得不到有效刺激，导致许多学生不会提问。为改变这种局面，一位教师进行了有益的尝试，取得良好的效果。

（二）利用开放性问题

以提问促互动的效果取决于教师是否能提出高水平的接近学生"最近发展区"且思维含量较高的开放性问题。问题的思维空间越大，问题的普适性越高，学生越有话可说，互动效果就越好。发展学生的思维是教学的最终目标，以开放性问题促进互动是思维训练的有效途径。

五、精心选择互动方式，提升互动效果

（一）多边互动

教师对互动方式的选择和参与互动的学生的数量直接影响着教学互动的质量和效果。新课程标准倡导教师改变以往以教师为中心的师生单向交往模式，鼓励师生、生生之间的双向甚至多方位的互动，即从教师到学生，从学生到教师，从学生到学生，从个体到群体，从群体到个体，从个体到个体，从群体到群体等。教师要遵循让尽可能多的学生参与互动的原则，使互动效果最大化。

（二）递进式互动

课堂互动要遵循教育教学规律，讲究科学性，采用由易到难的递进式互动方式能收到良好的效果。

新课程标准倡导在师生、生生有效互动中动态生成合作交流、互动共赢的高效课堂。教师要积极营造和谐互动式的课堂氛围，根据教学目标、教学内容及学生的认知特点选择合适的互动内容和互动形式，鼓励学生积极互动；确立学生主体地位，保证学生的互动参与权；扩大学生参与面，提高学生的参与度；通过提问、讨论、交流共享等多样化的有效互动途径组织课堂教学，促进课堂教学的多边深层互动，让学生在互动中感知、理解语言，在互动中发展能力。

第四节　课堂互动存在的问题与分析

自实施新课改以来，绝大多数的教师都能通过增加课堂互动的方法改变以往教师"满堂灌"的陈旧做法，但在具体实施课堂互动的过程中，仍存在不少低效甚至无效的现象，课堂互动中还存在不少共性问题。

一、互动意识薄弱

互动意识包括学生的互动意识和教师的互动意识。教师的互动意识会深刻地影响学生的互动意识，学生的互动意识会影响学生的课堂互动行为，也影响着学生互动习惯的养成和互动能力的提升。培养学生互动意识，提升学生互动能力的关键在于教师的引导。教师的引导能使学生意识到：互动是信息交流、个人进步和社会发展的需要；好伙伴、老师和同学是重要的学习资源；互动习惯是提升互动能力的前提和基础。让学生能够积极地与教师、同学和文本进行互动。

笔者曾经翻阅一位即将开设课堂互动研讨课的教师的教案，发现其对知识技能、过程方法和情感态度方面的教学目标都有准确定位和具体的文字体现，但对课堂互动目标却只字未提。教师互动意识的淡薄，互动目标的缺位，由此可见一般，这直接导致了课堂上教师对学生互动表现的忽视和互动引导的缺位：当一些学生不能主动积极地参与小组讨论时，教师不能进行及时的劝导；当四人小组上台展示声音过小时，教师没有进行必要的纠正性反馈。错失了一闪而过的有利时机，强化学生互动意识、培养学生互动习惯和提升学生互动能力根本就无从谈起。

教师要强化课堂互动意识，充分认识设置互动目标的重要性，根据具体的教学内容和学生的实际情况设置合适的课堂互动目标，并在课堂教学过程中认真落实这些目标：认真倾听学生的发言，关注课堂互动细节，发现互动过程中学生存在的问题并及时给予恰当的反馈。

二、互动目标不当，教师引导缺位

教学目标是课堂教学的指南针，没有互动目标的导航，课堂互动容易偏离方向。根据学生的学情设置切合实际的互动目标是保证课堂互动质量的前提。教学实践证明，互动目标过低，学生学习收获有限，而超越学生"最近发展区"的过高目标，也会挫伤学生学习积极性，影响课堂互动效果。

三、互动空间未打开，互动时间把握欠佳

教师在课堂教学中要通过给予提问权、参与权和评价权的方式，积极开放课堂互动空间，为学生提供更多的深度参与学习的机会，提升学习效果。但是不少教师在开放互动空间后，缺乏时空观念，导致讨论脱离话题，远离主题。一些教师给学生的活动时间超出活动需要，导致学生互动后无所事事。课堂的时间是相对恒定的，教师占用得多，学生可占的份额自然就少。有些教师把学生当成接受知识的容器，忽视学生的主体地位，忽视学生已有的知识经验和独立思想，忽视学生的思考权、交流权和发展权；还有的教师怕学生互动交流时出乱子，把课堂话语权牢牢地控制在自己的手里，学生完全没有话语权。封闭的互动空间经常导致教师讲得多，学生参与少，因为缺乏师生、生生之间的知识经验的交流和思维碰撞，所以导致课堂缺乏应有的生机和活力。

互动时间过少，互动效果难以保证是课堂互动最突出的问题。时间是保证课堂互动有效性的前提。互动时间的仓促或不充分都会直接影响互动实效。

没有足够的互动时间，再丰富的互动内容，再新颖的互动形式也不可能产生好的效果。许多教师的互动时间安排不合理，活动指令才下达，学生刚开始语言练习，教师就发出活动结束的指令。这样没完成就被迫结束的互动，效果一定很有限。

四、互动内容片面，互动形式不当

互动内容和互动形式共同影响着互动效果，影响教学目标的实现。有些教师忽视对互动内容和形式的精心选择，出现互动内容与教学主题关联度低，互动形式单一、僵化等问题，导致互动效果不佳。首先，教师应精心选择与教学主题和学习文本密切相关的内容，围绕教学目标，以教学重难点、学生的兴趣点、思维拓展点、人文素养培育点、学习策略习得点为基本互动点，采用学生喜爱的竞赛、猜谜语、抢答、会话、角色扮演、讨论、辩论、小调查等互动形式，通过热身、复习、新知呈现和操练巩固等互动环节，实现互动内容和互动形式的最佳组合，为学生最后的语言运用打基础，促进学生听说读写技能的发展，提升互动教学效果。

其次，教师要根据学生的年龄特点和思维水平，选择互动内容和互动形式。例如歌曲、韵律诗等符合儿童的年龄特点，深受低段学生喜爱，这也就成为教师最常用的热身互动活动。但随着学生语言知识的增长和语用能力的提升，教师要升级互动方式，采用思维挑战较大的自由对话、快速反应、采访等互动方式，满足学生思维发展的需要，保持学生参与互动的热情，保证互动实效。

教学设计是课堂教学的基础，没有好的设计难有好的教学。教师在设计教学时对课堂互动也要有周密的考虑，何时要组织学生进行互动，要进行什么形式的互动，都是要认真考虑的问题。学生语言知识的积累，听说读写技能的提升，良好互动习惯和互动能力的培养，都有赖于教师对课堂主要互动点的正确把握。在该着力的地方着力，在该省力的地方省力，才能保证互动的实效性，保证教学的质量。

五、对互动细节关注不够，不重视互动反馈

互动细节不一定决定互动成败，但一定影响互动效果。要充分发挥课堂互动的功能，教师在组织互动活动时，除关注互动的内容、形式外，还要注意互动指令、互动示范、互动语言等互动细节，才能保证互动的实效。

六、互动情境的关联性不强

情境对于知识积累和社会生活经验都很有限的小学生而言，具有重要的意义。教师在通过实物、图片、声音、影像资料、语言、动作创设教学情境时，都

要十分注意情境和教学内容之间的关联性。关联性越强，越有利于学生对新知识的感知、理解和掌握；关联性不强的教学情境不但不能帮助学生更快更好地理解问题，还会阻碍学生认知，影响着学生对文本的理解，同时影响着生本互动的效果。教师要保证互动情境与学生学习任务之间有较强的关联性，保证情境能真正服务于学生对学习任务的理解。

七、教师适宜帮助缺位

从某种角度而言，学生的学习过程就是教师提供帮助的过程。课堂教学的成功与否，在很大程度上依赖于教师能否为学生学习提供适宜帮助，满足学生发展需要。学生的学习需要教师各种各样的帮助，安全愉悦的学习氛围、教师及时的点拨、充足的准备时间、对学生学习准备情况的必要检查、积极的学习反馈，都是保证学生能高效参与学习，并学有所获的重要条件。为学生提供适时适量的帮助，助生成功是教师的职责所在。学生的需要得到了满足，学习就成了一件水到渠成的事，否则真正的学习就难以发生。

一位教师在提出问题之后，让学生看文本听C6ROM，完成听音连线的任务。听音之前，教师既没有利用大屏幕引导学生关注将要连线的内容，也没有对左栏的人物和右栏的乐器做必要的解释说明，也未给学生足够的准备尺子和笔的时间。教师未用眼光或语言检查学生的准备情况，就匆忙让学生开始听音，不少学生刚从文具盒里拿出尺子和笔，个别学生甚至还未拿出文具，教师就结束录音播放了。学生跟不上教师的教学节奏，自然无法按教师的要求保质保量完成学习任务，师生互动、生本互动基本无效。

教师服务意识的淡薄是导致教师帮助缺位、教学效果低下的直接原因。教师不仅是学生学习的组织者和促进者，而且是学生学习的热心帮助者。引导全体学生参与学习是提升教学效益的前提和基础。教师要以全体学生的发展作为落脚点和出发点，学生的学习需要应成为教师调节自己教学行为和教学节奏的准绳。无视学生的学习准备情况，无视学生对教师帮助的需求，一味追求教学环节的推进，效果注定不可能好。

要实现教学效益的最大化，保证在单位时间内让更多的学生获得更多的收获，教师就要转变教学观念，改进教学行为。不可否认，班级中一些学生接受能力较差，动作较慢，学习习惯也有待改进。但如果教师在这些学生还未准备好的情况下就开始教学活动，意味着这部分学生会被排除在学习活动之外，一无所获。

如果这些学生长期被教师边缘化，他们的学习兴趣就会逐日递减，直至最后自我放弃。关心学生需要，鼓励他们改进行为，是教师激发学生学习兴趣，提升教学效果的唯一出路。建议教师多关注学生的学情，为学生提供适宜的帮助：提供必要的引导，做必要的解释，给予充足的准备时间，用问题检查学生对题目要求的理解，根据学生的实际准备情况调整教学，在保证至少听音两遍的基础上，根据学生的需要增加听音的次数，促进学生的学习效果的提升。

八、互动活动缺乏层次性

一位教师在引导学生听 CDROM 的同时，又让学生看相应的文本内容和画面。播完一遍录音后，教师让学生开始答题，发现只有部分学生能仅依靠录音就找到问题的答案，生本互动效果不佳。

对于并不难的两个问题，为什么仅有部分学生能依靠录音找到答案？听音方式不科学，互动缺乏层次性是主要原因。听音活动的主要目的是培养学生听音捕捉主要信息的能力。要提高学生的听力水平，集中学生注意力是前提。在形象思维仍占主要地位的小学阶段，不断变化的画面比 CDROM 的声音更能吸引学生的兴趣，过早出现的文字也会分散学生的注意力。要使学生能全神贯注地听，就要尽量减少干扰源，文本和画面不宜过早出现（至少文字不能伴随声音同时出现），保持声音的唯一性，保证学生专注度，才能提升听音训练的效果。

有些教师担心学生听不懂，想借助文本和画面帮助学生理解。文本和画面并非不能用，但使用的时间和场合要仔细斟酌，做到数量合适、时间合适、方法适宜。学生的能力只有在具有挑战性的学习情境中才能发展起来，过多过早的帮助对学生能力的发展只会起阻碍的反作用。

语言学习是从听开始的。听是输入，学生听的次数多了，才可能有一定量的输出。建议教师从保证学生听音的次数入手，保证学生听的量和质。在大班教学中，学生水平参差不齐，为保证不同水平的学生都能听有所获，教师至少要播放两遍录音。此外，教师还要多关注学困生的学习需要，必要时为他们多放一遍录音，增加他们的学习机会。

建议教师增强听音活动的层次性，用难度递减的方式创设挑战性的学习环境，激发学生的听力潜能。播放第一遍录音时，不提供文本和画面，引导学生尝试纯听音，让不同水平的学生都有挑战自己的机会；播放第二遍录音时，可出现画面，为纯听音有困难的学生提供帮助；播放第三遍录音时，再提供文本，降低学困生听音难度，也为其他学生提供校对答案和修正错误的机会。这样困难递减、辅助递增的听音活动，既能满足听力水平较高的学生的学习需求，又能兼顾学困生的特殊需要，促进全体学生的发展，提升生本互动的总体效果。

九、反馈内容与互动内容不一致

一位教师在学生听音连线活动结束后，还未检查学生学习任务完成情况，就再次提出之前曾提出的问题"What did he(Dad)/she(Mum)play?"要求学生回答。教师把学生听音连线的结果放在一边，重新提出问题的目的是要引出本文功能句"Dad played the erhu. Mum played the pipa."。学生听音连线的效果如何？没有相关的反馈引导，学生无法进行学习情况的自我评价，不利于后续学习。

一般而言，教师反馈的内容应该针对教师要求学生完成的学习内容。课堂开始，教师先是提出问题，接着却要求学生听音连线，听音结束之后，又抛开连线，要求学生回答之前提出的问题，教学反馈内容与学生学习内容缺乏一致性，导致学生无法及时了解自己的学习情况，无法发现自己存在的问题，错失修正错误、重新构建正确认识的机会。教师经常性的教学反馈缺失，不仅会造成学生错误的石化现象，还会导致教师无法及时了解学生真实的学习状况，不能为学生提供及时、有针对性的帮助，减少师生互动机会，影响教学效果。

其实，引出文本功能句的途径绝不只有提问一种，以文本内容为脚本进行听音判断、听音连线都是可行的办法。教师可以根据具体的教学内容和学生的知识水平选择合适的方法。但不管采用哪种办法，教师反馈的内容必须和学生的学习内容保持一致。若选择提问的方式，教师反馈时就要针对问题的答案进行；若选择听音判断句子对错的方式，教师反馈时就要针对句子的对错进行，以此类推。只有这样，学生才能通过学习评价促进对文本的正确理解，提升学习效果。

以教师选择提问的方式导出功能句为例，教师反馈时就必须通过引导学生回答问题，了解学生对问题的理解。要提升反馈效果，增强反馈过程的直观动态性是关键。师生的问答要配合投影仪下教师或某一位学生的连线动作进行，即教师先提出问题"What did Dad/Mum play?"，教师或某一位学生根据学生回答"Dad played the erhu. Mum played the pipa."动态完成连线。展示答案的动态生成过程，方便学生自我校对答案，评价学习效果，使学生知其然，并知其所以然。这种师生互动反馈法也能有效地吸引学生的注意力，增加学生的语言练习机会，提升师生互动的实效。

十、课堂互动面窄，互动效度低

为帮助学生巩固文本功能句，教师用五张学生周末练习乐器的照片组织学生进行猜测活动。在这个活动中，一直由教师提问"What did he/she play?"，只有五位学生有机会练习答句"He/She played…"，还有 45 位学生只能充当活动的旁观者。教师课堂互动意识淡薄，没有通过组织生生互动为学生创设更多的学习机会。教师不知适时放手，学生参与面窄，参与度低，活动流于形式。

保证教育公平要从保障每一位学生的课堂互动的机会开始。课堂互动机会的不均等意味着学生获得的学习机会不均等，长期的学习机会不均等会扩大学生之间的能力差异。人为地制造新的差异违背新课程标准促进每一位学生发展的理念，应尽量避免。提高课堂教学效益要从为学生创设更多的学习机会着手，从适时放手、大胆放手开始。在 guessing game 等多个环节里，教师均采用"师问、个别生答"的互动形式，大部分的学生只能充当听众和观众，仅有极少数的学生有机会参与互动，参与语言实践。只有为学生创设尽可能多的互动机会，并保障每位学生拥有均等的互动机会，学生的听说读写技能和交流的能力才能得到真正的发展和提升。

这个环节要练习巩固的内容是问答句，同座间轮流问答的互动形式最合适。生生互动能创设较多的互动机会，最大限度地扩大互动参与面，加强互动深度。建议教师先用其中的一张照片做必要的示范，保证学生明白要做什么，并知道怎么做；接着把其余的四张照片同时定格在大屏幕上，引导同座两位学生通过问答的形式进行互动练习。这样每一位学生拥有相同的机会，都是互动主体，教师成为学生互动的组织者、帮助者和评价者。

师生薄弱的课堂互动意识，不良的互动习惯和亟待提高的互动能力是各种互动问题产生的根本原因。要提升课堂互动效果，保证课堂教学效果，就要从源头找原因，并对症下药，才能药到病除。

第一，教师要切实把互动意识的强化、互动习惯的培养和互动能力的发展，当作一项关乎师生核心素养的提升和长远发展的重要任务，长期地抓紧抓好。只有让互动意识在互动的课堂中自然萌发，让良好的互动习惯在课堂内外不断强化，互动能力的发展才能成为可能。

第二，备课时，教师要根据教学内容和学生的年龄特点制定科学合理的互动目标，让目标成为教学的导航灯和调节器；精心选择互动内容和互动形式，实现内容和形式的最佳组合；关注互动活动的层次性，用递进的活动促进学生能力的提升；在课堂教学中，教师要关注情境创设，增强情境和学习内容的相关性；勇敢打开互动空间，增加学生的互动机会；把握好互动时间，提升课堂时间的使用效率；关注课堂互动细节，让细节成就互动精彩；保证课堂互动面，保障每一位学生拥有均等的互动机会；为学生提供适宜的帮助，促进学生的学习；优化互动反馈，保证互动效果，提升教学质量。

第六章　大学英语课堂有效互动的要素

第一节　互动意识

互动意识是指教师在认识到课堂互动重要性之后产生的思想认识。意识决定行动，行动影响效果。教师和学生的互动意识共同影响着课堂互动的广度、深度和效度。

互动意识强的教师会有强烈的组织互动的意向，懂得控制教师话语时间，有把课堂时间尽可能多地还给学生，让学生有充分的时间参与语言实践并在与教师、同学和文本的互动中掌握知识，识薄弱的教师的课堂更可能出现教师"一言堂"，参与机会少；互动参与热情低，课堂气氛沉闷，单一、学习效果不佳，等等。

互动意识强的学生能认识到：参与互动就是参与学习，只有参与互动才能参与深度学习，实现有效学习，和老师、同学的互动过程就是相互学习、共同提高的过程。只有和老师、同学积极交流，才能成为互动学习共同体的一员，感受到探究学习的快乐；只有参与解决学习共同体的学习疑惑，才能共享思维碰撞、思想交锋的快乐。在强烈的互动意识的指引下，学生善于主动积极地参与教师组织的各种形式的互动；敢于大胆质疑，大声表达自己的见解；乐于交流互动，和同学关系融洽，享受学习过程，从而获得极大的学习成功感和满足感。

"独学而无友，则孤陋而寡闻。"真正的学习是一种自觉、自愿、自发的社交行为。只有当学生懂得以书为友，以教师为师，以同学为师，乐于和别人分享学习收获，善于和朋友讨论自己的困惑，懂得进行广泛的"联机学习"，才能学习别人优秀的思维方法，更新学习方式，拓宽学习和实践渠道，实现学习的生活化、生活的学习化，学生的学习技能、学习效率才会同步提高。

一、教师互动意识的现状

从日常的教学和研究实践中可以发现，教师的互动意识现状并不容乐观。不少教师互动意识相当淡薄，尚未形成经常组织互动活动，引导学生在活动中感知理解、巩固运用语言的习惯，直接导致了课堂氛围沉闷和教学效率低下。许多教师习惯自己当教学的主角，经常忽视学生的学习主体地位和学习感受，一厢情愿地在课堂上唱着独角戏。这些教师习惯霸占课堂话语权，一节课从头讲到尾，讲得口干舌燥，事后常抱怨教得又苦又累。对于教师的"辛苦"，学生未必买账。学生上课不专心，学习参与度低，学得被动，费劲又低效，成为这些教师课堂的常态。

还有一些教师有较强的互动意识，但是组织互动活动的能力有表现为：不能用简洁的语言发指令；不知如何为学生做清楚到位的示范；不善于根据学生的知识水平和思维特点用问题引导学生的学习活动；不知如何设计、提出、反馈问题；不知如何拓展问题，丰富学生的学习内容；不知如何结合学生的日常生活创新学习方式；等等。

教师只有在充分认识课堂互动在改变课堂面貌、改变学生的学习方式、促进教学效果的提升方面的独特优势，树立并强化自主互动的意识后，才能经常性地为学生设计、组织生动活泼的互动活动。让学生主动学习，既能解放教师自己，又能还学生自主学习权，保障学生的学习主体地位，激发学生的学习兴趣，使学生获得更多的语言练习机会，提升学习效果。教师要养成自觉反思的习惯，经常进行深刻的自我反思，和同事探讨改进互动活动的有效策略，只有这样才能逐步提高课堂互动的组织和实施能力，成为一名自觉主动互动且善于互动的课堂互动先行者，成为有能力指导学生有效互动的互动导师。

二、学生互动意识的现状

学生的互动意识情况也令人担忧。互动意识直接影响互动行动，行动又会反作用于互动意识。学生的互动意识是使学生克服互动心理障碍，放下参与互动的思想负担，勇敢迈出互动第一步的关键因素。是否能从互动行动中获得知识技能和积极的情感体验，是学生判断要继续还是放弃互动努力的主要影响因素。以学生的互动意识为观察视角，学生课堂互动经常出现以下三种情况。

（一）互动意识强，主动积极互动

受教师互动意识、学生原生家庭的教养方式、学生生理因素和中国含蓄内敛传统文化的影响，学生参与课堂互动的情况呈现出两极分化的趋势。那些来自父母文化程度较高、注重和孩子经常沟通交流的家庭，学习受到父母高度关注，有困难能及时得到家长或课外教学机构教师帮助的学生，自主互动意识很强。这些学生乐观开朗，自信心强，进取意识强，学习成绩稳定，课堂上经常举手发言，能积极主动地和教师、同学互动，有大声发言的习惯、勇于争辩的胆量，敢于大方表达自己的观点。

在自主互动意识的积极影响下，这些学生经常获得比别人更多的学习交流、表达展示、被关注和鼓励的机会。这些因素会增强学生的自信心，有效地促进这些学生的互动交流能力、表达能力和思维品质的发展，促进学生综合素质的提升。可见，互动意识通过互动机会的获得，思考机会、语用机会和反馈机会的获得，直接影响学生对知识的理解掌握和技能的形成，以及学生学习过程中的情感态度体验和文化获得感，进而影响学生的长远发展。

由于受年龄特点的限制，小学生普遍缺乏公共空间意识。积极互动的学生在表现抢眼的同时，也经常占用过多话语时间，挤占班级其他学生的话语机会。这些学生在小组中也经常无意识地霸占互动的优先权和主动权。这在某种程度上直接减少其他学生的互动机会和话语时间，也直接损害其他小组成员的互动利益，影响其他学生互动能力发展。因为在一个互动活动中，互动时间是相对恒定的，机会也是相对有限的。

这些处于互动流上游的学生总是对互动活动特别敏感，有很强的话语权争抢意识，甚至偶尔会因为抢夺话语权而忽视教师提出的具体问题，导致举手后起来发言而又不知道要说什么。这些学生上课注意力集中，思维能紧跟着教师的思路走，时刻准备着接教师抛出的"绣球"，自然能获得更多的互动机会。

这些学生一般也较在意教师和同学对自己的评价和看法，在回答问题时偶尔出现错误，常会表现出其他学生所没有的紧张、失望和懊恼。这些学生大多有想要努力做到最好的心态和表现得完美无缺的情结，这种自求完美的个性特征正是这些学生力争上游、力争完美，也能日趋完美的心理机制。有了这种自我推动、力求上进的意识，加上班级文化和社会文化的刺激强化，这些学生就像自带助推器，有了自我激励的不竭动力，越发努力，越发优秀。随着学生互动意识的不断增强，互动习惯的不断改进，互动能力自然能得到很快的提升。

（二）互动意识薄弱，偶尔参加互动

除这些处于互动流上游，能踊跃互动、积极发言的学生外，处于中游的是一些有互动意识，想互动，敢于互动，但基础知识薄弱，表达水平有限的，互动水平不高的学生。这些学生遇到自己感兴趣或擅长的话题，也偶尔会举手发言，有

时也会有不错的互动表现。他们上课经常边听边玩，边听边开小差，专注力不够，对于教师是否会提问到自己不是很在意，没有回答教师问题的浓厚兴趣。这些学生对于是否能获得教师、同学的关注，是否能获得互动机会抱着无所谓的态度，在不良学习习惯引导下，他们很难形成得体表达、认真倾听、包容接纳、大胆表达不同观点的良好习惯。有的学生会随性地插嘴、抢话，甚至会和持有不同观点的同学发生争吵，不知道应该互相尊重、求同存异，这就可能伤害同学之间的感情，影响同学关系的融洽。

（三）没有互动意识，从不参加互动

处于课堂互动流下游的极少数学生，由于缺乏参与课堂互动的必要的知识经验积累，加上长期不良学习习惯的影响，上课极少时间能专心学习，经常沉迷在自己的世界里。这些学生学习兴趣低，注意力分散，没有互动意识，从不举手主动发言。其中，有些学生是不想互动，还有个别学生极度内向，性格孤僻，害怕被同学嘲笑。在现实课堂中，教师经常会引导：出错不可怕，同学之间要多包容。尽管这样，总是还有小部分的如果经常被同学嘲笑，负面的心理感受会使这些学生逃避互动使自己免受伤害。长此以往，学生的学习水平、理解能力、表达能力和社会化程度就会受到严重制约。参与互动的过程，也是一种社交过程，具有社会化的性质。在课堂真实的交流互动中，在好的同学榜样面前，在自己和别人出现的各种错误里，学生才能学会和他人友好相处，学会包容，甚至学会妥协。互动之道，既是言说之道、学习之道，又为人处世之道。

对于这些在互动边缘的学生，如果教师在中年级之前还不能唤醒他们的互动意识，使他们认识到参与互动对于学习的重要性并主动做出努力渐渐融入各种形式的课堂互动，到中高年级这些学生可能就真的无法参与互动了。

强化互动意识是一个树立观念和落实互动行动的具体而漫长的过程，提升互动能力，要从激发互动意识开始。认识课堂互动的重要性，体会互动活动带来的种种益处，是激发、强化互动意识的关键。有了一定的互动意识，再在互动实践中培养良好的互动习惯，才能获得互动能力和互动智慧。

三、课堂互动文化的建构

互动面前人人平等，人人受益。平等互利是有效课堂互动的目标。在课堂上，大家享有均等的互动权，享有平等的发言权。但是学生之间客观存在的知识水平、思维水平和表达能力等方面的差异，使得课堂互动很难达到理想的状态。

在不具挑战性的互动情境里，例如读一个并不难的词或句子时，也许可以达到人人参与、全员互动的美好状态；但是一旦出现如"谈论英国有哪些著名的景点"这样有一定思维挑战性的互动任务时，就很难达到全员参与的状态，因为有一些学生没有相关的知识积累，即使他想说，并且也有机会说，也难以参与互动。这时能真正把握互动机会，深度参与互动的学生，就是那些有相关知识准备，有表达意愿的学生。这些学生有先前牢固掌握的知识，能自动获得更多的语言表达机会，其语用能力、表达能力和学习自信心会得到不断的强化，正所谓强者变得更强。

相反的，在各方面都表现优异的同学面前，为避免"丢脸"和"出丑"，那些没有互动意愿，不愿意张嘴的学生会更加退缩；那些想表达又词不达意的学生也会动摇原先的想法，甚至失去举手和开口的勇气。课堂互动由此失去"人人参与、互进共赢"的精神内核，这样流于形式的互动已经失去存在的意义。

要改变这种局面，教师要改善班级互动生态系统，建构平等互惠的课堂互动文化。教学实践表明，采用"星期组长轮流制"能有效地保证学生的平等话语权，建构，"大声言说、认真倾听、主动请教、热心帮助"的小组互动文化，扩大小组互动参与面，拓展互动深度，提升互动效度。

以操作性最强、有较好的互动氛围的四人小组为例。"星期组长轮流制"指：以星期为轮换单位，小组成员轮流当组长，组长组织小组成员轮流发言，观察评价小组成员的互动表现。组员根据组长分配的学习任务或教师建议的发言顺序开展小组互动学习。教师则以及时具体的反馈推动小组和班级的互动文化建设，提升学生学习参与度，实现全员参与前提下的深度学习。教师首先要高度重视小组长工作，加强巡视、指导和协助，把小组长本身的反馈和其他小组成员的发言及倾听表现，当作小组互动形成性评价最重要的内容。在落实发言权的基础上，教师在做互动反馈时要及时表扬、推崇鼓励能大声言说、认真倾听、主动请教和热心帮助的互动榜样。如此一来，"话有人说，话有人听；人人有话说，人人能倾听"的良好互动文化生态系统就能慢慢形成并在班级落地生根。每位小组成员不但能明确主动参与互动是小组成员应承担的责任，是班级全体成员发展共进的需求；还能体会到在互动学习共同体中责任分担、成果共享、互帮互学、团结共进、增进友谊所带来的喜悦和收获。

四、强化互动意识的路径

意识决定行动,经常性的行动就可能形成习惯。互动习惯的养成过程就是一个互动意识不断强化,互动能力不断提高的过程。教学实践证明,以互动习惯的养成为突破口和着力点,能有效地强化学生的互动意识,培养学生的互动能力。

互动习惯的培养宜早不宜迟。低年级学生向师性特别强,不良习惯尚未形成,因而一年级是学生学习习惯养成的最佳时机。好习惯的养成需要教师的引导,也需要一定的强化训练。一年级学习任务相对轻松,教学时间相对宽松,有对学生进行互动训练的时间和可能。为促进学生良好互动习惯的养成,教师要采取引导训练和及时积极反馈相结合的方法,采取树立榜样的激励引导策略。例如,当发现学生能充分利用教师提供的互动时空,积极主动地和同学合作交流时,教师在活动反馈时就要给予及时的表扬和鼓励,学生的互动意识就是通过这看似细微的互动细节得以强化的。

好的互动习惯的养成,需要低年级教师的努力,同样也需要中高年级教师坚持不懈的巩固和强化。习惯的养成非一日之功,不可能一蹴而就,是一件需要时间,需要耐心和恒心才能成就的事。教师要根据学生的年龄特点,采用年级分解、循序渐进、螺旋上升的方式对学生的互动习惯进行强化。因为英语教师任教的班级和年级经常变化,所以只有全体教师都一致高度认可互动习惯培养的重要性,群策群力,发挥集体智慧,把强化互动意识、培养良好的互动习惯、课中加以落实,学生才能养成受益终身的好习惯。

第二节　互动习惯

互动习惯指教师和学生在课堂教学情境下形成的长期的互动倾向和互动意愿,包括教师组织课堂互动的习惯和学生参与课堂互动的习惯。师生的互动习惯共同影响着师生互动能力的提升,影响着课堂互动的效果。

教师的互动习惯包括教师组织教学、发指令、做示范、提问、候答和点答、反馈等方面的习惯,也包括教师在语言使用、情境创设、教学资源运用、支架搭建、互动形式选择等方面所表现出的习惯。教师的互动习惯通过影响学生的互动机会、互动广度和互动深度,影响课堂互动的整体效度。要保证课堂互动取得良好效果，教师首先要有良好的互动习惯。

学生是课堂互动的主体，学生的互动意识、习惯和能力是决定学生是否能获得与及时把握更多互动机会的关键。教师只能引导学生积极互动，但无法代替学生互动。教师的互动习惯在课堂上更多时候体现为对学生的引导和帮助，学生自身的互动习惯和能力才是决定学习效果的关键因素。

目前，小学生的互动习惯存在许多问题：许多学生在互动开始时不打招呼就交流，很不自然；互动结束时不说再见，很不礼貌；角色表演时，没有介绍自己的角色，观众看不明白；沟通时没有面对面，也没有眼神交流；发言时声音太小，老师和同学竖起耳朵还是听不清；急于发表自己的观点，随意打断他人发言；互动时距离过近或过远；互动肢体语言不恰当；等等。这些问题在不同程度上影响着互动的有效性。如何培养学生良好的互动习惯，提升互动能力，是摆在每一位英语教师面前，需要不断探索的重要课题。

培养学生良好的互动习惯是课堂互动的基础性工作，起着为课堂互动打底色的作用。习惯是推动学生主动参与互动的隐性力量，决定了学生是否能乐于参与互动、受益于互动。为充分发挥课堂互动促进学生思维发展，提升语用能力，提高核心素养的功能，教师在努力优化自身互动习惯的同时，更要舍得花时间和精力培养学生的互动习惯，特别是主动合作和认真倾听的习惯。与此同时，教师还要充分预估习惯养成的不易性，对学生可能反复出现的问题有充分的心理准备，并在日常教学实践中坚持以习惯培养为本的原则。以下重点讨论教师如何引导学生培养良好的互动习惯。

一、学生互动习惯的基本内涵

在课堂上，学生良好的互动习惯包括主动合作、认真倾听、相互尊重、大胆表达。其中，主动合作是有效互动的基础，认真倾听是关键，相互尊重、大胆表达是保障。教师应结合具体教学情境对学生进行必要的解释和引导，通过实践指导和强化训练促进学生良好互动习惯的早日养成。

（一）主动合作

学生在互动中的主动合作，经常表现为：在教师提问时专注聆听；在教师提问后积极举手发言；在教师发出互动指令后，能以饱满的热情积极与老师或同学沟通交流，主动邀约、催促同伴迅速开始语言实践互动。相较而言，缺乏主动合作习惯的学生，在教师提问时走神，不积极思考、回答问题，在同学催促下还不能快速投入互动。主动性和合作精神的匮乏，将导致学生课堂互动参与广度和深度的不足，直接影响学生的学习收获。

合作是有效互动的基础。无论是师生互动还是生生互动，都是合作性活动。有效互动的发生必须有沟通交流的另一方在场。不愿合作，无异于主动把自己和同学、老师隔离，主动放弃学习的机会。在课堂互动中，互动双方是互为需要的关系，通过互相合作与支持，积极交流，实现共赢。

在生生互动中，教师既要鼓励能力较强的学生向需要帮助的同学伸出援手，从中巩固知识，增长才干，增进友谊；也要号召需要帮助的学生，主动虚心请教，积极寻求同学和老师的帮助，及时扫清学习障碍，不断进步。

（二）认真倾听

专注的眼神、活跃的思维和由此产生疑问和共鸣，是认真倾听的突出表现。倾听不但是对老师、同学的尊重，也是有效互动的前提。只有善于倾听，才能捕捉、吸收到好主意和新观点，才能发现自身认知存在的缺陷，从而意识到自己的差距。有效的倾听绝不只表现为外在的神情和动作，还伴随着听者的比较、鉴别和判断等有价值的思维活动。倾听能触发学生深层的心智活动，有效促进学生思维能力和语用能力的发展。

笔者在教学实践中发现，由于缺乏有效训练，学生的倾听习惯普遍欠缺。在课堂上能认真倾听的学生不多，相反，随意说话，打断他人发言的学生倒不少。倾听习惯的养成，是提升倾听能力和互动能力的关键。倾听习惯一旦养成，将使人受益终身。为提升课堂互动的有效性，教师应引导学生认识倾听的重要性，改掉以自我为中心的言说劣习，发现倾听的价值，养成认真倾听的习惯。

（三）相互尊重

尊重，意味着理解、包容，是人们求同存异、包容接纳心理的结果。尊重是促进交往合作的润滑剂，是有效沟通、顺利互动的基础。缺乏相互尊重的互动不可能深入，更不能长久。由于性格、家庭背景和学习能力等方面的客观差异，面对相同的问题，学生有各自不尽相同的看法，实属正常。教学实践表明，面对与自己不同的观点，不同的学生会有不同的反应：有的学生会不假思索地全盘接受；有的学生会全盘否定，坚持己见；有的学生会巧妙利用他人观点修正自己的观点。以上都是正常的可理解的互动反应。但是，也有一些学生在与同学意见相撞时，嘲笑讥讽同学，直接导致课堂互动的中断。

对不同的观点应该持有怎样的态度，这是值得教师引导学生认真思考的严肃问题。每个人都有被尊重的内在心理需求，嘲笑讥讽只会引发对抗，无助于对方接纳自己的观点，更违背了互进共赢的互动理念。理解包容才是该有的态度。唯有理解才能引发尊重，唯有包容才能继续合作。

多维性是创造性思维的重要特征。学生思维的多样化是引发课堂深度互动的重要因素。关注、保护和鼓励学生多样化的课堂生成，是深化课堂互动的有效途径。为此，在课堂互动文化建设中，教师首先应积极引导学生认识"差异"的重要价值，使学生不但要欣然接受"差异"的存在，还要认识到"差异"是可以共享的宝贵学习资源，充分发挥"差异"的价值，利用"差异"完善自身的知识体系，提升能力，从而提升课堂互动效果。

（四）大胆表达

笔者在教学实践中发现：不少学生在和老师、同学交流互动时，声音微弱，缺乏眼神交流；心存疑惑时，不敢提出质疑；有自己的观点时，也不敢大胆表达。这样的互动效果极其有限。有效的互动首先是正常的交流，要遵循礼貌先行、主动互动和合作共赢的原则，表现为互动时面对面，有眼神的交流，有必要的肢体动作，有话轮的流转，有必要得体的回应。这些既是有效互动的表征，也是互动参与者的责任。霸占话语权不是互动，只表达没有倾听不是互动，只倾听没有回应也不是互动。话语机会平等，有问有答，有思维碰撞的交流才是真正的有效互动。有效互动要求互动参与者在乐于参与的同时，敢于提出自己的疑问和困惑。只有所有的互动参与者共同承担互动责任，才能共享互进共赢的互动成果。

大胆表达，指学生能大方、大声地说出自己的观点。对于大部分学生而言，提出自己的观点需要一定的勇气和自信。对于天生胆怯的学生而言，这更是一项巨大的挑战。公开发言意味着将自己置于被评价的境地，虽有接受掌声的机会，也有被讥笑讽刺的可能。而当学生认为自己的发言不会引来嘲笑和讥讽时，当学生不用担心自己的表现会给自己带来不快时，学生就会大胆尝试，积极参与，不怕出错。从这一角度而言，学生互动的表现是课堂互动文化的直接投射。大胆表达，需要学生本人良好的心理素质，也需要同学间的相互支持与鼓励，需要班级包容课堂互动文化的长期培养，需要教师坚持不懈的正面反馈和积极引导。

二、互动习惯养成的路径

在明确良好互动习惯重要性的同时，教师还要清醒地认识到：习惯的养成绝非一日之功,更不是一劳永逸的事,而是一项长期而艰巨的任务,需要师生长期的共同坚持和不懈努力才能收到好的效果。培养学生的互动习惯可遵循以下几条路径。

(一)以身作则,为学生做出表率

教师不但是知识的传授者,而且是良好互动习惯的率先垂范者。教师是否能用响亮清晰的声音、和蔼可亲的语气主动和学生进行互动,是否能真正尊重学生的话语权,耐心倾听学生的发言,是否能真正接纳学生的多样化生成,包容不同观点,学生都看在眼里,记在心里。

在互动课堂里,每一节课都是教师的互动习惯示范课。教师的言语、板书和反馈评价行为,对学生具有明显的导向作用。教师应通过提升专业化水平,增强互动习惯的规范性和专业性,保证对学生的正向引导。教师的引领,以及课堂互动氛围的长期熏陶,能使学生充分认识到良好互动习惯的重要价值,自觉养成良好的互动习惯。

教师可以通过认真倾听学生的发言,关注课堂互动细节,在发现互动过程中的问题时给予及时、恰当的反馈等具体细微的方法以身作则,为学生做出表率。例如,当发现学生能在引导下积极主动地和同学合作交流时,给予及时的表扬和鼓励;当发现学生互动意识薄弱,或不敢大声发言、大胆表达时,及时引导;当发现学生在互动过程中不会倾听,随意打断同学时,给予善意的提醒。通过这些具体的互动细节示范,学生的互动意识将在教师的肯定中、在教师的表扬里不断强化,良好的互动习惯也随之形成。教师直观的示范引导和对互动错误的纠正,能帮助学生提升互动细节意识,使其明白互动时除了要注意互动语言外,还要注意礼貌、站姿、声音、肢体动作等诸多细节。教师只有不断优化自身的互动习惯,才能促进学生良好互动习惯的养成;只有不断提高自身的互动能力,才能有效促进学生互动能力的提升。

(二)采用学生喜闻乐见的形式

要落实习惯培养的目标,教师应根据学生的年龄特点,结合教学内容,采用小学生喜闻乐见的教学形式,例如吟唱和表演等,从课堂互动的坐、站、听、说、读、写等细节入手,使互动习惯不仅能被牢记于心,还能外化于日常的实际互动中,成为促进学生互动,提升学习效果的源源不断的动力。

吟唱口诀是培养低年级学生互动习惯的有效方法。口诀朗朗上口、简短易记,符合低年级学生的年龄特点。学生运用口诀记住规则有助于学生自我反思并改进互动行为，提升互动实效。例如，"面对面，看对方，微微笑，大声说，认真听，用手势，会反问"的三字诀能引导一、二年级的学生快速进入互动，"眼睛看过来，嘴巴闭起来，耳朵竖起来，脑筋动起来"也能引导学生养成良好的互动习惯。

第三节　互动目标

互动目标是课堂互动的指南针，决定着课堂互动的方向，影响课堂互动效果。课堂互动是在总目标的指导下，在互动活动分目标的指引下的有目的、有计划的师生交互活动。互动目标是教师设计互动教学的指南，是实施互动教学的行动纲领，是反思、评价、反馈互动教学的测量仪，是改进互动教学时参照的准绳。

互动目标也是学生参与互动的发动机，调节互动的校准仪，更是学生发展语用技能，提升核心素养的助推器。但是值得注意的是，目标虽无好坏之分，但有高低、适宜与不适宜之分。不同目标引领下的课堂互动效果会迥然不同。

一、总体互动目标的确立

互动目标，广义指课堂互动教学的整体目标。坚持教育"立德树人"的根本方向，培养学生成为有知识、有能力、有德行的现代公民，是制定目标的基本前提。整体目标不但要关注学生的知识能力、情感态度和学习策略，而且更要关注学生的英语学科核心素养的养成，将培养学生的语言能力、学习能力、思维品质和文化品格当作重中之重。互动目标是教师实施互动活动的指南针。课堂所有的活动都要围绕目标的实现有序地开展。保证目标的科学合理性，对保证教学效果有非常重要的影响。偏离学生发展需要，脱离学生学情和教师实际能力的目标是水中月、镜中花，注定是无法得到落实的。这样的目标，不但无助于学生的学习，还会浪费宝贵的教学时间。

根据教学内容的特点，结合学生的发展需要和学生的实际情况是教师确定教学目标要遵循的总体原则。在制定教学互动活动目标时，要"以学生的学习为本，以学生的发展为本"，做到：特别关注学生语言知识掌握的情况，特别关注学生语言能力发展的速度和质量，特别关注学生学习能力、思维品质和文化品格的发展状态，促进学生的正确发展和长远发展。

在教学实践中，有些教师时常会不顾教学实际，不顾学生和教师的真实能力，追求难以实现的目标，把课堂引上一条浪费时间和精力而没有教学实效的歧途。与其如此，不如制定具体实在、可达成度高的目标，进行实实在在的教学，保证学生能学有所获。有些教师在制定目标时有贪多求全的心理，制定的目标数量多、角度全，看似面面俱到，但是教学时间的有限性决定了这些目标无法得到真正落实。

有些教师过高估计学生的能力，制定的目标常常超出学生的实际水平，使学生在学习过程中屡屡受挫。教学实践证明，过多的负面学习体验只会给学生带来消极影响。有的教师则低估学生的学习能力，制定的目标过低，出现目标易化现象，导致学生无法体会学习挑战带来的乐趣，影响学生学习潜能的激发和长远发展。

根据学生的学情制定切合实际的目标，实行精准目标引导下的精准互动，用扎实的教学过程保证教学目标的落实，保证教学效果，成为每一位教师必须掌握的基本能力。教师要在教学实践中不断提升这种能力，制定出适切的活动目标，使学生经过努力就可以摘到学习成功的果子，获得学习的快乐。

总之，课堂互动目标既要有培养学生核心素养的高度，更要有发展学生知识技能的深度和广度，还要有关注学生正确发展和终身发展的温度，才能保证课堂互动的效度，帮助学生形成语用能力，提升核心素养。

二、具体互动目标的制定

狭义的互动目标，指某一个具体的互动活动的目标。多个互动小目标构成整节课的互动总目标。总目标要通过目标分解和小目标的落实才能达成。教师可以根据课堂教学活动的语言承载量和文本内涵的深浅度，为互动活动设置一个或多个目标。

以热身复习环节的活动为例，歌曲、游戏、韵律诗、猜谜既可以为学生的学习营造一个轻松愉悦的氛围，还能激活学生旧知，为后续的学习做好必要铺垫。完成好其中一个活动就能达成以上两个小目标，同时完成一部分互动整体目标。就新授课而言，文本学习活动是课堂教学活动的重头戏，其基础目标是语言知识和技能的提升。在此基础上，如果文本蕴含文化品格培育点、潜藏思维培养点、学习能力习得点，就要通过自然渗透、体验感悟等方法，落实对学生的文化品格的培养；通过挖掘思维训练内容，优化思维训练方法，提升学生的思维品质；引导学生通过反思、分享学习经验和感受习得学习方法。这样，通过文本学习活动，就能达成语言能力、学习能力、思维品质和文化品格的培养目标，实现教学效果的最优化。

一个活动可以只专注于一个目标，也可以服务于多个目标。以文本新语言的巩固操练活动为例，活动的主要目标是引导学生在教师创设的迁移情境中，尝试运用所学的新语言，巩固知识，发展语言迁移能力，提升真实语用能力。而课堂最后的真实运用任务的目标是课堂教学目标的集中体现，较为多元、综合、全方位，要求通过任务的完成使学生全面提升听说读写和交流互动的语用能力。真实运用任务目标达成度取决于此前各个教学小环节的分目标达成度，取决于学生的知识掌握、技能提升和交流互动的总体情况。完成真实运用任务的阶段，也是学生综合能力的表现阶段、学生学习效果的检验阶段。

关注每一个互动活动目标的制定和落实，就是关注整体目标的达成情况。学生的学习过程是一个拾级而上、由易到难、循序渐进的过程。这就要求教师在关注每一个活动目标落实情况的同时，要特别关注前后活动之间的关系，保证课堂活动链上的每一个活动都有清晰的目的性、可操作性和实效性。热身复习、新文本学习、迁移情境中的意义操练、最后的真实运用任务活动组成了课堂互动活动链。教师在设计活动时，不但要考虑每一个活动的互动目标、互动内容和互动形式，保证活动效果，还要从活动链和互动总体效益的角度仔细考虑活动之间的顺序性、递进性和关联性。考虑活动的顺序性，就是安排好活动的先后顺序，保证活动的安排有序也有因；关注活动的递进性，就是保证前后活动难度有合适的差距；活动的关联性是有效学习的重要特征。学生的新知学习总是建立在原有的知识和生活经验的基础上的，增强活动的关联性，有利于学生顺利转换思维，快速进入新情境，提升学习效果。

在制定好初步的互动活动目标后，教师经常需要根据教学时间、学生特点对某些活动的目标、内容或形式做必要调整。在调整活动的互动目标时，教师要有全局的视野，把需要调整的活动目标和前后活动的目标，以及本节课的整体活动目标综合起来考虑。在此基础上，再从活动的顺序性、递进性、关联性和可操作性等方面对活动做出判断和调整，保证整体互动目标的达成。

第四节　互动情景

　　情境是学生感知理解语言，巩固运用语言，提升语言能力的重要媒介。情境创设是指教师利用语言、图片、动作、表情、音乐或其他辅助手段，为学生呈现语言学习所必需的人物、时间、地点等事件关键要素的过程。情境创设就是根据教学内容，围绕教学目标，有目的地创设以形象为主体的，基于学生生活经验的场景，调动学生积极的学习情绪，从而帮助学生从整体上感知、理解、学习和运用语言知识的过程。创设符合学生生活经验、年龄特点和理解水平的情境，是保证情境可理解性，发挥情境促学功能的关键。

　　语言来源于生活、服务于生活的特点决定了有效的语言教学是真实情境下的教学。教师只有引导学生在真实的情境里感知、理解、巩固和运用语言，学生才能充分理解语言的意义，提高语言使用的正确性和得体性，提高语言综合运用能力和交流能力。真实有趣的语言学习情境有助于培养学生的学习兴趣，激发学生的参与互动的兴趣，帮助学生更好地感知、理解语言，提升学习效果；真实有趣的情境能激起学生的求知欲和好奇心，促进学生的主动参与，扩大课堂互动面，提升互动效益。教师要重视语言情境在英语学习中的重要地位，充分发挥语言情境激活生活和知识经验，激发学习兴趣，挖掘学习潜能，降低学习难度，提升语用能力的重要作用，创设多样化的语言学习情境，以境激趣，以境促学，提升课堂学习的实效。

一、常见的互动情境

　　服务于课堂互动的情境有多种表现形式，常见的有文本情境、问题情境、情感情境和活动情境。

（一）文本情境

　　从资源利用的角度而言，教师应从现有的文本情境入手开发课堂互动资源。教材中现成的文本情境是有极高价值的互动情境，是重要的教学资源。文本情境是学生感知理解、巩固运用语言，提升语用能力和互动能力不可或缺的情境，也是激发学生学习兴趣，提高互动效率的情境。教师要通过文本解读，正确理解文本情境，把握情境的关键要素，帮助学生快速准确地入境，在情境中吸收文本的精华；在此基础上，教师再延伸、拓展文本情境，帮助学生巩固运用语言；创设和文本类似的情境，促进学生迁移运用语言，提升语用能力。

（二）问题情境

问题情境是最常见的互动情境。问题是课堂互动的桥梁，学生理解、内化语言的酵母。把教学内容融入有意义的问题情境中，学生才能在语言学习中到达灵活运用和创造的彼岸。问题能激发学生的学习兴趣和探究欲望，放手让学生带着问题去主动探究，就能变被动学习为主动学习，提升学习效果。

创设问题情境，有利于培养学生的思维能力。有效的问题情境创设绝不是教师的单向灌输过程，而是在有效问题引导下的师生互动过程。顺着教师精心设计、适时提出的问题，借助图片或视频，学生开始关注文本事件的时间、地点、人物等关键要素，感受文本语言的魅力，汲取文本的营养，收获语用技能和人文素养的提升。具有目的性、适宜性和新颖性的问题情境才能有效地激发学生的深入思考，引发学生的深度学习。目的性指问题要根据教学目标而设置。互动目标是教师设问的依据，也是问题情境创设的价值体现。适宜性指问题的难易程度要适合学生的理解水平，保证学生能进入思维状态。新颖性指提问视角的独特性，问题内容的核心指向性。此外还要关注问题的开放性，促进课堂互动生成的多样化；保证问题表述的准确性和可理解性，促进学生对问题的正确理解。

（三）情感情境

"情"和"境"是有效情境的基本要素。"境"是"情"的具象表征，"情"是"境"的精神内核，两者相辅相成，缺一不可。充分利用学习情境的情感因素，积极发挥情感因素的功能，能有效提升课堂互动效果。关注学生的学习情感，培养学生健康的情感，是教学的重要任务，也是课堂互动的重要使命。学生的学习行为源于学生的学习体验，快乐体验越多，学生的学习行为越积极。经常有快乐的学习体验，学生才会有健康的学习情感。在健康学习心理的驱动下，学生会积极主动地参与互动，受益于互动。在真实、生动、具体的情境下进行语言教学，学生能充分感受学习情境中的人、事、物的美好。美好情境的熏陶能有效提升学生感受美、品味美的能力，激发学生创造美的潜能。关注情感情境能培育学生的社会主义核心价值观，有助于培养世界观、人生观、价值观三观正确的现代公民，激发学生积极向上的健康情感，提升学生的核心素养。

（四）活动情境

活动是学生喜爱的学习形式。活动情境是指教师为学生创设的，以发展学生听说读写和交流互动技能为目的，以角色扮演、调查活动等小组活动为形式，激发学生眼、口、耳、手等协同参与的实践学习情境。

小学生活泼好动，有意注意时间很短，这决定了教师要采用符合学生年龄特点，满足学生兴趣爱好的各种活动进行语言教学。根据教学互动内容，创设能促进学生理解和内化语言的歌唱、游戏、表演等互动活动情境，是成功语言教学的关键。活动情境有助于吸引学生参与各种形式的语言实践，提升语用能力。

此外，恰当利用动态生成的课堂情境和随处可见的生活情景，也能极大地提升课堂互动效果，促进学生的有效学习。

二、互动情境创设"三部曲"

教学情境的创设不是新的课题，但其在实际教学中仍存在不少问题。在教学探索实践中笔者发现，遵循情境创设的"三部曲"进行教学，既能充分利用文本情境，巧妙利用课堂情境，又能创设接近生活的情境，为学生建立书本知识和现实生活之间的联系，从而促进学生语言能力的发展和课堂教学效果的提升。

（一）充分利用文本情境，帮助学生感知理解新知识

外研版《英语》教材内容丰富多彩，呈现了接近小学生真实生活的各种有趣情境。但不少教师仍将原文本的情境束之高阁，浪费宝贵的教学资源，煞费苦心地另起炉灶，冥思苦想出不够真实贴切的语言情境，费时费力，导致教学时间不足，教学效果低下。还有的教师为了突出重点，提高教学效率，对文本做"去情境化"处理，直接剔除词句出现的背景、语用的场景等最真实、具体和生动的情境，只剩下要教学的单词和句子。"去情境化"将词句从它们出现的情境中剥离，纯知识的教学使学生无法体会情境教学的特殊趣味，纯单词和句式的学习味同嚼蜡，导致学生学习兴趣锐减，学习效果不佳。教师对语言情境的漠视也直接导致学生对语言使用情境的忽视，出现语言运用不得体等问题，影响学生语用能力的提升。

教师应根据小学生自身情况以形象思维为主，喜欢借助直观图片进行学习的思维特点和年龄特点，充分利用文本情境激发学生的学习兴趣，帮助学生快速感知理解语言，为后续的语言学习活动奠定良好的基础。而教师对语言学习情境的高度关注将潜移默化地影响学生，引发学生对语言运用情境的自觉关注。

(二)利用课堂情境,帮助学生巩固掌握新知识

教师在充分利用文本情境,引导学生感知理解新知识的基础上,若能巧妙运用课堂现有的情境资源为教学服务,能大大激发学生的学习热情,拓宽学生的语用渠道,帮助学生进一步巩固知识,提升语用能力。

其实,在学生众多、学生能力性格各异且时时变化的课堂里隐藏着丰富的情境资源:学生迟到是情境,生病缺课是情境,就连上课开小差、和同学讲话都可以是情境;天气变化,学生衣着变化,学校发生的大小事情是情境,就连教室里飞进虫子也可以是情境。只要教师不断强化自己的情境资源意识,关注课堂情境,留心身边的人和事,课堂处处皆是情境。教师充分利用情境为教学服务,不但能节约教学成本,提高教学效益,还能帮助学生充分理解语言学习的意义,更好地理解语言、运用语言。

(三)创设真实的生活情境,提升学生的语用能力

新课标明确指出教师要为学生的语言学习创设接近实际生活的情境,引导学生在情境中运用语言,发展语用能力。小学生理解能力有限,知识积累不多,生活经验较少,需要通过教师创设的情境将抽象的知识具体化、形象化。教师创设的情境越逼真,学生理解语言意义、进行知识的迁移运用也就越容易。教师要不断强化资源意识,提升教学智慧,挖掘显性和隐性的各种教学资源,创设尽可能真实的语境,为教学服务。

在教学文本内容时,教师要充分利用文本情境和课堂情境为教学服务,在组织学生做各种练习时也同样要重视情境对学生学习的作用,充分发挥情境的功能,结合具体的练习内容创设各种真实的生活情境,促进学生更快更好地巩固语言知识,提升语用能力。

情境是小学生英语学习必不可少的"调味素",语言的呈现、操练和运用都离不开它。教师要充分认识情境对语言教学的重要性,发挥情境的"促理解感知,帮巩固掌握,促语用能力提升"的功能,充分利用原有的文本情境和真实的课堂情境,积极创设有趣的生活情境,实现有效课堂互动。

三、创设多样化的课堂互动情境

为保证课堂互动效果,在正确把握课堂互动内容和形式、开放互动时空的基础上,教师还应根据学生多样化的兴趣、认知方式和学习需求,立足于多样化的学情,积极为学生创设多样化的互动情境,保证学生广泛和深度的参与,提升课堂互动品质。

（一）创设友爱的互动情境，培养学生的良好品质

人是环境的产物。学习环境对学生的成长具有深刻的影响。互助友爱、和谐愉悦的互动情境能培养学生团结友爱、乐于助人的良好品质。

（二）创设人人能参与的互动情境，提升互动效果

引导学生通过互动活动提升语言学习效果，已经成为许多英语教师的共识。但课堂上每一位学生拥有平等的互动权利并未成为每一位教师的理念。有的教师控制太多，能参与互动的学生数量过少，互动面窄；有的教师把互动集中在少数积极举手的优秀学生或小组长身上，互动效果不尽如人意。只有保证每一位学生互动的主体地位，保障每一位学生的互动权利，学生才能获得更多参与语言实践的机会，语言能力的提升才可能成为现实。

在课堂上每一位学生是平等的，教师要强化"大众互动"意识，摒弃"组长优先、优生特权"的做法。通过调整互动形式，让更多的学生有机会参与互动；通过拓宽互动面，保障学生的互动权益，提升互动效果。

（三）创设感悟体验式的互动情境，提升学生的语用能力

新课标提倡体验、实践、参与、探究和合作的学习方式。唯有亲身体验能使人印象深刻，记忆长久。在英语教学中，教师要特别关注学生的语言实践体验，引导学生在真实的文本情境中感知语意，在生活化的语境中感受语用，设计人人能参与的互动活动，提供充分的交流分享时空，让学生通过语言实践感悟语言运用规律，在体验中掌握语言知识，发展语用能力，使语言学习成为学生体验语言运用的过程。

小学生的形象思维仍占主要地位，体验对小学生的语言学习具有特别重要的意义。引导学生体验文本人物的语言和情感，能有效帮助学生深入理解语言，内化语言。

（四）创设有思维挑战的互动情境，发展学生的思维能力

思维能力是学生学习能力的核心，是英语学科素养最重要的组成部分。课堂是学生思维能力培养的主阵地。在日常的课堂教学中，教师要彻底改变以往偏重学科知识、忽视学科思维能力的不当做法，牢固树立为思维而教的理念，注重引导学生在学习实践中通过反思和借鉴掌握有效的学习方法，形成符合自身的学习策略，提升学习效率。

(五)创设鼓励质疑的互动情境,培养学生的探究精神

质疑是一种可贵的学习品质,能有效地促进思考和表达。有了质疑精神,学生就不会人云亦云,而会形成自己对事情的看法和判断,会有主动探究事物本质的热情和欲望。

小学生大多具有向师性,对于教师说的话,他们常常坚信不疑。但如果学生认为教师的话一定完全正确,就可能出现思维僵化和质疑精神、批判精神的缺失,不利于学生思维能力的发展。结合具体的教学内容,创设鼓励质疑、悦纳不同见解的互动情境,能使学生敢于发表不同见解,乐于分享不同观点,有助于培养学生质疑探究的科学精神、求真求实的可贵品质,提升学生的创新思维能力和学习能力,促进学生的长远发展。

情境是影响语言学习有效性的重要因素,唯有引导学生在互动情境中学习语言、运用语言,才能有效地提升学生的语用能力。情境的成功创设是语言教学的良好开端,有了这个良好的开端,英语课堂才能成为师生互动的乐园。如何通过创设优质的互动情境促进课堂互动是一个永恒的课题,值得每一位教师不断地研究和探索。

第五节 互动内容

互动内容,指师生、生生交互活动所需要的语言材料,包括词语、句式结构或文本教材等,这是由英语的学科性质决定的。互动内容是课堂互动有效性最重要的影响因素,准确把握互动内容是有效互动的关键。从活动前的活动设计、组织准备,到课堂的活动实施,教师和学生都要花相当多的时间和精力。如果互动内容出现严重偏离,教师教错了,学生练错了,就会出现教师该教的没教,学生要学的没学,该突出的重点没有突出,该突破的难点没有突破,该培育的人文素养没有培育,需要掌握的知识还得另找时间重新教学等严重问题。这样不仅会造成时间和精力的浪费,还严重影响教学效果。如果课堂经常出现这种远离靶心的无效射击,学生就会一头雾水,不知所学。教师对互动内容的把握能力,通过影响学生的学习内容、参与互动机会和语言实践质量,影响课堂互动效果。

以新授课的文本教学为例,需要引导学生感知理解、巩固运用的文本功能语言,就是课堂互动内容的核心,也是教学的重点。一般而言,教学重点、教学难

点、人文素养培育点、思维培养点、学习方法习得点、学生的兴趣点就是互动内容。一些年轻教师，由于教学经验不足或文本解读不到位、备课不精心，在进行文本教学时，无法在众多的文本语言中准确地把握教学中要着力突出的重点和需要着力突破的难点，导致在非重点、非难点处大做文章，白花力气。在旧知处重复教学或在非重点处徘徊太久，浪费时间，造成要掌握的内容没触及，该进行的人文素养培育没触碰，该进行的思维训练没落实。

互动内容服务于互动目标。在不同教学环节有不同的互动内容。在热身环节，歌曲、韵律诗就是互动内容，吟唱是互动形式，可以唤醒学生的旧知，激发学生的学习兴趣。在复习环节，完成真实运用任务所需要的旧语言结构，沉睡在学生脑中的相关单词、词组、句式就是互动内容。复习环节的互动目标是唤醒这些知识、找到新知识的生长点，顺利进入新文本语言的学习，同时为最后的任务完成做好必要的准备。互动形式可以是看图说话、猜谜语，或者同座互动问答。在文本教学后的语言拓展环节，以新语言结构和相关的旧语言结构为互动内容。角色扮演、创编对话是常见的互动形式。互动目标是在迁移情境中引导学生进行语言运用尝试，提升学生的语用水平。在最后的语言输出环节，综合性运用任务是互动内容，学生通过融合运用新旧知识，检验自己的学习效果：语言知识是否能顺利提取，语言运用能力是否能匹配任务难度，交流互动能力是否足以支撑自己完成真实运用任务。

互动内容因课型的不同而不同。活动课以不同的活动形式为载体，但都要以需要巩固运用的语言为互动内容。互动形式要服务于互动内容，谨防互动形式喧宾夺主，出现没有实质内容的空心活动。过于关注互动形式，忽视对互动内容的把握，忽视互动内容和形式之间的相互配合，是导致空心活动的主要原因。复习课要以学生的知识薄弱处、技能欠缺处为互动内容，通过师生对复习内容的共同梳理，帮助学生建立结构化知识，达到补缺补漏、补齐能力短板的目的。教师要精心设计复习形式，以生动活泼的形式激发学生的参与热情，同时教师要注意复习活动中听、说、读、写、交际等各种活动的变化和平衡，减少单一活动可能带来的疲劳感，提升复习效果。

一、以教学重点为互动内容

教学重点是教师在课堂上要着力帮助学生掌握的知识点，是学生语用能力提升的基础。教学重点是一堂课的灵魂，抓准重点是突出重点的基础，也是保证教学互动有效的前提。把握教学重点是每一位教师必须具备的基本能力。但在实际教学中，仍有不少教师由于教学经验的不足或文本解读能力的欠缺等原因，无法准确把握教学重点，出现了教学偏离教学重点的低效行为。

课堂互动的序幕总是在热身活动中拉开的，内容和形式俱佳的热身活动能为学生的后续学习奠定良好基础。热身活动的目的在于创设轻松愉快的课堂氛围，激活学生和教学主题相关的原有知识和生活经验，为学生的后续学习做好必要准备。但有些教师未能充分认识热身活动的特殊作用，在热身活动的内容和形式选择上存在较大的随意性。

二、以教学难点为互动内容

难点是学生较难理解和掌握的知识点。难点的突破有利于学生正确理解文本，提升语用能力。

课堂互动内容要始于教学重点的精准把握，着眼于教学难点的突破，立足于学生思维培养点和人文素养点的挖掘。只有立足于学生基础知识掌握、基本技能培养和思维能力发展的课堂互动，才能为学生语言能力和学习能力的发展夯实基础，学生思维品质和文化品格的提升才有可依附的根本。

第六节　互动形式

互动形式指互动活动的各种方式。广义的互动形式指课堂互动时采用的互动的方式方法。一般而言，课堂互动，除静态的师本互动和生本互动外，更多的是采用动态师生互动和生生互动形式。师生互动又可以分为师班互动、师组互动、师生互动；生生互动可以分为生班互动、生组互动、生生互动。

互动内容和学生的年龄特点，是选择互动形式的重要依据。以热身活动的互动形式选择为例，先根据学生的年龄特点和教学主题选择互动内容，再根据互动内容选择最佳互动方式，实现互动效果的最大化。歌曲、韵律诗因符合儿童的年龄特点，深受低段学生喜爱，成为教师最常用的热身活动形式。

但随着学生语言知识的增长和语用能力的提升，教师应升级互动形式，采用思维挑战较大的自由对话、快速反应、采访等互动形式，满足学生思维发展的需要，保持学生参与互动的热情。

如何优化互动形式？教师要遵循扩大互动广度、拓展互动深度、提高互动效度的原则，保证互动形式多样化和互动参与面的最大化，实现互动效果最佳化。

一、互动形式的选择

互动形式的选择和运用，受互动内容限制，也受学生的年龄特点、思维水平影响，还受教师自身对于互动形式的把控能力的限制。教师应根据事先确定的互动内容筛选互动形式，在小学生喜爱的众多形式中选择最佳的形式。只有匹配学生兴趣、吻合学习内容、符合教师操作水平的互动形式才是最佳的互动形式。只考虑互动内容，忽视学生喜好或教师互动把握水平的互动形式，都难以发挥"体现互动内容，助力学生学习"的功能。

互动形式就是互动内容的外衣。只有精准的互动内容匹配合适的互动形式，才能保障互动的广度、深度和效度。互动形式能为学生创设语言练习的真实情境，从而激发学生的互动热情和参与语言实践活动的愿望，触发学生运用语言的动机，提升语言实践效果。没有互动形式，相当于把要学习的语言知识从丰富的文本情境、动听的歌曲中抽离出来，从变化无穷的提问和与学生生活密切相关的各种学习任务中剥离出来，就语言论语言，没有歌声、故事，没有提问思考，没有调查辩论，语言的学习将陷入无边的枯燥和无效中。

追求内容和形式的最佳匹配，是满足学生求变求新的互动心理的需要，也是保证互动效果的需要。在教学实践中，有些教师只考虑活动形式的趣味性，忽视活动要承载的练习巩固语言、提升语用能力的重要功能，以为只要能吸引学生注意力的活动形式就是好的活动形式，出现只有有趣形式，没有语言练习内核的空心活动；一些教师选择的活动形式过于夸张，练习的内容却少之又少，浮夸的活动同样没有实效；也有一些教师只关注互动内容，不重视赋予互动合适的形式，这样的语言练习往往枯燥无趣。

教师要遵循互动形式服务互动内容，努力实现内容形式最佳组合的原则，根据教学内容和学生学情确定互动目标，再依据互动目标精准把握互动内容，根据互动内容选择最适宜的互动形式，保证互动效果。笔者在长期的教学实践中发现，小学生比较喜欢歌曲、韵律诗、猜谜、幸运转盘、角色扮演、调查活动、提问、辩论、小组 PK 等符合学生年龄特点的互动形式，这些方式虽然传统，但绝不过时。随着科技的发展，不断涌现出一些有一定科技含量的互动形式，深受学生喜爱。教师在学习与运用这些新颖互动形式的同时，也要利用传统互动形式容易操作、实用性强的优势，通过新旧方式的融合，实现互动效果的最大化。

教师要根据自己的互动把控能力，根据互动内容的要求，遵循"让尽可能多的学生参与尽可能多的语言实践"的原则，采取适宜的互动形式。教师应有"让学"意识，除必要的讲解和示范外，坚持让学生尽可能承担学习责任。教师不能低估学生能力，也不能高估教师作用，应在正确把握学情的前提下，摒弃以霸占话语权、大包大揽为表征的，过于担心、过度保护的教学思想和行为，大胆放手让学生进行各种学习尝试，鼓励学生参与各种语言实践。

二、互动形式的多样化

遵循教育教学规律，充分尊重小学生年龄小、形象思维发达、有意注意时间短、喜欢活动等特点，教师可以组织出许多学生喜欢、操作性强、互动效果好的活动，助力学生的语言学习。长期的教学实践表明：课堂提问、角色扮演、小调查、猜谜、唱歌、编演韵律诗、编演课本剧等都是学生喜闻乐见的互动形式，也是教师经常用来组织教学、训练语言的好方式。现以最常见的课堂提问和角色扮演为例加以说明。

（一）课堂提问

提问是触发课堂互动最直接、最快捷的方式。要使提问成为有效的互动形式，需要有效问题的帮助。有效问题是指教师提出的能促进学生听、说、读、写、交际等语言运用能力的发展，尤其是思维能力发展的问题，是在教师在深入研究文本内容的基础上，结合学生的年龄特点、知识结构特点、能力特点提出的靠近学生"最近发展区"的问题，是经过学生努力思考可以回答出来的问题。有效提问以学生思维能力和语言能力发展为终极目标，通过把握问题的广度、难易度、开放度保证学生的参与度。学生通过问题引导、思维激活、思维碰撞和自由表达，提高思维能力和表达能力。教师则通过对问题的精心设计与运用，对学生反馈信息的回收利用，对课堂提问方法及技能技巧的反思，提高设问能力、提问能力和反馈能力。

课堂实践研究表明，要达到用有效问题促进学生思维和语言发展的双重目的，应特别注意以下问题。

1.把握提问时机

充分利用教学资源，准确把握课堂提问时机，适时、适量、适度地提问，才能发展学生的理解能力、思考能力和语言能力。例如，节日文化是英语学习的重要内容。借助节日前、节日中和节日后的提问,节日资源的价值可以得到充分利用。节日前,教师可以用问题"Where are you going? What you going to do?"引导学生关注节日,畅所欲言。节日当日,教师可以问学生"What do you do?"促进学生的思考和表达。节日后,教师可以通过问题"Did you have a good time? Where did you go? What did you do?"关心学生的节日生活,增进师生感情。

2. 提供提问支架

建构主义学习观认为,由教师提供语言支架是辅助学习者获得新的语言结构的一种方式。学生要从现有的言语能力水平提高到新的水平,教师必须提供适时适量的帮助、支持和指导。随着学习者的进步,教师应逐步减少帮助。以看图提出关于万圣节的疑问为例,最初教师为学生提供只缺一个单词的句式支架:"What do children?"顺着这个架子,学生可能说出"What do children do/eat/play/wear?",接着教师将原有句式再减少一个单词,用"do children?"激发学生深度思考,学生可能说出"Where do children go? How do children go there?"等句式,最后学生能抛开原有的支架自由提问。这就是一个由"提供适时适量的帮助"到"逐步减少帮助"的过程。

3. 注重提问方法指导

5W1H 提问法是最基本的提问方法,掌握基础提问方法是通往自由提问的必经之路。教师指导小学生提问,可以从事件的"When? Where? What? Who? Why? How?"入手进行扎实的训练,再慢慢过渡到更复杂的提问方式

4. 尝试评价性问题

根据美国著名教育家布鲁姆的"思维发展金字塔"理念,学会评价是认知学习领域最高层次的发展目标。要回答好评价性问题,学生必须在理解掌握认知性问题的基础上,通过自己的分析和综合,对已有的信息进行取舍、比较,最后得出结论,评定某一事件或某一人物并说明原因。教师鼓励学生尽早尝试评价性问题能促进小学生的评价能力的提高。

5. 鼓励学生提问

爱因斯坦曾说:提出问题比解决问题更重要。提问是学生获得知识、获取信息的最直接而有效的方式之一。学生主动提问表现出学生对未知问题的深入探究愿望,以及对问题独立思考的宝贵品质。教师长期霸占课堂的提问权,会导致学生想问而不敢问,想问而不会问,甚至懒得思考懒得提问。长期的提问机会缺失,将阻碍学生提问习惯的养成和提问能力的发展,不利于学生思维能力的发展和语

用能力的提高。充分认识提问对促进学生学习能力发展的重要性，高度重视学生提问习惯和能力的培养，结合教材内容和学生的思维特点，课堂上有意识地腾出时间、创造机会，耐心引导学生学会思考，学会提问，提高思辨能力，发展语言能力，是当今小学英语课堂教学的当务之急。

（二）角色扮演

角色扮演是以角色朗读为基础，超越角色朗读的一种集听、说、演于一体，通过声音、动作表现文本语言和蕴意，具有广阔的自由度和无限的想象空间、创造空间的互动形式。角色扮演所创设的语言情境和角色情境能使学生产生身临其境的感觉，个性化角色扮演能使书中的平面语言立体化、生活化和多样化，加速学生语言的内化和迁移过程，促进学生的语言发展。利用小学生活泼开朗、好表现和喜欢表演的特点，结合教材内容，组织学生开展多种形式的角色扮演活动，创设情境，引导学生体会角色、体验文化、巩固知识、拓展语言，都能极大地激发学生的学习兴趣，提升学习效果。

1. 借助角色扮演，创设真实语境

由于英语语言"大环境"的匮乏，创设英语学习"小环境"即语言情境，成为英语课堂教学的必需。如果有较真实的语境的帮助，语言会变得更加容易理解，学生也较容易学会得体地运用语言。创设语言情境的方式多种多样，和用实物、图片、音乐等手段创设的情境相比，利用角色扮演创设的情境更符合小学生的心理和年龄特点，能帮助小学生更好地理解文本内容，为文本的深入学习打下良好基础。

2. 借助角色扮演，帮助学生内化语言、体验文化

语言学习和文化体验是英语学习的两个重要目标。角色扮演带给学习者的特别体验能给学习者留下深刻印象，帮助学生更好地内化语言、体验文化。

3. 借助角色扮演，促进学生拓展语用能力

语言学习的最根本目的是发展在真实的语境下的运用能力。要发展学生的语用能力，在帮助学生夯实语言知识的基础上，教师应开阔学生的语言视野，让学生有机会接触更多的语言变式，为学生的语言创造提供可借鉴的支架，还要通过有效手段激发学生的想象力、创造力，打开学生迁移语言、生成语言的思路，使学生早日获得根据特定的语言情境和谈话对象灵活调整语言、得体运用语言的能力。

学生话轮的数量和学生对对方话语的反应直接体现学生的语言运用水平。拓

展阶段的角色扮演属于语言运用，有很大的生成空间，不同水平的学生会有不同数量和质量的语言生成。为鼓励学生不断地努力尝试，针对不同基础的学生可以提出不同话轮数量的要求，保证每一位学生都能有成功的体验。

总之，角色扮演是符合学生年龄和心理特点的有效学习方式，用好角色扮演能创设真实的语境，帮助学生更好地内化语言、体验文化，还能促进学生拓展语言、提高语用能力。教师应重视对学生进行角色朗读的正确指导，为学生成功的角色扮演打好基础，充分发挥角色扮演的作用，提高教学质量。

第七节　互动时间

教师对课堂互动时间的分配和把握，将影响学生是否能开展互动以及互动的广度、深度和效度，从而直接影响课堂的整体教学效益。在设计互动活动时，教师就应进行时间预设；在发表活动指令时，教师也应明确告诉学生的活动时间，让学生心中有数；除引导学生利用好时间外，教师在活动结束的前三分钟应提醒学生，保证学生有时间调整活动节奏，顺利完成活动，保证活动效果。

互动活动所需时间是由互动活动的难易度、参与互动的人数、学生参与互动的意愿和知识能力水平，以及班级互动情境和氛围等因素共同决定的。教师只能根据具体的互动活动和学生的互动能力预留互动时间，更多的时候教师需根据学生真实互动情况，灵活调整互动时间。既要保证学生有充足的互动时间，人人都能以适中的速度，全程参与互动，完成所有的活动任务；又要保证所给的时间长短合适，不会出现活动不难、时间太长的现象。

因为学生的互动意识、互动习惯和互动水平存在客观差异，如果有小组先完成教师组织的活动，教师可以引导这些小组开展难度升级的拓展性活动，或引导学生为下一个活动做好准备。对于有一定困难的小组，教师可以通过降低要求提供帮助，或引导学生通过组内互助的方式，完成基本的互动任务，保证互动效果。互动的参与人数、参与深度是衡量互动时间是否被有效利用的重要指标，只有人人都深度参与互动，且互动时间用好了、用对了，互动效果才有保证。

引导学生有事可做、有事能做是防止学生浪费互动时间的有效办法。教师应通过具体的、有意义的学习任务引导学生利用好互动时间，提升学习效果。教师还可以通过引导学生进行同座互助、同座反馈，培养学生珍惜时间、充分利用时间的意识和能力。

把握互动时间，不仅指教师要给予学生适宜的思考问题与完成各种语言实践的时间，也指教师要在互动教学实践中，捕捉最佳的导入呈现、操练巩固、迁移运用的时机，最佳的分组、提问、候答、点答、引导、反馈、评价和总结的时机。在适宜的时间以恰当的方式做正确的事，才能收到好的效果。

一、保证学生的思考时间

提问是教师最经常使用的课堂互动手段。但问题的提出只是引发有效互动的第一步。在问题符合学生的"最近发展区"的前提下，学生是否有足够的思考问题时间，成为决定互动是否能继续进行的关键。思考需要时间，高质量的思考结果更需要时间。面对问题，学生需要激活原有的相关认知，提取相关生活经验帮助理解问题；在分析问题的过程中，学生需要确定问题的关键点；在解决问题的过程中，学生需要考虑表达的语法和措辞。所有这些都需要时间。总之，没有足够的理解问题、分析问题和思考问题的时间，就难有对问题的正确理解和多角度的深入思考。

二、捕捉最佳教学时机

教学内容的呈现存在最佳时机，教师应培养自身根据不同教学情境，敏锐把握教育教学最佳时机的智慧和能力，提升教育教学效果。

三、把握候答时间

有效的问题教学是问题设计、实施和反馈的系列工程。问题数量、问题性质、问题的提出时机、教师的候答方式和教师反馈智慧共同作用，影响课堂互动的质量。教师的耐心候答是成就课堂互动的精彩的前提。没有教师候答时的耐心，就没有学生回答时的多姿多彩。

要保证课堂互动的效果，把握互动时间是关键。教师不但要善于把握学生的思考时间、教师的候答时间，还要学会把握最佳的话题导入、新知呈现、问题提出、教师引导、支架搭建和教师反馈的时间节点，把握最佳的学生独立思考、小组讨论、交流分享时机，把握最佳的听、说、读、写和交流时机。时间的把握能力是一种在教学实践中才能发展起来的教学智慧，需要教师的用心学习和体会，更需要时间本身的成就。

第八节 互动空间

教师经常只让举手的学生发言，而不经常组织压力较小的组际互动；小组互动的机会总是被小组中的积极分子抢占，其他学生得不到原本属于他们的互动机会；教师没有开放课堂、引导学生深入互动的意识和能力，而喜欢自己一说到底；教师只满足教材提供的现成活动，不会根据学生的兴趣不断丰富学习内容，变化学习形式，吸引学生主动参与，也无法将原本只有少数人能参与的活动改造为大家都能参加的活动。以上这些都是小学英语课堂上互动空间不足的表现。

一、互动空间的基本内涵

课堂互动空间，原意指师生在课堂上可以自由活动的物理位置。空间的大小会影响活动感受与活动效果。人在过于局促的空间内会产生压抑的感受，在相对宽敞的空间里身体可以自由舒展，也会感觉心情舒畅。在空气不流通、温度过高的空间里，人会容易烦躁，无法专注于要完成的事。适宜的环境是学生集中注意力、激发兴趣、产生动机、专心学习的前提。

此外，互动空间还有另一层内涵——互动机会和互动可能。教师要通过增加互动内容、变换互动形式、转换互动情境、巧用教学资源、拓展评价渠道等方法实现互动空间开放和拓展，保证每一位学生的参与互动机会，保证互动效果。从这一角度而言，教师要有开放课堂空间的意识，特别是要有赋予学生课堂提问权、参与权、质疑权和评议权的意识，改变以往只有教师能提问，教师独占评价权，学生不敢质疑、不会质疑的状况，促进课堂面貌的焕然一新。

二、优化互动物理空间

优化互动空间，既指教师在无法改变大小的固定空间内，改进影响物理空间的空气、光线、卫生、教室布置和人文等因素，创设温馨、美好、舒适的学习环境和互动氛围；也指教师通过改进学生的互动习惯，优化互动目标、互动情境、互动内容、互动形式、教师语言、支架搭建和教师反馈，增加学生互动的机会和互动可能。

目前，我国大部分中小学实行的是大班教学，一个班级的学生数量平均在

45人左右，很多学校的班级人数甚至超过50人。人均空间狭小、出入座位困难已经是普遍现象和不争的事实。有的班级因为学生人数多，第一排学生座位已经排到和讲台桌平齐的位置，最后一排座位也几乎直接顶到教室的后墙。

显然，这样的空间环境很不利于课堂互动。在狭小的空间里，教师无法轻松地通过小组间的通道，进行必要的活动巡视，无法及时掌握学生的互动情况，调整互动策略，改进教学；学生想参与需要自由移动的互动活动也十分困难，学生有时想自如地起立回答问题，转动身体参加四人小组活动，参加需要离开位置的六人小组活动或临时小组活动更是不易。课堂互动空间的不足，直接影响学生活动的意愿和速度，影响课堂活动的参与面和实际效果。

面对校情、班情和学生学情，教师能改变的固然很少。但是，教师可以在自己的能力范围内，号召学生一起，为优化互动空间积极作为。例如，教师要树立为学生创设良好互动环境的意识；引导学生一进教室就要开窗换气，以及进入教室就要保持安静或压低声音；保证教室窗明几净，移动通道顺畅，光线充足而不刺眼，空气洁净。师生共创安静舒适、洁净宜人的互动空间。

三、拓展自由互动空间

自由是快乐的第一重要因子。在某种意义上，自由移动的空间成就了儿童的快乐。从幼儿园时期开始，教师为了方便管理学生，就会要求学生安静地坐着听讲，进入小学以后，随着学习压力的增加，加上强调学习习惯的养成，学生的自由空间被进一步压缩。自由活动的空间，是许多学生内心的渴望。

正因如此，在适当的时候，教师应通过互动对象与位置的变换，拓展学生自由互动的空间。例如，除了组织面对面的同座互动外，结合会话教学内容，教师可以经常性地组织三人或四人的角色扮演活动；必要时可允许两位学生离开原座位进行六人大组互动。学习方式改变形成新的互动空间，空间的变化、互动对象的变换能给学生的学习带来新鲜感、兴奋感，从而增加学习的快乐体验。

做调查是培养学生真实语用能力的好方法。不少教师由于惧怕课堂失控，习惯铃声一响，就把学生紧紧锁定在位置上，不让动弹。然而教学实践表明，如果教师控制欲望过强，总想让学生安静地坐在位子上不出乱子，反而事与愿违。教师应依据小学生精力旺盛、活泼好动、喜欢集体学习活动的年龄特点，在保证必要的个人思考时空的前提下，多组织交流互动性强的活动，满足学生的兴趣，促进学生交流能力的发展。学生离开的是座位，离开的也是互动方式的程式化和单一化，走向的是充满未知的互动新时空。有了空间变换，课堂就会注入活泼的因子，充满生机与活力。

但是，教师在拓展自由互动空间时，一定要更加关注那些互动意愿不强烈的学生，激发学生充分利用教师开放的互动时空，学习知识，掌握语言技能，提升互动能力。

四、巧留互动思维空间

思维能力是学生学习能力的最重要的组成部分。要提升教学效果，提升学生的思维能力是关键。教师应改变单纯的知识灌输，巧留互动的思维空间，给学生留有安静思考的余地，切实把培养学生的思维能力当作课堂教学最重要的常规任务加以认真落实。

第七章　影响大学英语互动式教学实施的因素

互动式英语教学的设计来源于对影响教学效果多种因素的综合考虑，这些多种因素包括学生的学习动机、教学环境的特点、教学内容的难易、教师自身的个性与水平、学生学习策略的培养等。

第一节　学生学习动机的培养

外语教育心理学认为，学生学习外语最有效的方法是让他们注意力集中，积极参与到语言学习当中。激发和培养学生学习英语动机，制定明确的教学目标，激发和保持学生的学习内动力，引导学生运用科学的认知策略进行学习，达到最佳的英语学习效果。

学习动机是由学生的学习需要所引起的，直接推动学生进行学习活动的内部动力，即学生进行和维持学习活动的主观原因。按学习动机的长远性可分为远景动机和近景动机。远景动机具有稳定性，表现出持久地推动学习的一种力量，而不易为情境中的偶然因素所改变。如为报效祖国、立志成为国家有用的人才等。近景动机是学习活动及其结果相联系的一种学习动机。这类动机比较具体切近而有实效，但起作用的时间较短暂而不稳定，具有较大的情境性，容易因情境的改变而消逝。如为应付考试、为考试取得好成绩、为继续升学等。一种好的学习动机应该是既具有远大的前景目标，又要有切实的、具体的近景学习目标，这样的学习动机才会推动人不断地努力学习。

为调动学生在课堂上的学习积极性，在英语课上，教师应该引导学生把远景和近景两种学习动机结合起来，把自觉性和兴趣结合起来，充分发挥和保持课堂学习积极性的作用。

一、明确、生动地提出每课的目的要求

讲明每一次课教学内容在生活中的具体意义以及它在整个体系中的地位,能够引起学生对所学内容的重视,引起学生的求知欲和探求心理,从而调动积极性。为了激发学生在课堂上的近景动机和兴趣,最好从题材和体裁角度讲清当堂课语言材料的交际功能,将获得运用英语交际能力的长远需要和眼前学习内容联系起来,使课堂教学要求变成学生自己的需要,才能产生一种主观的积极态度。

二、帮助学生在学习上获得成功

引导和帮助学生在学习上成功,可以使学生在学习中获得愉快情绪体验,从而可以培养,巩固和进一步激发学生的学习动机。

(一)要对学生多做肯定的评价

对学生来说,没有比能得到老师的夸奖更能鼓舞人心的了。在我们的调查中很多学生都提到了这一点。他们说:"受到老师的表扬,心里特别畅快,学习劲头就特别足。"这说明了表扬和鼓励的作用。但是我们在评价学生时应当注意以下几点:

第一,评价要及时。这样评价才能引起学生的注意,使评价对学生产生清晰而深刻的印象。

第二,评价要恰如其分。这样才能使学生对教师的评价产生权威感和信任感。否则,评价不仅不能发挥应有的作用,反而可能走向反面。

第三,评价要具体化。教师应尽量发现学生的"闪光点",应当首先指出其优点,然后再指出其不足之处,并勉励其改之。这样才能使学生有进一步学好的信心,同时产生努力改正不足的愿望。

第四,评价要多样化。因为每个学生的优点都不可能一样,他们的进步大小也不可能一样,所以在评价时应力求避免用单一、呆板的评语,而应当使用各种生动而贴切的语言来评价学生,使他们感到自己具备很多长处,有不少进步,使他们确信他们还能做得更好。相反,如果用千篇一律的评语,那么学生会对之麻木不仁,甚至会产生反感。

（二）帮助学生在学习上获得成功的方法是因材施教，要做到这点必须懂得区别对待的原则

首先要对每个学生的性格、学习态度、学习方法、学习成绩等做到心中有数，并对他们提出相应的学习要求。一般来说，对学习好的学生应该"苛刻"一点，对他们要"严要求，高标准"，但是不能缺乏鼓励，要鼓励他们冒尖，好上加好。对学习中等的学生应该鼓励和敦促兼而有之。学习中等的学生一部分是想学好，但心理压力过重；一部分脑子比较灵，但学习不太用功，而且甘于学习平平。所以，对前者应加以鼓励以减轻他们的心理压力，而对后者则就施以压力，加以敦促，激发他们的上进心。

另外值得注意的是，学习中等的学生往往是被忽略的对象。当他们被关注的时候他们的学习也许会进步得很快，而被忽视的时候，往往因情绪不佳而出现学习退步现象。所以，对学习中等的学生关注也是必不可少的。

对于学习差的学生要有特别的耐心和指导。一方面，他们往往自卑感较强，所以要特别关心他们，要照顾好他们的情绪，尤其是，不可以使他们学习失误的时间太长。比如，针对学生的不同水平，教师在提问题时就应当准备较容易的，难度中等的及难度较大的三类问题，分别让不同水平的学生回答。课堂上要有机会让学习差的学生回答问题，而且问题不宜太难。这样他们就容易答对，从而获得成功后的愉快情绪体验，产生学习积极性。如果对老师的问题答不上来，就不要强迫他回答，可以让他先坐下思考一会再回答，或回答另一个力所能及的问题。这样做，一方面，能帮助他理解问题，并加深他对问题的印象；另一方面，不至于伤害他的自尊心，影响他的积极性。总之，教师要做到因材施教，不仅要有方法，而且更主要的是，要有一颗爱心。

第二节　教学内容的选择

互动英语教学要选择好合适的教材，这样才能顺利、有效地实现教学的互动。

适合于互动课堂的英语教材应该是给学生提供真实的语言情景的材料，这些材料应该是形式丰富多彩的，能够满足学生用于小组或其他趣味活动中角色扮演、游戏、辩论等的需要。采用的材料必须是真实的，有文字资料，这些为学习者谈话、写作提供了丰富的资料，增强了他们学习语言的动力。一般来说，我们

所选的材料应该是能够激发学生阅读兴趣,增强学生学习动机的文章,且知识水平略高于学生现有的外语水平,生词量应控制在全文总数的5%左右。

在选择教学内容时,我们从学生的实际情况出发,优先考虑语言难度适中、内容新颖、对学生有实际指导意义的材料。教学材料难易要适当,不能过难,也不能过易。不仅如此,我们还根据在每一学期期末进行的学生问卷调查的结果对教学内容不断地进行修改,力争与时俱进,确保语言学习与现实生活紧密联系,在以学生为中心的交互式教学中,教师提前布置下一周的英语课主题,学生在课下围绕这一主题搜集相关资料并将其上载网络。课上教师首先以视听方式引出主题,然后组织学生根据自己搜集的资料进行小组讨论和班级讨论,做报告,或展开辩论,课后学生将讨论的内容写成摘要或学生就某一主题写一篇符合一定体裁的英语文章。

第三节 教学环境的建设

学生的学习行为和他们所处的环境密切相关。这个环境包括物质环境和心理环境,还包括人际环境。从物质环境分析,要为学生的学习创造空间,包括教室的布置、桌椅的排列;从心理环境分析,要为学生的学习创设一个好的情境,让学生有一个愉悦的心情;从人际环境分析,要为学生的学习创建一个良好的氛围,让他们有一个和谐的人际关系。

一、优化英语学习环境

环境是指英语输入和输出的外部条件,包括物质环境、情境和语境。优化英语学习环境,就是从学生的认识水平、思想状况、英语基础、学习内容和学习要求等方面进行周密思考,利用和改善现有的环境,创造适合的环境,使学生能够参与交际,乐于参与交际并在参与中得到听说读写方面的有效训练。

二、营造浓郁的外语教学氛围

让学生们感受语言的魅力,使其"心动"外语教师的举止要大方、自然、富有异国情调,发音要尽量纯正、地道,人物的言谈举止,一颦一笑,要尽量模拟到位,从而让学生感受到语言是活的、富有生命力的。外语教师要把外语课堂变成交际性的大舞台,充分利用直观教具和现代化的教学媒体创设直觉、视觉感应良好、易于模拟、理解的交际场景。语言是文化的载体,外语教学要时时将课本中的文化背景知识渗透到课堂教学中,学生们体验到异国文化确实带给他们新鲜、有趣、刺激的感受,于是他们渴望了解外面的世界。教师可因势告诉学生希腊文明、爱琴文明源自欧洲,神奇的玛雅文化源自美洲,音乐之乡在奥地利,剑桥大学、哈佛大学是留学、寻梦的理想大学。外语是帮助你们了解外国文化的最好工具,摄取它可以融入更广阔的世界。语言的魅力源自语言本身,学生们对外语产生了浓厚的兴趣,强大的内驱力促使他们更加积极、主动地学习。

三、创造师生平等的课堂环境

Rogers人本主义教育心理学十分强调师生关系,认为教育的成功很大程度上依赖于教师和学生间真诚、接受、理解的态度。因此,在课堂上创造师生间平等和谐的氛围至关重要。上课前学生和老师问候时可以不起立,学生回答问题时也可以不起立,学生在课堂上可不用举手随时提出质疑。学生和教师观点相反时,允许辩论,允许保留意见,教师对自己的过失要勇于承认,立即纠正。另外,在教学安排上,教师可根据大纲的要求和目的,从学生角度出发,与学生共同讨论决定部分授课内容和方式。这样师生感情融洽,配合默契,教学任务也就能顺利完成。

四、从消除学生的心理障碍入手,创造愉悦的互动氛围

(一)消除理念上的偏差,调整好心态。

(二)把握好自尊心与虚荣心的度,正面引导并利用。

(三)上好前三次课,让差生敢开口、会开口。

第四节　对教师自身素质的要求

一、对教师的自身教学观念、专业素养、教学能力提出了更高的要求

（一）更新教育教学观念，以全新的理论素养和现代的视野引领课堂教学的组织形式。

（二）提高自身专业素养，迎接全新的课堂活动带来的挑战。

（三）增强实践教学能力，实现以学生为中心的课堂教学。

二、构筑英语教师的个人魅力和风格

除了教师应有的基本道德素质以外，还有一个公式：一个好老师＝信心＋耐心＋爱心＋个人魅力和风格。

（一）教学活动是在以人为本的教师和学生之间展开的，教师能否给学生留下美好的第一印象，对以后教学活动的顺利开展起着重要作用，因此教师的外在魅力应该表现在：穿着整洁，打扮得体，形象宜人，赏心悦目，给学生以吸引力；做演员式的教师，言行举止，处处得体，以师者的风范，给学生以感染力；标准而流畅的英语口语表达，给学生以征服力。

（二）作为教学活动的组织者、协调者、向导、顾问、管理者（Breen and Candlin：1980），教师的人格魅力深深吸引着学生并对其有着潜移默化的影响。优秀的外语教师不但专业过硬，还要具备良好的素质品质，如无私的奉献精神、强烈的责任感、爱心、敬业、严谨、真诚、坦率、谦虚、良知、自尊、自爱、自强等，所有这些对学生的外语水平的不断提高，能力的不断增强都起到积极的作用。作为老师，首先要站在学生的最前面。以身作则，严于律己，以理服人，以情动人，说到做到，充分运用自己的个人特点和良好性格感染学生，让学生意识到自己言行举止的重要性。老师是学生的榜样，其言行举止潜移默化地影响着学生的学习和生活。只有严格要求自己的老师，才能培养出严格要求自己的学生。

三、增进与学生有效的情感互动

外语课堂教学语言实践活动量大,活动频率高,为了更好地完成信息量的输入,教师在精心设计教学内容的同时,要更多地融入自己的情感,并关注、激发、唤起学生的情感。任何先进的传播媒介,之所以不能完全取代教师,重要原因就是教师能创造富有情感的氛围。

(一)关爱学生

教师要有丰富的表情语言——和蔼、可亲、大度,说话有礼貌,尊重学生,承认学生的个体差异,用平等的态度对待每个学生,能容忍学生暂时性、过渡性的错误,不呵斥、批评、讽刺、挖苦学生,多给学生以成就感,帮助学生树立自信心。从某种意义上讲,教育是师生心灵上的微妙碰撞,老师富有情感的一个眼神,一个微笑,一个手势,一个点头,一句鼓励,都会传输丰富的情感和无形力量,拨动学生的心弦,点化灵犀,激励勇气,增强自信,有效地消除学生的一些心理障碍。

(二)走下讲台,拉近师生之间的距离

为扩大讲课的覆盖面,拉近与学生的情感交流,教师要放下架子,走下"神坛",多角度、多线路、变换角色深入到学生之中,让学生感受到教师平易近人的教学风范,学生"亲其师"必"信其道"。在班容量较大或较小的情况下适当调整学生座位,如双排分法、四小组分法和U型分法等。教师活动线路可以是"8"字型、"S"型等。

(三)做个有心人

在学生回答问题、表演对话时,教师要聚精会神地倾听。因为倾听本身就是对学生的尊重,也蕴含着对学生所发出信息的尊重。教师要爱学生的行为,爱学生的情趣,爱学生发自内心的奇思异想。所有这些爱的表达都是通过无声的行为来体现的,学生们从教师投入的眼神中感受到了鼓励和勇气,他们会积极思考、大胆发言,愿意与教师交流、沟通。同时教师还可通过行动细节和学生建立密切的情感。例如,在你倾听他们表演时,轻轻拍他们的肩膀,鼓励一下。在你注意到他书写不规范时,俯下身来在他本上单独示范一下。发现他紧锁双眉做题出现困难时,走过去帮他分析、解决。这些不起眼的"小动作""小帮助"也许会给学生们留下深刻的印象。

第五节　加强对学生学习策略的培养

通过调查，笔者发现绝大多数学生喜欢以一种自然的方式学习，并且他们喜欢有老师的指导，同时大多数学生不习惯自己独立学习英语。因此，教师应多介绍给学生有效的学习方法，加强学生学习策略的培养，以此促进学生的自主学习。

在语言习得理论中，语言学习策略是指学生在发展第二语言或外语技能中，促进学习而使用的具体行为，步骤或技巧。它包括六个方面：1.元认知策略（诸如注意力集中、有意识地寻找练习机会、制订学习计划、自我评价学习的进步以及减少错误等）；2.情感策略（如降低焦虑、自我鼓励等）；3.社会策略（如积极与目标的本族语者的接触和文化意识等）；4.记忆策略（如归类和意象等）；5.一般认知策略（如推理、分析、概括和操练等）；6.补偿策略（如根据上下文猜测意义以及迂回表达等）。

一、对学生进行元认知策略的培养

学习者的元认知水平高，其学习的自控能力、自觉性、目的性、计划性、灵活性和领悟性强，且善于选择适合自己的学习目标、途径和策略，因而学习能力强。要教会学生学会学习，就要培养学生的元认知，并促进其发展，只有动机明确、肯下功夫并乐此不疲的人才能真正学会学习。另外，要学会学习，学习者必须发展独立学习的能力，驾驭整个学习过程，因此要自觉地制订学习计划、实践学习计划、进行学习评价这几个环节抓好，这些都需要学习者具有较强的自我监控能力。

除了向学生进行外语教学的重要性教育，更重要的是让学生明白大学英语学习的阶段性目标是什么，在听、说、读、写等方面向学生提出具体的要求。让学生朝这个目标主动发展，有意识的依据目标制订学习计划、进行实践及评价自己的学习过程与结果。要求学生根据教师提出的要求去制订计划，课堂上时刻保持高度的注意力，主动参与分析、推理、归纳等认知过程；主动寻找或创造机会，进行语言交际训练；主动做好预习、复习工作；主动拓展与语言学习有关的知识。

教师应培养学生对学习有一个很强的自我管理能力。这种能力可分为宏观调控能力和微观调控能力。宏观调控能力指经常对学习进步和学习策略进行反思，并及时做出调整。比如说，不能流利回答教师的问题，是什么原因？考试失利了，又是什么原因？学习者应常常根据自己的认知特点对自己的学习方法有所反思，微观调控发生在学习活动之前、之中或之后。例如，对不同的阅读任务，要运用不同的策略，对常用和不常用的单词，也要采用不同的策略。一个学生如果能对自己的学习过程进行监控，对自己有分析、有评价；对语言学习策略有选择、有评估，一发现问题，及时调整，这就掌握了学习的主动权，就能避免学习策略使用上的盲目性、随意性，这个学生就是一个优秀的学习者。

二、情感策略的培养

在具体的学习过程中，尽管学生目的明确，主动性较强，也难免会碰到困难和挫折，产生急躁情绪或焦虑感，给学习带来负面影响。教师应训练学生保持良好的心理状态，使用情感策略来控制自己的情绪保持较强的学习动机，减低焦虑，自我鼓励，使整个学习过程平稳向上。

情感策略的培养应贯穿于教学的全过程，在"说"这项基本技能方面尤为重要，学生在口语练习中常产生焦虑感，而焦虑感与学生的口语水平通常是负相关。不少孩子比较拘谨、害羞、爱面子，因而，教师应该创造一个宽松的教学环境，鼓励学生克服心理障碍，大胆参与交际，积极与人配合。在课堂内与自己的语言伙伴（Partner）配合好，在课外与更多的同学一起操练，在社会上主动与目标语的本族语者交际。久而久之，会养成良好的说的习惯，从怕说到敢说，从敢说到想说，主动说。情感策略的培养还包括对学生意志和毅力的培养。教师在学生的整个学习过程中，应经常注意学生的情感变化。对于不能持之以恒的学生来说，应以鼓励为主，帮助他们建立起自信心和始终如一的学习态度，帮助他们正确对待成功与失败，战胜自我，不断完善。

三、社会策略的培养

与他人合作学习和求助他人是社会策略的一个特点。在口语训练中不与他人合作显然是不行。学生在求知过程中所持的态度和方法应是积极的或者说具有进攻性的（aggressive），而不应是被动的（passive）。比如，碰上同学和老师应主动用英语打招呼；平时在学校里可常用英语与同学对话等。另外，尽可能多地与目标语的本族语者进行交流，这是提高外语水平的良好途径。

社会策略培养的另一个重要组成部分是帮助学生认识、了解目标语国家的文化习俗、社会结构、政府职能、科技教育等。教师应指导学生通过看录像、看电视、听讲座、阅读有关的书报杂志等途径了解目标语国家的文化背景。

四、一般认识策略的培养

一般认知策略与个人的学习任务更为直接相关，它包括推理、分析、概括和操练等能力。就语言教学来说，怎样围绕听、说、读、写等能力对学生进行学术指导，就是认知策略培养的具体实施过程。在此以听说能力的认知策略的培养为例，进行进一步的说明。

听与说是不可分割的，能听懂英、美人士的地道英语，能说一口纯正的英语，是语言学习者向往的一种境界。通往这种境界的渠道很多，对大多数学生来说，课堂是主渠道。师生间的课堂讨论是听说能力实践的主要阵地。学生在不同的课堂类型中应运用不同的认知策略，即不同的认知方式。

例如在讲授课上：认真听教师和其他同学的发言和讨论并能监控他人的言语；积极参与课堂讨论，对自己的言语进行监控；其他同学在回答问题时，首先自己进行默答，并比较自己与他人的言语差异；不仅关心语法和语言的表面形式，还注意语言形式在不同社交场合中的意义。

在讨论课上：结伴对练时主动、有信心。注意捕捉对方有用信息，运用已学的语言知识发展对话。避免流于形式，避免母语的干扰，切忌生搬硬造；课前就教师布置的题目认真准备；克服焦虑感，踊跃发言，如有必要，可借助实物、幻灯和投影仪帮助阐明观点；注意别人的发言，特别是注意他人表达时所用的精彩片段，用简单扼要的几个句子在心中将他人的发言加以概括或提炼内化成自己的东西；重视教师对自己和他人发言的评价和总结性发言；课后及时反思和总结。

在听力课上：重视教师对所选教材的说明，琢磨该教材的编排特点，明确训练的方法，进程和目标；重视热身训练，调整好自己各感官的功能，尽快进入状态；养成在听的过程中快速摘记重点词的习惯，善于抓住文章脉络，捕捉有用信息。

在录像课上：注意语言在不同社交场合中的使用；注意日常生活中大量使用的习语、俚语、俗语；注意不同民族的文化差异；注意模仿故事中各种人物的交际方式和语言表达方式。

除课堂渠道之外，教师还应帮助学生运用以下一些辅助性的认知策略。例如，参加英语角、听英语歌曲、短诗等，还可看些原版的电影。

五、记忆策略和补偿策略的合理运用

大学生学外语最头痛的问题莫过于单词的积累和文章的背诵。教师应帮助学生获得并运用一些记忆策略和补偿策略。例如,对词汇能否区分重要的和不重要的,并对此采取不同的策略;把猜词义和查字典有机结合起来;不孤立地记单词,而是记短语、记句子并且把这一任务和课文结合起来;部分精彩段落应运用背诵;常用课文中的关键词进行话题讨论,逐步养成用英语思考的好习惯。

第八章　构建大学英语良好课堂互动的策略

第一节　明确教学目标

一、改变学生学习的被动局面，培养其创造性思维

互动式教学法就是给学生设计了一个展示自己能力的舞台，学生在这个舞台上可以尽情地表现自己的专业知识、语言艺术等多方面才能。为了使教学内容充实，突出自己的教学个性，他们不但要查阅大量的参考文献，而且在此基础上将之分析、归纳、总结，并提出自己的见解，这不仅有利于拓展其专业知识的深度与广度，更重要的是有效地调动了学生学习的主观能动性，有利于充分发挥其创造性思维与个人特长。

二、培养多种能力，提高综合素质

要想讲好一堂课，除了熟悉所授内容外，还必须有良好的心理素质以及语言表达、文字板书等各方面的能力。因此，互动式教学的实施无疑使学生在以上各方面都得到了锻炼机会。俗云"三折肱为良医"，"准教师"的经历必然为其日后求职应试，在激烈的社会竞争中立于不败之地打下良好的基础。而且，学生通过备课、授课，还能深刻体会到教师的艰辛，并因此更加尊重老师的辛勤劳动，更懂得把握好课堂学习的机会。

三、教学相长，提高教师的教学水平

从某种意义上讲，学生是教学的"上帝"。而他们最欢迎什么样的方式、什

么样的语言传播知识往往通过他们自己的教学思维、教学方法、教学风格反映出来，因此走下讲台的教师能从中得到启示，获得灵感，这对今后改进教学方法，提高教学水平必然不无裨益。

第二节　互动式英语教学的实施原则

一、普通性原则

创新精神和实践能力的培养要面向全体学生，体现其普遍性原则。创新潜能不是少数尖子生独具的。发展心理学认为，每个学生都具有创新的潜能，关键在于教育的开发。因此，教师应善于发掘蕴藏在学生身上的创造潜能，并将期待的目光投向每个学生。

二、差异性原则

创新精神和实践能力的培养必须充分考虑到个体间发展的差异，应针对不同层次学生的具体情况，制定不同的学习目标、学习内容和方法。学生的创新与成人的创新活动是有区别的，其创造的价值更多地表现在学习过程中，主要是促使他们通过自主探究去获得成功的体验。因此，教师在组织学生开展创新实践活动时，一定要从他们思维的实际发展水平、知识基础和生活经验出发，目标不要过高，内容不要太难，不可将"苛求"当成"严格要求"。

三、活动性原则

要注重通过开展各种活动，如动手操作、实践探索、调查研究等来培养学生的创新精神和实践能力。在学习过程中，基础知识和间接经验的学习是十分必要的，但问题探究的过程远比直接获得结论更重要。"在黑暗中摸索"要比"等待火炬引路"更有益，奋发进取要比坐享其成更可贵，这就叫作"过程价值观"。

四、激励性原则

在创新精神和实践能力的培养过程中，教师应注重运用激励性评价的策略来激发学生的兴趣、好奇心、求知欲和想象力，并要全力支持他们的质疑问难绝不能置之不理，横加干涉，甚至一味地指责。要让激励性评价真正成为"培养创造精神的力量"。

第三节 互动式英语教学的常用教学形式

一、提问式师生互动

通过提问，刺激学生用英语进行交际，做好课前热身准备。教师根据课文内容及学生的预习情况，对学生较熟悉的课文内容或感兴趣的话题采用师生问答的形式。教师在设计问题时，应具有艺术性，努力构建一个充满人文关怀，人人感到轻松愉快，人人期盼参与的语言交际教学情境，建立起和谐融洽的师生关系，使英语学习过程生动有趣。学习内容力求与生活密切联系，如笔者在每节课前就有关学校生活问题设计了一些对话，通过挑选这些与学生密切相关的或使他们感兴趣的话题，诱发学生交流的兴趣，教师与学生建立了关联，结合了学生的实际情况和需要，培养了学生的交际能力。

在经过课前几分钟的"热身话题"之后，可以过渡到本单元的内容讲解上来。在课文内容讲解中，提问式互动教学主要有三个步骤。

（一）预习课文

在学习每一课前，教师应布置学生预习课文内容，让学生对文中内容形成自己的观点。

（二）让学生分析课文

通过对课文的学习，要让学生不仅理解课文的含义以及语言特点，而且能够列出文章的提纲，给出每段的主题大意，明白作者用了什么样的写作手法、修辞手法，以及所产生的效果，教师在教学过程中应该注意引导学生对课文内容发表自己的见解，在这一过程中，教师应起到"引航员"的作用。同时，教师根据学生的口头表达可以从中发现学生对语法、重要短语的掌握情况。

（三）为了确保互动式课堂教学取得效果，还要进行巩固练习

巩固练习可以采取复述课文、变换人称叙述课文或讲述课文的摘要。还可以

就文章的有关内容组织学生进行讨论，甚至辩论。这样通过课堂互动既能促进教师积极地把学生纳入自己的教学活动之中，充分调动其积极性，又能促进学生的能动反应，使得师生在共同作用下相互促进中达到提高学习者英语学习技能的目标。

二、小组中学生间的互动

小组合作学习它不仅有利于所有学生的参与，并充分展示各自的个性，而且有助于培养相互合作的精神，在互探、互学、互帮、互促的过程中，将个人的发现转化为共同的财富。

（一）小组划分的原则

合作互动学习小组的划分应遵循以下原则：无论是小组成员多少，都应力求在学业成绩、性别、性格等方面具有异质性和代表性，要每个学生看到自己的进步和不足，并在新学期树立自己努力的目标。

（二）小组划分的形式

第一种：也是较常用的一种，同桌为一个合作学习小组。其优点是随机进行，轻巧便于操作。第二种：四人小组。可由前后位四人组成，也可由相邻两对同桌组成。这种形式同样利于操作，尤其适用连锁问答，对句式的巩固练习有实效性。第三种：以桌子的一竖行分为一组。这种形式在单词复习中更具挑战性、复杂性。

（三）操作步骤

1. 出示探究问题

所出示的探究问题应具有一定的难度和挑战性，这样才有利于激发学生探究的主动性和小组活动的激情，从而充分发挥学习共同体的创造性。出示的探究问题如果贴近学生的生活，大家就会很感兴趣，便会进入热烈的讨论。

2. 小组合作探究

小组讨论要分一定的步骤展开。可建立4至6人的异质小组进行，并给予时间上的充分保证，促使学生在活动中相互切磋、取长补短。教师可巡视或参与某个小组的讨论，了解情况并有针对性地进行指导。实践证明，异质小组的活动不仅可增强学生学习的主动性，而且学生间的互教互学可以收到教师——讲解难以达到的效果，从而促使学生认知、情感和语言表达技能的均衡发展。

3. 组际间互相交流

在组长带领下，经过畅所欲言，共同探究，相互启发，互相补充，得出较完整的答案之后，由小组派代表阐述各自的意见，进行全班交流。发言中如出现错误或遗漏，可由本组其他成员纠正或补充。如有疑问，其他组则可提出质疑并进一步展开讨论。在交流时，也可采取小组集体表演的方式汇报讨论的结果。总之，教师应鼓励学生发挥想象力和创造力，表达出自己独立的见解，并展示各自独特的表达方式。

4. 总结规律

在组际交流之后，教师应及时做出公正的评价，并引导学生将各组的观点、答案进行整理、分析、归纳和概括，从中找出规律性的东西，由此形成共识。总结时，教师应有意识地渗透学法指导，要引导学生回顾过程和方法，使他们有所感悟。当然在学生互动过程中，教师既不能"主宰"学生学习活动的全过程，也不能推卸指导的责任，而应将有效的指导、平等的参与、鼓励学生自主选择并主动探究有机地结合起来。

（四）小组合作互动学习的全体性、趣味性和创造性

1. 小组合作互动学习的全体性

在合作互动学习过程中，要充分利用多种形式面向全体学生，既要让尖子生更尖，也决不放弃任何一个学困生。尽管老师采用了多种形式、多种方式组织教学，班级中也难免有个别学生因为智力、习惯、家庭等原因使他们成为学困生。在这种情况下，可以采用谈心、家访、学生之间"一帮一"等活动形式，引导这些学生跟上教学进程。课上还要注意纪律、学生精神状态的随时总结，分组竞赛、游戏教学时，做到课堂气氛活而在序、热烈而紧张。

2. 合作互动学习的趣味性

英国语言学家们认为，英语教学中"趣味性"问题是头等重要的问题，它是英语学习变得容易的前提。"趣味性"互动活动能使英语课生动、活泼，使学生产生积极主动学习的愿望。"趣味性"活动在英语教学中有许多，如歌曲、表演、猜谜、画画、说唱、竞赛等。这些都是英语学习中喜闻乐见的学习互动形式。

3. 合作互动学习的创造性

在合作互动学习中，师生都要发挥其创造性。好的老师，可以将不好的教材变成好教材；不好的老师，可以将好教材变成不好的教材。也就是说，教师除了要提高自身能力以外，还要创造性灵活的使用教材，可以根据学生的特点进行变

通、引申及创新。教材中的情境,力争较真实的再现于课堂并创造新的环境,使学生乐于参与,到讲台上锻炼英语表达能力和胆量。

三、趣味英语互动活动

丰富多彩的趣味英语活动符合语言本身的交际功能,同时也能寓教于乐,充分体现教师的主导地位和学生的主体作用。

(一)自我介绍或互相介绍情况

就是依据所学内容,在小组或全班互相交流,交流的内容可随着知识量的增大而加深。

(二)英语小品

教师拟出一个话题,给出话题涉及的常用词语或句型,让学生在下节课上表演。让学生课后自己设计生活情景,编成英语小品进行排练。教师鼓励学生尽量多用英语,而且把使用英语的多少作为小品评分的标准之一。小品可长可短,教师要强调,不单纯以长短定优劣,编演质量也很重要。词语使用是否得当,语音语调是否正确,表情动作是否优美,这些都属于质量标准的范畴。为了增强表演效果,学生表演时可备有简单的道具,教师要在各组安排水平较高的学生,以保证小品的质量。同时,也允许学生自由组合,全体学生都是演员。教师要计划和安排每个组表演的时间,让每个学生都有展示自己才能的机会,使优生和差生都能获得成就感。一个组表演过后,教师要提问观看表演的学生,要求每人说一句从小品中听到的英语句子,而且不能重复别人说的话。然后,教师让全班学生发表简单的评论,以肯定成绩为主。这样做,可使学生能够注意观看小品表演,有利于发展学生的观察能力和评价能力。最后,教师做简单的总结和评价,并在黑板上标出分数,以示鼓励。教师对表演过程中学生明显的语言错误先不予以纠正,留待总结时指出。小品表演和教师总结的时间一般不超过10分钟。

(三)歌唱游戏

英语歌曲和游戏是改变日常课堂活动的另外两种形式,能大大激发学生学习英语的兴趣。笔者除了经常利用零星时间放英语歌曲让学生欣赏外,还时常在课堂上有意安排教唱英文歌曲。

除此之外,还有看图说话、角色扮演、猜字谜、填字游戏等形式多样的互动活动,我们可以灵活地采用。

第四节　互动式英语教学的实施环节

以《大学英语精读》第二册第二单元 Lessons from Jefferson 为例，互动式英语教学的具体实施如下：

一、教师以提问的方式启动课堂教学

在"交流—互动"的教学中，学生的动是以教师的启动为基础的。教师在讲授新课前对学生做适当的引导，在讲授较难理解的课文前，先向学生介绍一下有关背景知识并提出教学要求，为学生的理解打下良好的基础。教师主要做好引导工作，扫清学习新知识的障碍，为学习新课提供丰富的感性材料。

二、教师提出教学目标，并对文章语言点进行讲解

在新授课伊始，教师要根据学生心理、生理上的特点，制定切实可行的、学生容易达到的"阶梯式"的教学目标，然后向学生提出本课的学习目标。然后，教师对语言点进行重点讲解。

三、布置学生自学任务，以小组为单位进行讨论

教师明确学生自学的方法和要求后，由学生个人自学，让其自己去发现问题、研究问题、探寻知识，在学生自学、初步感知的基础上，开始小组讨论。然后各小组的成员用英语汇报自己的预习情况，主要回答本课的学习目标和自学目标；组内成员采用轮流提问题的形式；小组长把各组员在自学中遇到的问题总结起来让大家一起思考、讨论；最后各小组长把组内不能解决的问题归纳起来，以便在组际交流时能解决这些问题。

在这个过程中，教师要充分发挥其主导作用，通过巡视和参与，笔者发现大多数学生通过自学能较好地理解课文内容，基本上能正确回答问题，但是也有一部分学生回答不够完整，这时，教师不能讲解、包办过多，要相信学生，让他们自己设问、答疑，当学生有困难时，教师不要轻易地给他（她）"标准答案"，而是设法引导，让他（她）自己做出正确或接近正确的答案。通过学生自学，在此基础上进行讨论，组内同学相互学习，团结协助，共同达到学习的目标。

四、教师组织小组间相互交流、讨论

在小组讨论后，进行组际交流，也就是全班同学一起交流，教师先让讨论得比较成熟的小组代表发言，汇报该组对知识的理解程度，其他各组做出补充、质疑和评价，再由各组提出本组的疑难问题，组际之间进行讨论、解答。经过一阵激烈的讨论后，学生对课文的内容有了更深刻的理解。在讨论的过程中，教师一定要做好调控，让学生的讨论始终围绕课文中心和话题，突出关键问题；最后，教师不失时机地进行引导，师生共同对所学内容进行归纳，形成一致意见。这样，不仅使每一位学生都可以在课堂上大胆、尽情地交换各自的看法，使学生能积极主动地获取知识，提高他们的自学能力和分析、判断、推理等多种思维能力；而且在不知不觉中，学生的语言技能也得到提高，学习潜能和创造力得到发挥；更重要的是培养了学生团结合作的精神，克服了自我中心、胆怯等不良心理品质。

五、教师组织适度的练习并对学生学习效果进行及时的评定

在组际交流后，教师按一定的评价标准对各个学生进行全面、客观、准确的评价。而课内练习是学生巩固知识的必要环节，也是检测教学效果的有效手段，教师及时运用预先设计好的练习题，从知识的不同层次、不同侧面让学生练习测试。在学生自练的基础上，让其互评、互议、互批、互改，对其中出现的代表性问题，教师也不急于讲解，而是采取全班讲座的形式，通过学生互评、师生互评等手段来解决。采用当堂检验教学效果的方法，反馈迅速，校正有效，有利于提高英语教学质量。

值得注意的是：在互动式教学中，要处理好实施互动与传授知识的系统。英语教学涉及语言知识和语言技能两个方面，其中语言知识的掌握，提高则需要训练。二者相互渗透、相互促进。大学英语课堂采取互动的教学方法，就是为了促进学生语言技能的形成与发展，这符合现代语言教学的主旨。但是，语言技能离不开语言知识，适当传授语言知识是必要的，而且能促进语言技能的发展。因此，课堂互动与传授知识之间并不是相互排斥的。课堂教学要在重视传授语言知识的同时，充分利用互动来发展学生的语言技能。

另外，要确保课堂互动活动内容围绕教学内容进行，以教学任务为中心，不

能以形式为中心。实施互动时要使互动有计划、有组织、有针对性地进行，防止出现课堂秩序混乱的局面。教师应把握好互动的密度和频率要适中。课堂互动的密度和频率要依教学需要而定。一般来讲，互动的密度不宜太大，太大会引起学生的厌倦，使互动质量下降；也不能太松懈，太松懈会降低学生的语言敏捷度，对语言的后继发展不利。通常情况下，互动密度和频率应保持在能使师生集中注意力提问与应答为宜。互动前应给学生一定的时间热身。互动结束后，要总结和评价。

第五节　互动式英语教学评价

教学评价是互动式教学的一个重要环节。全面、客观、科学、准确的评价对于实现教学目标至关重要。它既是教师获取教学反馈信息，改进教学方法，保证教学质量的重要依据，又是学生调整学习策略、改进学习方法、提高学习效率的有效手段。

采用互动式英语教学，其目的不同于传统的讲授式教学。因此，对教学效果的评价必须是一种全新、特殊的标准。它不仅包括传统意义的测试，还包括整体过程评估。也就是说，评估是由学习过程的参与者，即教师和学习者共同完成的，渗透于每个学习环节之中。不仅鼓励教师与学习者之间的互评、学习者相互间的评估，更要强调各自的自身评价。不仅评估教师的表现和学习者的成绩，还要评估各个阶段的各个因素。这种提高自身认识的活动可以促进学习者监督和评价自己的学习过程。

互动式英语教学成绩管理方面，改变了过去的一卷定终身的方式，对学生的评估包括期末测试和过程评估两部分。学生的平时成绩记载实行累加制，由下载网络的资料、摘要、作文、课堂发言、出席等方面构成，对学生的评价应从课前的预习情况、课堂上所提问的水平、回答问题的质量、课后练习的完成情况以及课堂活动的参与程度、学习动机等方面来进行，应占总成绩的70%以上，主要是对学生的互动行为、学生互助精神、学生的心理健康程度、学生主动学习的过程、学生主动学习的方式等进行教学评价。学期末进行测试，以评价学生综合应用英语的能力为主，内容包括英语口语、听力、阅读和写作四部分，占总成绩的30%左右。使其能真正地检测出学生的语言综合应用能力，而不是考试能力。调动起学生平时学习英语的积极性，使其具有主动性和责任感。

第九章 教师话语的等同互动性

第一节 互动性话语与学生课堂参与程度

互动与课堂参与的关系十分密切,可以说是相辅相成的关系。互动程度较高的课堂上,学生参与程度也会较高,反之亦然。那么如何提高课堂的互动程度呢?除了设计互动性教学活动以外,教师应尽可能使用互动性话语。如果教师能够使用互动性语言,不仅能提高课堂教学过程的互动性,还能提高学生的参与程度。请看下面的例子:

T=Teacher, SS=Students

T: Now today, we will like to learn a new lesson, that's Lesson Seventy-three(在黑板上书写)"Lesson Seventy-three" That's the…

SS: Seventy-third lesson.

T: Very good, seventy-third lesson(板书)-OK. This lesson is in a new unit. That's Unit...

SS: Nineteen.

T: Yes. It's about weather report.

SS: Report.

T: Weather report. Do you know the word weather?

SS: Yes.

这个片段是每节课最开始的一个环节,主要目的是告诉学生今天要学哪个单元的哪一课,这一课的话题是什么。学生所使用的教材是按单元、课来设计的。每个单元有4课,所有单元的课连续编号,这样第19单元的第1课就是第73课。在这个片段中,教师不是直接把课的序号和话题告诉学生,而是巧妙地引导学生自己说出来。所以,教师说完"that's Lesson Seventy-three"之后,没有直接说"that's the seventy-third lesson",只说了"that's the..."让学生自然而然说出"the seventy-third lesson"（在初中英语教学中，很多教师都会把课的序号分别用基数词和序数词分别说一遍）。教师说完"This lesson is in a new unit"之后，也没有直接说"that's Unit Nineteen"，而是让学生说出"Nineteen"。同样，在说明本课的话题时，教师也没有直接说出"weather report"，而是让学生说出来的。教师这一巧妙的话语使用技巧在她后面的教学活动都坚持使用，在一定程度上提高了学生的课堂参与程度。当然，我们也发现她这一技巧也有使用不当的地方。比如：

T：Uncle Wang mended the TV set for her.

SS：Her...

T：Is uncle Wang's home far from here?

SS：NO. It is not far from here.

T：It is not...

SS：Far from here.

在这个片段中，教师在两处有意停顿，让学生说下面的内容，一处是"her"，另一处是"far from here"。其实，这两处没有必要有意停顿让学生说，特别是"Uncle Wang mended the TV set for her"中的"her"，因为作为代词的"her"在句子末尾，且不是句子的信息重点。教师在此处停顿，让学生说一个代词"her"，显得不是很自然。这样做容易让学生养成一种总是重复教师话语末尾部分的习惯。这一点在这位教师后面的教学活动中有较为明显的体现。

英语教师在课堂上自问自答的情况比较普遍。教师提问以后，学生还没有来得及思考和回答，教师就说出答案。有的教师这样做是为了节省时间，有的教师则是认为学生不知道正确答案，所以替学生回答。其实，教师自问自答的做法，表面上可以节省时间，实际上往往会降低课堂上学生的参与程度。请看两个例子：

T：Yeah. It's a car. What color is It? It's red. It's a red car.

T：I want to go to the shop. Where is the shop? Look, It's over there.

第一个例子中，教师向学生出示红色汽车图片，问学生"What color is it?"未等学生回答，教师立即说出"It's red. It's a red car."在第二个例子中，教师希望教授单词"shop"。她创设了一个简单的语境，希望学生能够从教师的话语以及黑板上图片的提示来理解"shop"的意思。可惜的是，教师在提问之后，自己立即说出"Look, it's over there."在这两个例子中，教师都是自问自答，学生失去了参与的机会。如果教师稍等片刻，让学生说出答案，不仅有利于学生自己建构知识体系，而且有利于提高学生在课堂上的参与程度。

第二节　话语的等同互动性以及意义构建

二语习得理论认为，语言学习的重要途径是在意义协商的过程中建构意义。在意义协商过程中，教师和学生通过说话的方式传达信息，沟通思想，建构意义。学生在这个过程中接触语言、体验语言、学习语言和使用语言。意义协商的过程主要关注语言的意义，而不是语言的形式。虽然"意义协商"和"建构意义"这些概念好像只限于二语习得研究领域，但实际上，即使在传统的语言教学课堂上，也有相当一部分教学活动属于意义协商过程。意义协商主要通过师生之间的互动来实现，而互动的基本形式就是话语。因此，互动式话语在英语课堂上起着十分重要的作用。在词汇教学和语法教学的过程中，以建构意义为目的的互动非常重要。请看一个教学片段：

T：And what do you usually do at night?

SS：Watching TV.

T：You watch TV. Mhm. You need a TV set.

SS：Set.

T：You need a TV set.

SS：Set.

T：Good. Do you have a TV set at home?

SS：Yes.

T：I do. I do. I have a TV set at my home. OK, good. My TV set was broken yesterday. So I ask Uncle Wang to get my TV set. Then today I will go to Uncle Wang's to...

SS：To get your TV set.

T：To get my TV set.

SS：TV set.

T：To get something back, for example. This is my pen. OK now. I give my pen to the girl now I want it back.

SS：Thank you.

T：OK. Thank you. Then I got the pen back.

SS：Back.

T：Got the pen back.

SS：Back.

T：Understand?

SS：Yes.

  这个教学片段主要是为了教授"TV set"和"get something back"这两个词汇项目。整个教学过程就像一段连续的自然交流。为了引出"TV set",教师说"You watch TV. Mhm. You need a TV…"这时教师没有直接说出"set",而是等学生说出来。同理,为了引出"to get my TV set",教师创设了把电视机送到王叔叔家去修理的情景,然后教师说"today I will go to Uncle Wang's to...",引导学生说出"to get your TV set"为了呈现"get something back"这个表达法,教师即兴在课堂创设了一个情景,很自然地展现了这个表达法的意义。这个片段的突出特点就是在互动中进行意义协商,帮助学生建构知识和概念体系。

  尽管现代外语教学不主张教师直接讲解词汇、语法等语言知识,词汇和语法的学习仍然是英语教学的重要内容,但很多教师都感觉到词汇难教,学生感到词汇难学。其实,词汇之所以难教、难学,一个主要原因是教和学的方式不够科学,教和学的效果不尽如人意。比如,很多教师在进行词汇教学时,直接把词汇的中文意思告诉学生,然后让学生跟读、拼写。这种看似直截了当、效果明显的教学方式其实并不利于学生真正理解词汇的意义和用法。如果学生能够在教师的引导下,通过自己的观察、思考和感受来理解词汇的意义和用法,学习效果就会好一些。在这方面,教师的话语起着重要作用。无论以何种方式进行词汇和语法教学,教师话语是必不可少的。教师话语是否使用得当,直接关系到语言知识学习的效果。互动式的话语有助于提高词汇教学的效果。请看下面的例子:

  T：Now, I would like you to learn some new words. I would like you to learn some new words. First, long, long, look at this one, this and this one(教师向学生展示几样较长的物品。)This one is very…(教师展示一样较短的物品。)

SS：Short.

T：And this one is very…(教师展示一样较长的物品)

SS：Long.

T：Very...

SS：Long.

T: OK.

这个片段主要教授单词"long"。教师没有直接告诉学生这个单词的意思是"长",而是通过互动以及实物展示来让学生体会"long"的含义。值得注意的是,在这种情况下,教师出示的实物必须能够表现单词的意义,否则就不利于学生学习。

词汇教学除了可以借助实物、动作、表情等以外,还可以充分利用语境。如果教师能够为目标词汇设计一个合理的语境,并根据语境与学生进行互动式交流,词汇的意思就会不言而喻。请看下面的例子:

T: OK. Yeah, but long here has another meaning. Now listen to me it rained hard yesterday and it rains hard this morning 5:00. The rain lasted long.

SS: Long.

T: The rain lasted long.

SS: Long.

T: Here the word long means the time...time is long.

SS: This is long...long.

这个片段的目的是教授 long 表示"时间的长短"的含义(在此之前已经教授了表示长度的含义)。显然,这个意义不适合通过实物来体现,所以教师创设了一个语境:昨天雨下得很大,今天上午还在下,所以雨持续了很长时间。学生很容易就理解了"long"表示时间持续很长的意思,所以他们在教师的启发下说出了"time is long"。

在以建构意义为方式的互动中,教师和学生的话语应主要关注语言的意义,而不是语言的形式。当然,最好能够把形式与意义有机地结合起来(参见后面的讨论)。在互动过程中,首先要确保学生真正理解语言的意义,特别是新学目标语言项目的意义。比如在词汇教学中,教师应通过互动的方式帮助学生理解词汇的意义和用法。在学生理解词汇的意义和用法之前,应尽量避免进行拼写和语音模仿。

一些英语教师在新授词汇的教学过程中,往往急于让学生进行拼写训练。请看下面的片段:

T: Look at this cat, It's very cute.(教师出示猫的图片。)教师拼读单词并领读: C-u-t-e, cute. Spell the word.(这是教师让学生拼写单词的常用指令语)

SS: C-u-t-e.

T: Good. Cute.

SS: Cute.

T: What is cute?

SS: Cat is cute. Golden fish.

在这个片段中,教师的意图是通过图片提示、领读、拼写、举例和师生互动等形式来教学单词"cute",教师希望学生掌握单词的音、形、义和用法。但是,能否达到预期的效果则需要打一个问号。从教学过程来看,教师与学生的确进行了互动。在片段的开始,教师向学生出示一只猫的图片(应该为一只可爱的猫),并告诉学生"It's very cute."教师希望通过图片的提示使学生理解"cute"的意思是"可爱的"。但是,仅凭一张图片的提示很难保证大多数学生确实正确理解了"cute"的意思。这时,教师并没有通过进一步的意义协商方式来使学生理解"cute"的意义,而是拼读单词和领读单词,之后让学生拼写单词。然后,教师问学生"What is cute?"尽管两个学生分别说出了"Cat is cute"和"Goldfish is cute",但我们很难确信学生真正理解了这个单词的意义。这个片段的设计意图是通过意义协商来帮助学生建构意义(理解"cute"的意义),但是这个意义协商的过程被教师的单词领读、单词拼写等环节打断。表面上看,教师这样处理可以使学生对单词的音、形、义进行全面的学习(很多教师希望学生全面掌握)。但实际上,因为意义协商过程反复被打断,其效果就会大打折扣。

以建构意义为目的的互动应尽可能体现真实交际的特征。在尽可能真实的交际过程中,学生需要积极思考,充分利用已经掌握的知识与技能,表达真实的思想,这种学习过程有利于学生建构新的意义。在课堂上我们经常看到这样的情况:教师通过图片、单词卡片、例句等形式把新知识呈现给学生。教师不像传统教学那样直接把新学语言项目的意思告诉学生,而是希望学生通过观察图片和例子来理解语言的意义。但是,如果教师不善于使用互动式话语与学生进行真实的交际,学生也可能体会不到建构意义的过程。请看下面的片段:

T: Look I have a friend. It is very tall. What is it? You are right. You see. The giraffe is tall. It's so tall. Say after me. Tall, tall, tall, the giraffe is tall.

SS: Tall, tall, tall, the giraffe is tall.

T: Look. Is this a giraffe? No. It's a deer.

SS: No. It's a deer.

T: Is it tall? NO. It's short.

SS：NO. It's short.

T：Say after me. Short, short, short, the deer is short.

SS：Short, short, short, the deer is short.

T：You're right. You See. The giraffe is tall and the deer is short, I'm tall. You are short. What is tall and what is short?

SS：…

在这个教学片段的开始，教师向学生出示一张图片（一只高大的长颈鹿）。教师希望学生能够通过"I have a tall friend. It is very very tall. The giraffe is tall. It's so tall."等句子来理解单词"tall"的意思。之后教师让学生跟读"Tall, tall, tall, the giraffe is tall."之后教师出示一只小鹿的图片，通过"Is it tall?"这个问题的提示引导学生说出"It's short"这个句子。之后领读"Short, short, short, the deer is short."从师生互动的话语来看，学生似乎完全理解了"tall"和"short"的意义。但是，如果说学生完全理解了这两个词的意思的话，恐怕不是这个教学片段的功劳。因为，假如学生对这两个词是完全陌生的，那么当教师指着小鹿说"Is it tall?"时，学生是不可能马上说出"No，It's short"这句话的。所以，我们推测至少相当一部分学生已经学习过这两个词。如果大多数学生的确没有接触过这两个词，那么我们认为这种教学方式并不能保证学生正确理解这两个词的意思。在整个互动过程中，学生只有两次表达思想的机会，即"No, it's a deer."和"No, it's short."其余的说话机会只是跟读。即使学生在重复"Tall, tall, tall, the giraffe is tall."时，也不一定能够确信他们理解了"tall"的意思。顺便提及，在英语中能否用"tall"和"short"来修饰"giraffe"和"deer"可能还需要考察和研究，"a tall giraffe"和"a short deer"听起来总觉得别扭。

在以上讨论中我们举的例子基本上不涉及交流理解的困难，所以真正的意义协商过程并不明显。实际上，由于一些英语教师未能充分认识意义协商的作用，因此，在教学中不善于创造意义协商的机会。在学生确实遇到交流理解方面的困难时，教师不擅于通过意义协商的方式解决问题，而是转向语言知识的讲解。请看一个教学片段：

T：I would like to talk about new title. Now listen to the tape. Listen to the tape. OK? And then show something you heard.（学生听录音）This the text we will learn today. Can you catch the meaning? Maybe It's a little difficult, right? Because It's something new. Now Let me explain it to you. OK, now. It will be hot tomorrow...really.(在黑板上板书。)it be…(继续板书。)

SS：Be...hot tomorrow.

T：Will it...

SS：Be hot tomorrow.

T：Will it...It will...It will...Then we change it into will it...

SS：Will it...

T：Yes. How will you answer me. Yes?

SS：Yes，it will.

T：Yes，it will.

SS：Will.

T：Not it.

SS：Not it. won't. It won't. It won't.

T：It will not，then，combine the word. Will not. Yes.(在黑板上板书。)

SS：Will not.

T：It won't.

SS：Won't.

T：OK. Won't.

SS：Won't.

T：Won't.

SS：Won't.

T：NO. it won't.

SS：NO. it won't.

T：So...the bad weather last long? Will the bad weather last long?

SS：Yes，It will.NO，It won't.

T：OK. I would like you to listen to the tape again. Listen to the tape again and then answer my question，and then answer my question. OK?

在这个片段的开始，教师给学生播放一段对话的录音，之后教师问学生"Can you catch the meaning?"学生可能略有迟疑（实际上即使学生听懂了对话，也很难回答教师的这个问题），教师判断学生在理解对话上有困难（Maybe It's a little difficult, right?）。这时，教师并没有与学生一起再次听录音并通过互动的方式帮助学生解决理解上的具体困难，而是开始讲解对话中出现的语法结构。除了讲解以外，还进行了反复的跟读训练。那么这种做法是否能够帮助学生解决理解上的困难呢？其实不一定。首先，我们不能肯定学生理解上的困难是由于对话中某些新的语法结构不理解造成的。其次，讲解语言材料中的语法结构不能保证学生克服理解上的困难。

在英语课堂上，学生通过听或读，接触新的语言材料之后，教师可以通过师生互动的方式帮助学生加深对语言材料理解或检查学生对材料的理解情况。这种互动不应该是简单地重复或模仿语言材料，也不应该是以互动的形式学习材料中的语法结构，而应该是以意义协商的形式换一种角度重新建构意义。比如，如果所给语言材料中是 A、B 两人的对话，那么师生互动时就应该以第三者的角度来讨论 A、B 两人的对话，这样教师和学生不再是虚假地以 A、B 两人的角色进行交流，而是以局外人的角色对 A、B 两人的对话进行再解读，从而师生之间的交流就可能更真实、更有交际意义。另外，师生互动要更加注重所给语言材料背后的语境信息、语用信息等，而不能局限于语言材料本身。请看上面教学片段之后的教学环节：

T：OK. I would like you to listen to the tape again. Listen to the tape again and then answer my question, and then answer my question. OK?

SS：OK.

T：Ready?(学生听录音 30 秒)。OK?

SS：Yes.

T：Answer my question. Bad weather or good weather?

SS；Bad weather.

T：Bad weather the man said "What bad...What a bad weather".

SS：Bad weather.

SS：What a bad weather.

T：What a bad weather. Eh... It is snowing or it is raining?

SS：Snowing.

T：Snowing. Will the snow last long?

5S：NO. It wont.

T：NO. It won't.

SS：Wont.

T：How do you know?

SS：NO the snow will fall(unclear sounds)today.

T：Yeah. later.

SS：It's cold.

T：Yes here. So let me write down the words-tomorrow-later-later on-later in the dag-and soon-quickly-later. Then I would like you to make some dialogues. OK? I would like you to make some dialogues. OK? For example, What a bad weather. It Will be hot tomorrow. Will it be tomorrow? Yes, It will. Understand?

SS：Yes.

T：Now I give you 20 seconds to prepare, OK? Talk with each other. Now begin. (学生练习20秒之后)Anyone? Good.

SS：What a bad weather. It will be warm tomorrow.

SI：Will it be warm tomorrow?

S2：No. It won't.

T：OK. What a bad weather. It will be warm tomorrow. What is the weather?

SI：What is the weather?

T：Good or bad?

SI：Good.

T：Who likes to be warm? Who likes to be warm or be cold?

SS：Be warm.

T：Be warm. So you say what a good weather.

SS：Good weather.

T：What a good weather. Again, again!

SI：What a good weather. It will be warm tomorrow.

S2：Really? Will it be warm tomorrow?

SI：Yes. It will...

T：Thank you. Very good. Anyone? —OK.

S3：What a good weather. Will be sunny tomorrow?

S4：Yes. It will be sunny tomorrow.

除了建构意义以外，语言课堂上互动的另外一个重要功能是信息交流，即参与互动的各方根据互动的目的提供信息和接收信息。虽然课堂上的信息交流不都是真正意义的交流，但是信息交流活动应尽可能接近真实的交流。为此，教师需要创设恰当的交际情景，设置必要的信息沟。同时，在互动中要尽可能遵守信息交流的一般原则，如质与量的原则、合作原则等。在提供信息和接收信息的过程中，学生需要使用某些语言知识与技能。另外，以交流信息为目的的互动与语言操练活动是有很大的区别的。本节我们结合几个教学片段做进一步的讨论。我们首先看一位小学英语教师上课的一段开场白：

T：It's sunny today. Isn't it? The highest temperature is 25。C and the lowest temperature is 19。C.It's warm today.

这段开场白的目的是引入本节课关于天气的话题，但是显得很不自然。教师说出"It's sunny today，isn't it?"之后，未等学生反应就接着说"The highest temperature is 25。C and the lowest temperature is 19。C."在以信息交流为目的的话语中，信息提供者一般只提供信息需求者需要的信息。也就是说，只提供对方希望获得的信息。在上面的开场白中，学生并没有要求教师提供当天的最高气温和最低气温的具体情况，因此教师的话语显得不自然，教师好像是在自言自语。当然，如果作为寒暄式的交流，确实可以谈论天气，但这种情况下一般不涉及天气的具体信息（如最高气温和最低气温），除非听话人特别地提出问题，比如：

A：It's warm today. Isn't it?

B：Yes，it must be over 20。C，right?

C：Yeah. the weather forecast said the highest is 25。C.

课堂毕竟是课堂，英语课堂上真正的以交流信息为目的的交际机会并不多。所以，很多教师经常通过创设语境来创造信息交流的机会。虽然这样的信息交流与现实生活中的信息交流还存在差别，但也能为学生提供语言实践机会。需要注意的是，教师创设语境时，要使语境尽可能真实。真实的语境不仅能提高信息交流的真实性和满足获取信息的愿望，同时也能使学生了解信息交流是在什么情况下发生的。请看一个教学片段：

T：Did you watch the weather forecast yesterday evening？

SS：NO.

T：I watched the weather forecast yesterday evening. Do you want to know the weather in different cities？

SS：Yes.

T：You can ask me "What's the weather like in…? Here's a map of China.（教师把天气预报中常用的天气标志和一些城市的名称贴在黑板上。）

S1: What's the weather like in Beijing?

T: It's cloudy.

这个片段的主要教学目的是练习"What's the weather?"这个句型。为了使操练活动具有交际性,教师没有让学生简单地重复和模仿,而是设计了一个信息交流的互动活动。教师首先问学生昨晚是否看了电视上的天气预报,学生回答"没有"。然后教师问学生他们想不想知道不同城市的天气。得到学生的肯定回答之后,教师没有直接告诉学生各地的天气情况,而是要求学生使用"What's the weather like in...?"这个句型来向教师提问。教师的设计思路清楚,情景创设基本合理。但是,这个片段中还有值得商榷的地方。当教师问"Do you want to know the weather in different cities?"时,学生都回答"Yes"。问题在于学生为什么想知道不同城市的天气情况呢?虽然,学生都回答"Yes",但看不出学生希望了解各地天气情况的理由。如果学生在这种情况下向教师提问,就是一种没有交际目的的信息交流。实际上,教师可以把语境创设得更加真实一些。比如,教师可以这样创设情景:玛丽(Mary)最近可能要到以下几个城市旅游,她想了解这几个城市最近的天气情况,请你帮她收集最近一两天的天气情况,你们可以向老师提问。这里还有一个问题需要注意,天气预报一般使用将来时态,而教师希望学生练习的时态是一般现在时。

课堂互动不仅要有信息交流,而且还要考虑信息交流的连贯性和一致性。也就是说,互动过程中交流的信息是彼此有关联的信息,教师和学生围绕一个话题进行交流。一些教师在课堂互动中说的话过于随意,话语中的信息彼此没有关联,话语显得不连贯,也不够真实。请看下面的例子:

T: Today I'm going to Shidai Supermarket. Where are you going?

S1: I'm going to the cinema.

S2: I'm going to the zoo.

T: Can you tell me the way to Shidai Supermarket, please?

SS: Go along Hall can Road, and then turn left at the first crossing, The supermarket is on your left.

T: Thank you.

在这个片段的开始,教师告诉学生她今天要去时代超市,并问学生他们要去哪里(这句话本身缺乏语境,也不够真实,因为教师和学生都在学校上课),有的学生说去电影院,有的说去动物园(显然是操练语言而已,而非表达真实意义)。

从前三句话来看，师生互动的焦点是交流今天的计划和安排。但是，第四句话，教师又向学生询问去时代超市的路线，学生说出了具体的路线。那么这个片段的教学目的究竟是什么呢？显然，教师希望学生练习如何描述路线。如果是这样的话，教师不必问学生今天要去哪里。教师可以跳过"Where are you going?"这个问题，直接向学生询问去时代超市的路线。

在上面分析的这个片段中，教师只是穿插了一些无关的话题，互动的开始和结尾还是呼应的。有些课堂互动中，由于教师的提问没有任何计划性，师生之间的信息交流几乎看不出任何中心话题。我们在第二章提到过，课堂是在教师的控制之下，而且教师往往是通过话语来控制课堂。所以，如果教师在与学生的交流中漫无目的地提问，那么课堂互动就出现无序的状态。请看一个教学片段：

T：When I travel, I must take it. Because I use it to call my mend. Do you know what is it?

ss：Mobile phone.

T：Yes, good I have a yellow mobile phone. Does your mother have a mobile phone?

SS：Yes.

T：What colour？So you can say my mother has a white phone.

SS：My father has a white/black/red... mobile phone.

在这个片段中，教师先让学生猜谜语。学生猜出谜底之后，教师告诉学生她有一款黄颜色的手机，再问学生们的妈妈是否有手机，最后再问学生们妈妈的手机是什么颜色的。虽然整个互动都是围绕手机进行的信息交流，但是我们看不出信息交流的中心话题，也看不出信息交流的目的。虽然学生很积极，踊跃发言，但师生之间的互动目的性不强。下面是一个更长的教学片段：

T：Good morning, boys and girls .Sit down please. Who is on duty today?

S：I am.

T：What's your name?

S：My Name is Liu Yuan.

T：Hi, Liu Yuan. How are you?

S：Fine, thanks, and you?

T：I am fine. Liu Yuan please answer me one question. Did you watch TV yesterday?

S: Yes. I did.

T: Good. Did you do your home work yesterday?

S: Yes, I did.

T: Good. Good boy. Did you do your homework yesterday? Did you, yesterday?

S: Yes, I did.

T: Good. Did you telephone your friend yesterday?

S: No, I didn't.

T: OK. Did you do your home work yesterday?

S: Yes, I did.

T: OK. Did you do your homework yesterday.

S: Yes, I did.

T: Will you go to school tomorrow?

S: Yes, I did.

T: Will you go to school tomorrow?

S: Yes, please. No, I didn't.

T: You are right. Tomorrow, what day is tomorrow?

S: It's Thursday.

T: Right, so you won't go to school. You won't go to school tomorrow. Will you do your home work tomorrow?

S: Yes, I will.

T: Good. Will you go to the park tomorrow?

S: No. I won't.

T: I'm listening to the weather report. It says tomorrow will be sunny. So will you go to the park tomorrow?

SS: Yes, I will.

在这个片段中，教师向学生提了一系列的问题，有的问题多次重复，但看不出信息交流的目的。其实，我们可以看出教师的意图是操练句型。这样的交流就是一种貌似信息交流，实为机械语言操练的活动。在这些活动中，教师创设的语境及提出的问题的确涉及信息交流，但是教师引导学生说出的话语却是无任何真实交际意义的语言，这样的话语既不利于学生理解语言的意义，也不利于他们发展实际语言运用能力。比如，当教师问"Will you go to school tomorrow？"时，学生回答"Yes, I did."显然,学生并没有听懂教师问的问题。教师把问题重复一遍时,学生可能意识到自己的回答不正确,所以改为"No, I didn't."从这个表现我们可以推断,学生只是机械地用"Yes, I did."和"No, I didn't"来回答教师的问题,根本不是真正的信息交流。请再看一个教学片段:

T: Hello, children. Do you want to be tall?

SS: Yes!

T: Ok, I say "tall", you say "tall, tall, tall, make yourself tall". Let's begin.

T: Tall.

SS: Tall, tall, tall, make yourself tall...

T: Short.

SS: Short, short, short, make yourself short.

T: Big, big, big, make your eyes big.

在这个片段的开始,教师向学生提了一个问题: Do you want to be tall?

这个问题显然能够激发学生的好奇心和求知欲望,所以学生齐声回答"Yes!"按照正常的推理,接下来教师可能与学生一起讨论如何长高(提出一些如何长高的建议),但是教师并没有这样做:为了使学生复习"tall, short, big"等单词,教师与学生做了一个游戏:教师说"tall",学生说"Tall, tall, tall, make yourself tall."如果说"Tall, tall, talk make yourself tall."这句话与如何长高还有一丝关联的话,后面的"Short, short, short, make yourself short."和"Big, big, big, make your eyes big."与如何长高则没有任何关系,而且其中的"Short, short, short, make yourself short."更是违背常理。再有,"make yourself tall, make yourself short"和"make your eyes big"也不是规范的英语表达法。当然,这里不全是教师的问题,因为有些教材提供的语言素材就是这样的。在英语课堂上合理使用歌谣、游戏确实能够激发学生的学习兴趣,提高学习效果,歌谣的内容和游戏中使用像"Rain, rain, go away. Come again another day"这样的歌谣就是很好的例子。

在课堂上的师生互动中,教师经常设置一些悬念,以激发学生的好奇心和学习兴趣。教师设置悬念时,要考虑学生的生活经验、知识水平和认知能力等因素。这些悬念要能使学生产生信息交流的欲望,要有一定的挑战性。有时教师过低估计学生的知识水平和学生已经掌握的信息,以至于在互动过程中所提的问题没有

信息沟,从而使信息交流失去意义。请看下面的片段:

T: Today is a special day. Do you know what festival it is. Mother's Day? Father's Day? Teachers? Day? Or Children's Day? Guess, please!

SS: Children's Day/儿童节.(有的学生说 Children's Day,有的说"儿童节")

T: Look at the screen. Look! It's June 1st. It's Children Day. You're your way. Let's sing the song "Hell, Happy Children's Day" together. OK?

这个片段节选自一位教师在六一儿童节这一天上的一节课。教师告诉学生今天是一个特殊的日子,请学生猜一猜是什么节日(设置悬念),并提供了一些可选项:母亲节、父亲节、教师节和儿童节。几乎全班学生都说出了儿童节(有的说中文,有的说英文)。教师看到几乎全班学生都答对了,很高兴,接下来请学生唱一首关于儿童节的英文歌曲。其实,这个片段中教师设置的悬念并不是很成功。

六一儿童节临近时,绝大多数学校都会举办一些活动,营造节日的气氛,所以学生能意识到这个节日,不至于在儿童节的当天还不知道是什么节日。因此,这位教师设计这个悬念时没有考虑学生的实际情况,或者说是低估了学生的知识与经验。究其原因,主要是教师在设计教学时过于考虑教学活动本身(通过提问激发学生的学习兴趣),而没有充分考虑学生的实际情况。

第三节 等同互动性信息交流以及语言关注

在英语课堂上,教师经常设计一些师生互动活动,学生在互动中体验语言的使用,理解语言的意义和用法。互动活动本身的焦点(focus)是意义(话语的内容),而非语言形式。但是这并不是说语言形式不重要。相反,语言形式是语言的重要组成部分,语言教学必须关注语言形式。20世纪80年代兴起的关注语言形式的语言教学思想认为,语言教学应首先关注语言的意义,但也要适当关注语言的形式(Doughty&Williams,1998)。其次,设计得合理的互动活动应该既能让学生关注意义,同时又能适度地关注语言形式。比如,有时学生为了表达观点或传递信息,必须使用或关注某些语言形式,而且语言形式的选择直接关系到观点表达或信息传递的准确性。请看下面的教学片段:

T: Just now I said I like taking photos. Do you want me take photos for you?

SS：Yes.

T：But I can't find my camera. Can you tell me?（教师故意把照相机藏起来，让学生猜。）

SS：It's in your bag/on the desk/under the desk/near the...

T：Oh, thank you. Oh it doesn't work. Why? There's no film in the camera? I can't find my film. Where is it?

SS：It's in your bag/on the desk/under the desk/near the...

这个片段中的主要互动活动是教师给学生拍照的过程：教师故意把照相机和胶卷藏起来，让学生说出照相机和胶卷的位置。显然，拍照片是互动的内容，但学生关注的焦点是寻找照相机和胶卷（猜测照相机和胶卷的位置）。那么这个互动活动期望学生注意什么语言形式呢？大多数读者可能注意到，这个互动活动是让学生运用表示方位的介词短（you're your bag/on the desk/under the desk 等）。如果学生要说出照相机和胶卷的正确位置，必须使用相关的介词短语。这样活动的内容焦点与目标语言形式就较好地结合起来了。遗憾的是，这个片段的施教教师的教学目的是教授"camera"和"film"这两个单词。的确，整个互动过程中教师和学生围绕照相机和胶卷进行互动，但学生关注的焦点不是照相机和胶卷本身，而是它们的位置。在整个片段中，"camera"只出现了一次，"film"也只出现了两次，其他需要用到这两个词的时候都用"it"替代了。从语言运用的角度来看，学生对介词短语的关注要远远多于对"camera"和"film"这两个词的关注。所以，如果这个互动活动的目的是学习方位介词，那么关于语言的意义与关注语言的形式就很好地结合起来了。

在互动中关注语言意义的同时关注语言的形式，有利于学生准确理解语言的意义和语言使用的语境，还可以为学生提供语言实践的机会。英语课堂上我们经常看到一些貌似互动、实为脱离语境的、无意义的语言形式操练。这种互动根本无意义可言，注意力完全集中在语言的形式上。由于这种互动完全是脱离语境的操练，学生不仅很难真正理解这些语言形式的意义，而且不知道在什么情况可能会使用这些语言形式。请看下面的片段：

T：Now read after me. I am talking.

SS：I am talking.

T：You're not talking.

SS：You are not talking.

T：You are listening to me.

SS：You are listening to me.

T：Just writing.

SS：Just writing.

T：Lily isn't writing.

SS：Lily isn't writing.

T：She's looking at the blackboard.

SS：She is looking at the blackboard.

T：Open the door please, Lucy.

SS：Open the door please, Lucy.

T：Lily, is she opening the door?

SS：Lily, is she opening the door?

T：Yes, she is.

SS：Yes, she is.

T：Don't close the window, Jim.

SS：Don't close the window, Jim.

T：Is he closing the window, Lily?

SS：Is he closing the window, Lily?

T：NO, he isn't.

SS：NO, he isn't.

这个貌似互动的活动，其实是教师带着学生反复操练现在进行时和祈使句的肯定形式、否定形式、疑问形式和应答形式的机械操练活动。学生机械地重复教师说的话，但教师说的话也没有恰当的语境。特别是前面的几句话，显得更为滑稽。在这个片段之前的教学中，教师说过"What am I doing? I am talking."这样的话，其用意是通过描述自己正在做的动作使学生理解现在进行时态的意义和用法。学生应答时说"You are talking"，而不是"I am talking."应该说这样做有一定的道理，但是在上面的操练环节中，学生跟着教师"I'm talking. You are not talking. You are listening to me."就显得很滑稽。我们认为，互动中可以适度关注语言形式，但必须是在关注意义的前提下关注语言形式。以上教学片段是一种完全忽略意义、单一关注语言形式的"假互动"。这样的情况在英语课堂上非常普遍。我们再看一个片段：

T: TV is short for television. Thank you! Excellent—（板书）OK. This time pair work. OK. Make this dialogue, for example, one student says: "what's another way of saying..." For example. What's another way of saying bicycle. Another Student answer: "Bicycle." And then says: "bike is short for bicycle." OK. Understand, now?

SS: Yes.

T: Pair work. Please be quick. Pair work. OK. Louder.

SS: What is another way of saying bike?

SS: Bicycle-bike is short for bicycle.

T: OK. This time. I want to check some pair—volunteers. Volunteers—check some pairs—OK. Volunteer—OK, you two.

S1: What's another way of saying bike?

S2: Bicycle-bike is short for bicycle.

T: Excellent-very good—anymore? —OK, you two.

S1: What's another way of saying television?

S2: TV is short for television.

T: That's right. Good. Anymore? OK, you two.

S1: What's another way of saying telephone?

S2: Phone—phone is short for telephone.

这是一个以复习、巩固词汇为目的的对子活动（Pair work）。很多教师认为这也是课堂上的互动活动。其实，这个活动不能算是真正的互动。因为互动的主要目的是意义协商和交流信息，而这两点在这个活动中根本没有体现。大部分时间学生在重复"What's another way of saying..."和"…is short for…"这两个句型，而且学生关注的焦点只是词汇的不同形式。当然，我们并不是说学生不需要了解词汇的不同形式。用这种貌似互动的方式复习词汇的不同形式不太符合互动原则，也不是最有效的方法。如果把这些词集中板书在黑板上，引导全班学生共同观察，效果可能更好一些。

现在，很多教师都已经认识到在课堂组织互动活动的意义。所以，课堂上我们经常看到教师创设情景，并结合情景进行交流，同时关注语言形式。但是，从我们分析的资料来看，大多数互动活动还是以关注语言形式为主。比如，一位教师让学生在课堂上做一些动作，同时师生以互动的形式共同描述这些动作。然而，从师生的话语可以看出，互动中教师和学生注意力主要集中在语言形式上。以下是这个教学活动的一个片段：

T：Good，what are you doing? Do you ride a bike，too?

S：NO.

T：NO，you are making something. You are...

S：Making a plane.

T：Making a plane. What is she doing? What is she doing?

S：She is making a plane.

T：She's making a plane. What is she doing?

S：She is making a plane.

T：Good，very clever. Who cares spell making? Who can spell making? That's right.

S：M-a-k-i-n-g.

T：Very good. Making，m-a-k-i-n-g.

这个活动之所以不太符合互动的特点，主要有三点：第一，师生交流基本上不涉及信息沟通，话语涉及的内容对参与互动的各方（教师、做动作的学生、其他学生）都是显而易见的；第二，大部分话语是重复，包括教师重复学生的话和学生重复教师的话；第三，片段的结尾主要关注单词的拼写。

教师话语缺乏互动性的另外一个表现是，教师与学生之间的交流不是以交流信息为主，而是操练语言形式。表面上看是教师与学生之间的互动，但学生并不是真正表达自己的观点或提供信息，而是机械地应答，有时学生充当了"傀儡"。

请看一个片段：

T：OK. Sit down please. OK，very good. Look at this one—ask and answer. Anybody，can you? please?

SS：It's Monday.

T：What day is today? Ask him.

S1：What day is today?

S2：It's Monday.

T：Can you spell?

S1：Can you spell?

S2：Yes. M-o-n-d-a-y.

T: What day is it tomorrow?

SS: What day is it tomorrow?

S4: It's Tuesday.

T: Can you spell?

S3: Can you spell?

S4: T-h-t...t...t...(laugh)

在这个片段中，一共有四位学生参与了与教师的互动。教师首先出示"Monday"的单词卡片，请学生做问答练习（一个学生提问，另一个学生回答）。这时学生很自然地说出了"It's Monday"。如果说是信息交流的话，到这个时候已经达到了目的。但是，教师接着说"What day is it today?"并让学生1重复教师的问题，向学生2提问。学生2回答之后，教师又说"Can you spell?"学生1重复教师的问题，学生2回答。之后，教师说"What day is it tomorrow"，让学生3重复问题并向学生4提问。在这个片段中，学生1和学生3都只是充当了"傀儡"。这样的互动基本上不涉及信息交流，与真实的话语相差甚远。如果是句型操练的话，教师也不必自己把问题说一遍，再让另外一个学生重复。

学习语言首先要了解语言的意义，尤其是在一定的语境中接触语言并理解语言的意义。了解语言的意义之后，再关注语言的形式，有利于学生理解语言形式的使用环境（在什么情况下使用），从而提高语言学习的效果。很多教师在新授课时，在学习、讨论所学课文或对话的过程中，穿插词汇和语法的教学，包括呈现词汇、语法的意思和用法，操练词汇和句型，有时还有拼写练习。这些教师的考虑是，如果不解决词汇和语法问题，学生学习对话和课文就会有困难。其实，学习对话和课文时，教师和学生都应该首先关注意义，而且是从整体上把握所学语言材料的意义。如果在这个过程中穿插过多的关注语言形式的学习活动，教学效果就会大打折扣。请看下面的片段：

T: You've done your homework very well. And today we are going to learn Lesson Eighty-six——What's wrong with Tom?(blackboard writing)Now you are going to read something about Tom. It's very Interesting and useful. But first. Let's learn some new words. OK, now the whole class Look at the picture — what's she? Do you know? She's anurse. Now read after me, she's a nurse.

SS: She's a nurse.

T: What's she?

SS：Nurse.

T：Again.

SS：She is a nurse.

T：Now read after me, nurse.

SS：Nurse.

T：Nurse.

SS：Nurse.

T：Spell nurse please.

SS：N-u-r-s-e, nurse.

T：Again.

SS：N-u-r-s-e. nurse.

T：Now what's she? Now what's she? You please. What's she?

S：She's a nurse.

T：Yes, good. Now what's she? Who will try? You please.

S：She's a nurse.

T：Yes, good.

在这个片段的开始，教师告诉学生今天要学习第 86 课，要学习关于 Tom 的有关内容，而且告诉学生这一课的内容很有趣、很有用。应该说，这样的课堂导入很自然，也能激发学生的学习兴趣。遗憾的是，教师介绍完学习任务之后，并没有马上让学生去读关于 Tom 的很有趣、很有用的课文，也就是说，没有继续进行以关注意义为主的学习活动，而是要先学习一些新单词，包括单词的意思、读音和拼写，也就是我们说的关于语言形式的教学活动。当然，在教学中设计一点悬念，短暂地吊学生的胃口，也未尝不可。但是，如果吊胃口的时间过长，学生就没有胃口了。在这个片段，教师教授的第一个单词是"nurse"。如果我们把这个片段中教授 nurse 的部分快速地读一遍（包括教师和学生的话语），大概需要 1 分钟，课堂教学中实际使用的时间可能更长一些。在教授完 nurse 以后，这位教师还教授了"pills、terrible、terribly、seem、temperature take one's temperature"等词汇和短语，其中有大量的跟读、模仿、重复、拼写等操练活动。结果词汇和短语教学环节持续了很长的一段时间。这样的教学不仅会使学生失去求知的欲望，而且本身的教学效果也不会很理想，因为学生并不知道这些词语是什么语境中使用的，孤立地学习这些词语的含义不能收到很好的效果。

这个片段中还有几处值得反思。在开始教授"nurse"时，教师说"Look at the picture—what's she? Do you know?"教师希望学生根据教师所指的图片说出"(She's)nurse"，但是未等学生开口，教师就立即说出"She's a nurse."这样教师就剥夺了学生一次很好的学习机会。另外，教师反复使用了"What's she？"这个问句（她做什么工作的？）。实际上，询问某人的职业时一般说"What does she do?"或"What's her job?"片段中教师说的"What's she?"是英语里已经过时的句型，现在基本上不使用了。另外，即使使用这个过时的表达法，也应该说"What is she?"不能说"What's she?"我们以"What、she"为检索项在英国国家语料库（British National Corpus）进行了检索，未发现一例。后来查阅有关文献得知，如果 is 后面是人称代词，一般不能把"is"与前面的疑问词进行缩合。

第四节　教师在等同互动中的角色定位

提起角色，大家可能想到传统教学中的角色扮演。角色扮演是语言教学中的一种常见语言实践活动形式。通常的做法是，由几个学生扮演对话或短剧中的角色朗读对话或表演故事。再就是若干个学生以不同的身份参加小组讨论。不管以什么形式，在角色扮演活动中，学生和教师都要假扮某个角色，而不是以自己的真实身份参与活动。而语习得理论提倡的互动也强调角色问题，但互动活动中的角色与角色扮演中的角色不完全一样。在真实的师生互动活动中，师生一般以自己的真实身份进行互动，而不是以其他人的角色参与互动（当然，如果师生都置身于某个模拟或假设的语境中进行互动，就不是以他们的真实身份进行交流了）。如何才能以真实身份参与互动呢？首先，参与互动的各方所讲的话应尽可能真实，符合自己的实际情况；其次，参与互动的各方在称呼语的使用上要符合真实交际的要求。我们先看一个例子：

T：Yes. Very good. Do you have a blouse, Susan?

SI：Yes, I do.

T：Yes, I do. Good, sit down, please. Pora, do you have a red blouse?

S2：No. I don't.

T：No. I don't. Very good sit down, please.

这个片段的教学目的是复习"blouse"和"a red blouse"。在此之前，教师已经把这两个词语领读了若干遍。在这个片段中，教师希望通过互动式的问答来帮助学生加深对这两个词语的理解，所以教师问一个同学（Susan）"Do you have a blouse Susan?"之后又问另一个同学"Do you have a red blouse?"应该说，教师这样提问是合理的，学生根据自己的实际情况作答，体现了语言的运用（尽管学生回答时没有使用这两个词语）。问题在于：学生回答"Yes, I do."和"No, I don't."时，教师把这两个应答原原本本地重复了一遍。这个片段的教学重点不是句型"Yes, I do."和"No, I don's"如果为了强化这两个句型，教师这样重复还有一定的道理。但是，这里的教学重点是词汇学习。在这种情况下，按照真实交际的规则，教师应该说"Yes, you do.和"No, you don't"，而不是"Yes, I do."和"No, I don's"一字之差，反映了教师教学行为背后的教学理念，即仍然以模仿、重复为核心的课堂操练思路，没有把课堂上师生之间的问与答看作互动式的交流。下面的例子进一步佐证了这种教学理念：

T: Very good. Do you have a pair of trousers?

S: NO. I don't.

T: NO. I don't. Good, sit down, please.

教师领读"trousers"和"a pair of trousers"之后，问一个学生："Linda, do you have a pair of trousers?" "Linda"不假思索地回答"No, I don't."首先，教师问的问题就是一个很不合理的问题，她没有理由不知道"Linda"是否有一条裤子。其次，"Linda"的回答也是不符合实际情况的，她怎么可能连一条裤子也没有呢？而教师的确认式反馈"No, I don't."更是滑稽可笑。从这里可以看出，由于课堂上师生之间的问答已经形成一种机械、单纯关注语言形式的操练，所以无论是教师提问还是学生回答，都已经完全忽视话语的交际意义。这种做法不仅使学生失去了实际运用语言的机会，还可能导致学生养成言语过于随意的习惯。造成这种现象的原因可能是多方面的，其中一个原因是教师不能正确认识互动中自己的角色。教师没有把自己看作参与真实交流的一方，而是把自己当作语言操练的陪伴者。在本章第一节我们分析过的一个片段中，学生很自然地使用了正确的代词，使互动中的角色很自然：

T: I do. I do. I have a TV set at my home. OK, good. Now first, my TV set was broken yesterday. So I ask uncle Wang to mend my TV set. Then today I will go to Uncle Wang's to...

SS: To get your TV set.

T：To get your TV set.

SS：TV set.

在这个片段中，教师说 "Today I will go to Uncle Wang's to…"，教师没有说完的话语是 "get my TV set"。学生说的话是 "to get your TV set"。这里学生很自然地用了 "your"，而不是 "my"。这样一个小的代词变化就使互动更加真实。如果学生说 "to get my TV set"，话语的互动性就会大大降低，而且显得不够真实。

真实互动的一个重要特点是不可预测的，参与互动的各方事先不知道彼此要说什么话。虽然课堂上的互动不完全是真实互动，但要鼓励学生尽量根据实际情况进行互动，鼓励学生表达真实的想法，再现真实的经验。背诵课文或对话和按事先规定的角色朗读都不是真正意义的互动。在互动过程中，教师不能规定学生说什么、怎么说。请看下面的教学片段：

T：What do you want to? Do you want to play?

S：Yes.

T：Basketball...

S：Sorry, I can't.

T：Oh. That doesn't matter. What can you do? Can you swim?

S：Yes. I can.

T：Come here. OK. You can swim. What do you want to do?

S：I want...I want read a book.

T：Oh. You want to read a book. That must be a very good girl. Come here please. You're your book. All night. So, Lilei wants to play football and that's half past four. It's time to go home. Your teacher. Who is your teacher? Miss. Zhou. Yes, Miss. Zhou. Yes. That's me. Want to come here. Say: "where are the students? Where are they? It's time to go home. What are they doing?" And you can tell me. Says: "Look, they are three." What are you doing? No, no, no. You are standing? No, no, no. You are standing. Could you do what you want...what you want to do?

在这个片段的开始，教师与学生进行了问答式的互动（目的不是很清楚）。之后，教师准备让学生以小组形式进行互动。这时教师说了很长的一段独白，其主要内容是告诉学生做什么、说什么。也就是说，教师对学生互动的形式、内容以及要使用的语言都做了明确的要求和规定，就像编剧给演员设计了所有的台词一样。

在师生互动中，教师有时需要扮演多重角色。教师既是互动的组织者和引导者，也是互动的参与者。在互动过程中，教师还可能需要给学生提供语言知识等方面的帮助。因此，教师需要在互动过程中变换角色。

第十章　话语权势与主体间性教学模式

第一节　课堂话语、权力与话语权

一、诠释理论及在互动中的表现

1960年，心理学家罗杰·布朗和阿伯特·吉尔曼于提出权势和同等关系。权势关系指交际双方的社会地位有明显的距离，是一种不对等的关系。"同等关系"是指双方在交往中因有某种共同点而产生的对等关系。权势一方的交际风格通常强势，非权势一方则弱势。霍夫斯坦德提出"权势距离"是指人们对权力分配不平等状况的接受程度。较愿意接受这一状况的为强权式文化，相对不愿接受的为弱权势文化。

师生间的权势关系，即师生间教学关系不平等。中国传统文化历来强调尊师重教，学生对教师尊重敬仰。大学英语教师的英语水平、社会阅历、表达能力及相关话题的信息和知识储备高于学生。作为教学计划的执行者和教学活动的组织者，教师在课堂上可以控制授课的进度和内容，可采用打断学生的话语、提问或转换话题等方式，体现教师的强势地位。虽然学生是教育活动的主体，但受到课堂纪律的约束和对教师持有信任感，出于礼貌或碍于教师的权威，他们很少主动提出疑问或质疑，表现出良好的合作态度。因此，大学英语教学中，师生间就存在一种权势关系。

学生间的权势关系，即学生间表达机会的不平衡。大学英语的教学目标是培养学生扎实的英语语言基本功和综合应用能力，特别是听说能力。因此，教师经常组织学生分组对话练习或提问，但民办高校学生个体间在性格、英语水平和表达能力等方面存在差异，小组讨论时，英语较好的学生占交际的主动权，英语较差的学生感到索然无味,不参与课堂。同样,回答问题时,学习成绩较好的学生会得到更多练习英语的机会。

二、话语、权力与意识形态

话语不可能生发于真空,话语至少在两个个体之间展开的。而两个个体便形成社会关系,因此话语之中蕴含着社会结构的权力关系和意识形态。

话语、权力与意识形态之间的关系是批评性话语分析的研究对象。前文曾述及,作为一种语言研究的方法,批评性话语分析最早由福勒等人在《语言与控制》(Language and Control)(Fowler, etal, 1979)一书中提出,它旨在透过表面的语言形式,揭示意识形态对话语的影响,话语对意识形态的反作用,以及两者是如何源于社会结构和权势关系,又是如何为之服务的。批判性话语分析的代表人物之一,费尔克劳批评了主流语言学脱离社会和历史母体而研究语言的反社会研究方法(asocial way of studying language),因为该研究对语言、权力识形态之间的关系只字未提(Fairclough, 1989)。他批评了社会语言学的实证主义研究倾向,因为社会语言学只注重语言事实的客观描写,只关心"是什么"的问题,却忽略了"为什么"或"怎么样"的问题。而"为什么"和"怎么样"的问题正是批评性话语分析要解决的问题,因为这些问题能够揭示语言事实内部及背后的权力关系与意识形态。许多关于语言的教材都会独辟一章讨论语言与社会之间的关系,视语言与社会为原本互相独立的两个实体,只是偶然发生了联系。费尔克劳却认为,"语言与社会之间不是一种外在的联系,而是一种内在的、辩证的联系。语言是社会的一部分;语言现象是一种特别的社会现象,而社会现象是语言现象"。在费尔克劳那里,社会是整体,语言是社会的一个部分,发生在社会环境下的语言活动不仅是社会过程和社会实践的反映或表现,而是社会过程和社会实践的一部分。因此,"语言并不像以往语言学家宣称的那样是一种客观透明的传播媒介,而是一种社会实践,是社会过程的介入力量。语言不单纯反映社会,它直接参与社会事务和社会关系的构成"(辛斌,1996)。

人们的日常交谈会涉及各种各样的"常识",我们生活于其中的世界完全建立在各种观念和期望的基础上,这些观念和期望既控制着社会成员的行动,也控制着他们对他人行动的解释。这些"常识性"的观念和期望在人们的大脑里都是内隐的、背景化的、想当然的,人们对此全然没有意识,也很少提出疑问。例如,一孩子问:"妈妈做饭了没有?"由于长期的家务劳动的分工,这个家庭里"妈妈做饭"成了一种规约,这种规约之中内隐着一种"常识":这个家里就"应该"妈妈做饭!这成了孩子的期待,成了孩子的"常识性"观念。哪怕是爸爸有空,孩子也从未提出质疑,为什么总是妈妈做饭?费尔克劳认为,现存的各种规约都是权力关系和权力斗争的结果。"妈妈做饭"这一"常识性"体现出来的就是爸爸与妈妈在家务劳动方面的"斗争"。这种常识性观念便是意识形态。人们依据"常识"进行语言的交流,对此却全然无知。

费尔克劳指出:"意识形态的运行隐匿最深时其效果最佳。如果有人意识到常识中的某个方面维持着一种不利于自己的不平等权力关系,那么,这种常识就不再是常识,就无法维持那种不平等权力关系,就无法发挥意识形态作用。"(Fairclough,1989)意识形态就是隐匿在话语当中的,就是以背景化的观念进入话语的,这样,话语生产者(说者)以特定的方式表述世界,话语阐释者(听者)也以特定的方式阐释话语。随着意识形态化的常识而进入话语的便是权力。费尔克劳将这种权力划分为两类:"话语之中的权力"(power in discourse)和"话语背后的权力"(power behind discourse);所谓话语之中的权力,指的是"话语是权力斗争的场所",话语中就隐藏着权力关系,所谓话语背后的权力,指的是"话语是权力斗争中的赌注",某一话语类型是权力影响的结果,话语中蕴藏着体现特定权力关系的规约。

三、课堂话语中的权力与意识形态

课堂话语是一种特殊的机构话语,与其他话语类型一样,课堂话语之中及其背后也蕴含着不平等的权力关系和意识形态。

我们首先分析课堂话语之中的权力。毋庸置疑,在传统的外语教学课堂场域,教师始终是强势的一方,而学生则是弱势的一方。其具体表现如下几点:

第一,教师启动话轮,宣布上课开始。

在我们所观察的课堂里,在我们所收集的课堂话语语料中,无一例外都是教师首先启动话轮。教师宣布开始上课的方式各种各样,有的教师直截了当地说"Class begins",有的教师以请求的形式表达,如"Shall we begin our class",有的教师以问候的形式开始,如"Good morning"或"Nice to meet you"等,有的教师以话语唤起学生的注意,如"May I you're your attention"等。在每堂课的开头,不管教师以何种话语开启话轮,都意味着上课正式开始。

第二，教师确定上课学习内容。

有的教师在上课开始时以话语形式向学生明确宣布学习内容，如教师在开始"And today we'll study Unit 6"；有的以板书形式向学生示意，教师在开始上课前就板书如下内容：

Animal Riddles

I have…

He has…

It has…

有的教师则以幻灯投影的形式将本堂课内容告诉学生，如（一）班教师在向学生宣布"And today we shall focus on the oral work"之后，屏幕上显示如下内容：

Oral Work

90-second speech

If I had the chance to travel the world now

Role-playP.100

Group work—Retelling

大多数教师没有对学生明确说明上课内容。但无论怎样，上课学习内容的决定权在教师手中，学生听从教师的安排。

第三，教师安排上课程序。

这与第二点有联系。由于上课学习内容由教师确定，上课程序自然也是由教师安排。一般地，教师会将每堂课分为几个课段，各个课段的顺序都是教师事先计划好的。例如，教师可将堂课可分为六个课段：①问候；②歌曲热身；③看动物图片局部，猜动物名称，学说动物名称；④动物谜语；⑤拼图游戏，自制谜语；⑥在歌声中结束本堂课。大多数教师都不会在课前将上课程序告诉学生，学生对此自然没有决定权。

第四，教师明确指令，安排课堂活动。

教师不仅对整堂课的学习内容和上课程序等宏观方面做了计划，而且对课堂上的每一项活动都有明确的指令和详细的微观安排。例如下面的对话：

[1]T：Now, first, read Para. 3 carefully. Try to remember as much information as possible. And then try to discuss the true or false questions with your partner. Are you clear? Go through it.

[2]SS：Reading Para.3

在上面的对话中，教师让学生首先仔细阅读第三段，并尽可能记住信息，然后与同伴讨论是非判断题。话轮 1 的五个句子中,有四句是祈使句,这是典型的命令式的句型,学生没有言语上的应答,而是以实际行动(话轮 2 中的阅读)执行教师的命令;教师话语中唯一的疑问句"Are you clear"则是用来确认学生是否清楚和明确教师的指令和要求。

第五,教师指定学生发言。

课堂话语中的又一显著特征是,学生话语的话轮几乎总是由教师分配,学生发言几乎总是由教师指定。

有时,教师直接点名,例如下面的对话。

S1 为第一个学生,以此类题

[1]T:OK, now, um, last time, we finished Unit 9, dialogue one. right? Then, can you remember what's dialogue one about? What's that? Um, can I ask Zhu Xiaogang?

[2]SI:The nine planets in the solar system.

有时,教师以 you、this boy 或 this girl 等呼语,或以手势,或兼而有之,指定学生发言,例如下面的对话。

[1]T:Yes, good. So if I know you have a lot of friends, what do you want your friends to do for you. And what don't you want your friends to do?(motioning a girl to speak)Girl please?

[2]S7:I think my friends should share my happiness and sorrow and she could make many friends, not only me.

在不指定任何个人发言的情况下,教师或以 class 为呼语,或以 together、everybody 等语汇,或以升调、拖长音等方式,示意全班学生一起发言,例如下面的对话。

[1] T:Can you tell me together? Before the exam, which word can we use, what is the girl's feeling? She thought it was very...

[2] SS:Easy.

[3] T:Yah. And so she felt very...

[4] SS:Proud.

[5] T:Yah, proud. But what about her result at last?

[6] SS:Low, lowest.

[7] T:Yah, she got the lowest mark, so she felt...

[8] SS：Ashamed.

如果有学生愿意主动发言，则需要举手，征得教师同意之后方可发言，例如下面的对话。

[1] T：OK，who can tell me，first we should do what?

[2] S6：(raising her hand)

[3] T：(motioning the girl to speak)Yes，you please?

[4] S6：First we should look for a job.

总之，无论是个别学生还是全班学生，其发言机会几乎都是由教师提供：即使在课堂上有学生之间的互动（如小组讨论、角色扮演等），那也是在教师总体的计划范围内，在教师直接的安排之下进行的。从教师对话轮分配的绝对控制权来看，这是典型的教师中心教学模式。

第六，教师打断学生话语。

根据我们的观察和分析，教师打断学生话语的现象时有发生。例如下面的对话：

[1] T：So tell me what is the secret? What is the lie? What is the secret? Girl，please(motioning a girl to speak)?

[2] S13：Secret is something can't know by everybody. It's only...

[3] T：(interrupting)Good，yeah，other people can't know about it. But what is the secret in the letter?

[4] S13：Er，that is she got. Sarah didn't do well in the maths examination，she...

[5] T：(interrupting)Yes，she did not do well，actually she was the...

[6] S13：She was the lowest mark in the...

[7] T：(interrupting)Yes，she scored the lowest mark，right?

有时，人们打断别人的话语是为自己争取话轮，为自己争取说话的机会。然而，在上面的对话中，教师连续3次（话轮3、5、7）打断S13的话语（话轮2、4、6），其目的都不在于为自己争取话语权，在于阻止学生话语中不相关的信息或重复信息，在于确保学生提供教师所期望的关键信息。

第七，教师对学生发言给予反馈。

教师对学生话语给予反馈，对学生发言进行评价，这也是课堂话语的显著特征；因此，几乎每一个互动回合都是"教师启动话轮，学生提供应答，教师给予反馈"的教师—学生—教师模式。而教师给予的反馈最为典型的是重复和评价，或两者兼而有之。例如下面的对话：

[1] T: That is to say, cloning human embryo may be used in what kind of field? What kind of field(motioning a student to speak)?

[2] S8: Biology, medical.

[3] T: OK, very good, sit down, please. Biology and medical.
(writing "Medical advance" on the blackboard)

在上面的对话中，针对 S8 的应答（话轮 2），教师首先给予了评价，然后重复了学生话语（话轮 3）。教师以"(very)good"对学生话语进行评价的情况最为常见，其他还包括"great""excellent""(that's)right""yes"，等等；尽管这些评价语都是积极性的、鼓励性的，但它们仍然是控制话语的技巧，因为如果将这些评价语用在权力相当的或权力更大的人身上，会给人以自以为是或傲慢的感觉。

第八，教师提问置学生于困境。

在课堂上，提问是教师了解和检查学生学习情况的一个手段；教师有权力提问，学生则有义务回答。当学生回答不出教师所提问题时便陷入困境。例如下面的对话。

[1] T: Have you found out the main idea of the letter? Can you, please?(motioning a student to speak)

[2] S18: (standing up)

[3] T: So what is the letter about?

[4] S18: (silence for 4 seconds)

[5] T: Who wrote...

[6] S18: (sitting down)

[7] T: (motioning the student to stand up and speak)Please try. Who wrote the letter?

上面的对话是教师与 S18 之间的一段互动。在要求全班学生阅读完一封信之后，教师示意 S18 发言，说出那封信的中心思想（话轮 1），S18 应声起立但并未作答。

（话轮 2），教师接着追问（话轮 3），而 S18 在全班同学（甚至还有听课教师）的目光注视之下沉默 4 秒钟之久（话轮 4），陷入尴尬局面，正当教师打算换一个问题的时候（话轮5），S18自行坐下（话轮6），被教师发现，她未将话轮5的问题问完，首先示意S18起立继续回答问题（话轮7）。

我们一定还能发现课堂话语存在这种不平等的权力关系，是因为人们（包括课堂的直接参与者教师和学生本人）普遍接受了这些做法，也就是说，这些情况都已成为课堂场域中的规约，都已成为人们的"常识性"观念：本来就应该由教师宣布上课开始、由教师确定上课内容、由教师安排上课程序、由教师明确课堂活动指令、由教师指定学生发言、由教师对学生发言提供反馈，等等，教师打断学生话语或向学生提问也都是很正常的事情。这些就是人们关于课堂话语的意识形态化的认识，师生就是依据这些"常识"而进行课堂上的言语交流的。就这样，这些意识形态以背景化的观念，连同不平等的权力关系，进入了课堂话语。

课堂话语之中何以形成如此的不平等权力关系？教师何以支配和控制学生话语？其权力从何而来？究其根源，是因为课堂话语背后还蕴藏着来自机构（包括教研室、学校以及不同层级的教育管理部门）和社会赋予的权力。

随着班级授课制的出现，课堂成了"把一切知识教给一切人"的场所，知识成为师生连接的中介，成为课堂的主宰，成为教学活动的中心。然而，"知识不是一种纯粹思辨的东西，这种思辨的东西属于抽象和与利益无关的探索领域，相反，它直接就是权力关系的产物，并且也就是维持这种关系的工具"。福柯认为，知识与权力之间存在着重要的联系，权力和知识是直接相互蕴含的，不相应地建构一种知识领域就不可能有权力关系，不同时预设和建构权力关系也不会有任何知识。而在课堂场域，教师是专门知识的拥有者和预知者，于是，教师便拥有了专家性权力，成为课堂的中心，于是，课堂上便出现教师讲学生听、教师问学生答、教师念学生记的情境。

第二节 课堂话语权势

一、英语课堂权势关系存在的原因

（一）尊师重教的传统

教师是传授知识的智者，是拥有权威的礼仪的化身。尊师重教的传统体现在大学英语课堂上，就是教师控制着课堂的形式、内容和进度，教师讲解占课堂对话的大多数，而学生处于求知的被动地位，按教师的授课形式和教学进度学习，认为教师是课堂的权威，导致了师生间关系的不平等。

（二）英语水平和知识储备的差异

传授知识过程中，教师闻道在先，学生则处于求知的状态。教师的英语水平和知识储备量远高于学生。教学任务重，课堂时间有限，教师想尽可能多讲解。虽然教师偶尔也提问或组织学生讨论，但提问学生的目的并不是期待学生能给出与教师信息量等同的答案，而是对学生所学知识的一种考量，大多时候都是教师在自问自答。民办高校学生英语水平比较浅薄，也没相关信息的知识储备，他们很可能面对教师提问时选择回避或者放弃。课堂就成了教师的独白，时常出现带有指令性的语言，如"背下来、画下来、记住"等。小组讨论时，英语水平好的学生会得到更多的锻炼，基础较差的学生会感到课堂索然无味。

（三）现实的班级授课制

近年来，民办高校招生规模不断扩大，师资相对缺乏，大班级授课制应运而生。大学英语作为公共必修课，往往采用大班授课，学生超过50人的班级比比皆是，甚至有合班在阶梯教室上课。学生人数多，课堂教学就不好组织。此外，英语课时少，内容多，课堂上教师希望在有限时间内尽可能多讲，希望学生能对课本内容理解得更透彻。为完成教学任务，课堂就成了教师独白的私人舞台，即使偶尔互动或提问，但为了节省时间通常提出问题后，没留足考虑的时间就要求学生回答。有时教师会直接说出答案，英语水平好的、积极性外向的学生会受到教师的青睐，得到更多锻炼英语的机会。

（四）应试教育下的英语教育现状

大学英语教学还没完全摆脱应试教育的束缚，考试制度影响着学校教学技术的实施，考什么就教什么，怎么考就怎样教。大学生英语学习动机已经"证书化"，民办高校更是以大学英语四六级的通过率作为教师评教的标准之一，故教师将四六级考试和学期教学任务展开教学。但长期以来，大学英语期末考试和四六级考试都忽视了对口语的要求，这也为学生放弃参与课堂互动提供了借口。课堂上，教师也只注重灌输知识和提高学生认知水平，忽视了英语的文化和沟通功能，导致课堂缺乏生机和活力，师生间缺乏平等的交流。

二、课堂权势关系的深层影响

课堂话语究竟是对话还是独白？或者说，在对话性连续体上，它更倾向于对话还是独白？上文从两个方面对上述问题做了理论上的铺垫：一是知识性课程、技能性课程与研究性课程之间的区别；二是知识观对外语课程的影响，这些方面都与对话性有着直接或间接的关联。

由于知识性课程、技能性课程和研究性课程的培养方向不同，教师在教学中的侧重点就不一样。知识性课程旨在向学生"传授"知识，而在这种"传授"的过程中教师是知识的"传授者"，占据主动地位，学生则是知识的"接受者"，占据被动地位。以教师为中心的"传授—接受"的教学模式便如此产生。技能性课程旨在培养学生的某种技能，技能是通过大量练习而近乎自动化的动作，技能的培养仅靠教师单方面的努力显然是远远不够的，学生必须发挥其主体作用，必须直接参与到技能的训练当中。因此，学生中心教学模式是技能性课程常采取的教学模式。研究性课程旨在培养学生的研究能力，包括思维、理论和实践三个层次的研究能力。无论是研究性思维能力的培养，还是理论上的创新，或是物质性的研究活动，教师都不能独揽其事，学生必须是研究的主体，必须主动、积极、有创造性地进行研究。由此观之，知识性课程体现的是独白思想，技能性课程与研究性课程则彰显出对话的理念。

不过，如前所述，知识性课程、技能性课程和研究性课程只是一种人为的区分，教学理念的体现。事实上，任何课程都是融知识性、技能性和研究性于一体的，任何课程都会成为独白思想与对话思想斗争的舞台。究竟是独白思想占据上风，还是对话思想更具优势，这就看教师的课程观、教学观和学习观了。而教师的种种教学理念都取决于他的知识观。

我们在前文述及了不同的知识型和知识转型问题，并在此基础上重点讨论了现代知识观向后现代知识观的转变及其对外语课程的影响。现代知识观崇尚的是科学知识，那是一种客观、普遍、价值中立的知识，那是一种确真、绝对、终极、可证实的知识。那样的知识由不得你怀疑，那样的知识不容你反驳，现代知识观奉知识为至高无上的权威，面对那样的知识，你只能被动地接受。因此，现代知识观是一种独白性的知识观，是巴赫金所说的独白型思维，是一种独白型的世界感受："我的思维独行而自足，不须同他人对话便可把握真理，能把思考的客体完成并论定。"相反，后现代知识观所推崇的是文化知识，将知识置于特定的社会历史文化境域之中考察，将知识与权力、利益、兴趣、价值观念、意识形态等文化因素联系起来观照。这样的知识是有境域性、有价值性的知识，这样的知识具有相对性、不确定性、理解性等。知识的权威性被解构，知识的客观性、普遍性等被取消。后现代知识的理解性取代了现代知识的科技性，后现代知识观强调人际沟通，因而是一种对话性的知识观，是巴赫金所说的对话型思维，是一种对话型的世界感受："我的思维不能独行而自足，必须同他人对话而接近真理，不强求把思考的客体完成并论定。"因此，在后现代知识观观照下，即便是知识性课程也可体现不同程度的对话性。

归根结底，知识观是最根本的问题，因为不同的知识观体现了人们对知识、对知识性的不同的理解，反映到教育之中，不同的知识观会导致不同的教学理念、不同的课程观、教学观和学习观。不同的教学理念又会导致对课程性质的不同认识，导致对课程的知识性、技能性和研究性的不同领悟，反映到课堂上，不同的知识观和不同的教学理念则会导致诸如以教师为中心和以学生为中心等不同的教学模式。在当今的时代，现代知识观的独自型思维与后现代知识观的对话型思维都在对教育理念、对教学模式、对课堂话语产生影响。从某种意义上说，某种知识观其实就是一种特定的话语体系，课堂实际是不同的知识观不断斗争、妥协的场所，从而可以推论，课堂是不同话语不断斗争、妥协的场所，是独自型思维与对话型思维抗争的场所。

第三节　英语教学中权势距离的小节

一、从二元对立走向多元融合、多元共生

二元对立的观点受古代和近代西方哲学思想的影响。古希腊哲人柏拉图在其《理想国》与《斐多篇》中就有"实在—现象"（reality—appearance）和"灵魂—身体"（soul—body）的区分，从而开启了二元对立的思维模式；中世纪的经院哲学为了维护神权和教权，形成了"灵魂—肉体"（spirit—flesh）和"精神—物质"（mind—matter）的二元对立；笛卡尔的"我思故我在"提出了近代西方哲学的"思维—存在"的二元对立命题。无论是古代的本体论哲学，还是近代的认识论哲学，都是建立在"主体—客体"二分的基础上，前者只注重客体，探寻世界

的"本源",是一种客体性哲学。而后者则只注重主体,探寻人们认识世界何以可能,是一种主体性哲学。数千年的哲学思想使人们形成了一种根深蒂固的主客体二分的观念。在马克思主义经典作家那里,主体与客体的关系问题就是思维与存在的关系问题。恩格斯在其著作《路德维希·费尔巴哈和德国古典哲学的终结》中指出"全部哲学,特别是近代哲学的重大的基本问题,是思维和存在的关系问题";他视"思维对存在、精神对自然界的关系问题"为"全部哲学的最高问题"。恩格斯从两个方面分析这种关系:一方面是世界的本源问题,"什么是本原?是精神?还是自然界?……世界是神创造的呢?还是从来就有的?"另一方面是认识论问题,"我们关于我们周围世界的思想对这个世界本身的关系是怎样的?我们的思维能不能认识现实世界?我们能不能在我们关于现实世界的表象和概念中正确地反映现实?用哲学的语言来说,这个问题叫做思维和存在的同一性问题"。正是有关思维与存在、主体与客体的二元对立的思维方式导致了西方近代以来哲学领域其他一系列二元对立概念的产生,例如心与物、彼岸与此岸、神与人、灵魂与肉体、人与世界、本质与现象、内容与形式、理性与感性、理智与情感、肯定与否定、自然与文化、善与恶、原型与模仿、言语与文字,等等。

这种二元对立的思想体现于教育和教学领域就是教师中心论与学生中心论之间的对立,就是教师中心教学模式与学生中心教学模式之间的对立。不仅如此,无论教师中心论者,还是学生中心论者,都显然将教师与学生对立了起来,将"教"与"学"这两种活动对立了起来。教师中心论者视学生为客体,视学生为可接受知识的容器,因此只要从教师这一中心向他们传授知识即可。学生中心论者重视学生的主体作用,却忽略了课堂上另一至关重要的主体教师的作用。

自从夸美纽斯提出班级授课制度以来,教师中心教学模式统治教育领域数百年;目前,大多数课堂仍然以教师为中心。

不过,最近几十年来,越来越多的教师开始尝试学生中心教学模式。根据陈坚林的分析,在以学生为中心的教学模式中,除了教学媒体与教师之间呈现的是单向交互以外,其他任何两个要素之间都呈现双向交互关系。这可以证明,在以学生为中心的课堂上,对话的机会多了,对话的程度高了。教师赋予学生以话语权,让他们尽情地发表自己的观点。

我们可以说,学生中心论的出现是对教师中心论的革命,在教育领域是一大进步。但是我们认为,变革须在继承的基础上进行批判,而不应该全盘否定。如果试图以学生中心教学模式完全取代教师中心教学模式,那便又是一种独白。这种独自型思维显然受了二元对立的世界观的影响,这是迄今理性存在的最严重的经验主义、教条主义、形式主义,这种理性将多姿多彩的人类生活简单化、绝对化、公式化,对变幻多样的世界采取非此即彼的、片面狭隘的态度。事实上,我们生活其中的世界是一个复杂的世界,它是矛盾的、不定的,是动态的、发展的,是丰富的、多元的。对这样一个多元的世界,我们应该有多维的思考,多维的认识;对事物内部和事物之间错综复杂的矛盾关系,我们应该超越二元对立的思维方式,从二元对立走向多元融合、多元共生。

《周易》的殊途同归、孔子的和而不同、老子的相反相成等辩证思想都说明了一个道理:没有绝对的二元对立,有的只是二元甚至多元的融合、多元的共生。

同样,在课堂场域,教师与学生、教与学、教师话语与学生话语、教师中心与学生中心等一系列二元对立也完全可以得到超越。

首先,教师与学生只是课堂上暂时的角色分工,这种角色的差异是相对的,而不是绝对的。英语里的"teacher"和"learner"都以'-er'词缀结尾,都表示人,因此教师与学生本应该是平等的。

教师之所以为教师,一方面是因为教育机构和整个社会赋予他如此的身份和权力,另一方面是因为教师的确在某个领域拥有专业的知识。然而,如果我们以两个圆圈分别表示教师的知识和学生的知识,那么这两个圆圈大小不等,但是相交的关系;同时,这两个圆圈都在人类知识的范围之内(人类知识的大圆圈以虚线表示,因为相对于某一个体而言,人类知识的海洋是广阔无垠的)。

既然两个圆圈相交,那么教师与学生之间有着共同的知识,这种共同知识是教师赖以教学的基础。教师必须清楚地了解师生之间的共同知识,这样才能有的放矢,才能在此基础上扩展学生的知识范围,让学生知识的圆圈变得更大。

我们一般将教师知识的圆圈设计得大于学生知识的圆圈,因为在一般情况下,教师知识多于学生知识。当然,学生知识的圆圈也极有可能大于教师知识的圆圈。无论情况如何,在如今这样一个知识爆炸的时代,获取知识的途径很多,所以,除了共同知识(图中交叠部分)以外,教师和学生都拥有对方所不懂的知识,因此他们都可以教对方,也都可以向对方学习。因此在课堂里,教师和学生可以互相交换角色。

师生的角色转换必然促成教与学的互相转化。从教师角度来说,"教"本身就需要学,教师需要学会一定的知识和技能才能从事教学工作。当教师开始"教"之后,又进一步促进自己的"学",此所谓"教学相长"。即便这样,教师的知识面毕竟有限，有许多方面，教师的知识不如学生。子曰："三人行，必有我师焉。择其善者而从之，其不善者而改之。"（《论语·述而篇》）孔子都能随处向别人学习，教师为何不能向学生学习呢？从学生角度来说，一方面，就课堂上教师所教专业知识而言，学生的"学"首先依赖于教师的"教"，而当学生"学"到一定程度，便也有"教"的能力，学生可以充当教师的助手，和教师一起帮助那些尚未学会的同伴，"学"与"教"就这样相生相成；另一方面，就学生拥有的教师所不懂的知识而言，教师应该主动地向学生求教，而学生则也有了为人师的用武之地。从广阔无垠人类知识的海洋来说，教师知识和学生知识都只是小溪而已，因此教师和学生之间完全平等，师生应该共同研究、合作学习。于是，课堂上不再是简单的、绝对对立的"教"和"学"这两种活动，而是教中有学、学中有教、以学促教、以教促学、共同教学、共同学习、互教互学等一系列活动。

既然能够超越教师与学生、教与学的二元对立，那么我们也同样可以走出教师话语与学生话语、教师中心与学生中心的二元对立思维误区。以下内容中，我们将分别讨论如何在教师话语与学生话语之间、教师中心与学生中心之间建立动态的平衡，从而谋求教育语境中的多元融合、多元共生的景观。

二、"中心"的消解、初态的平衡

在课堂场域，要真正超越教与学之间、教师与学生之间、教师话语与学习和书本知识也不是我们要关注的问题。我们要特别关注的问题是课堂上师生之间如何通过对话，让彼此的思想发生碰撞，并迸发出"火花"，是学生如何建构"新知识"的。在教学活动发生之前，课堂里只存在教师的过去经验、学生的过去经验和书本知识，它们彼此之间是分离的。

"过去经验"指的是认识主体（此处指教师或学生）掌握的有关世界的知识或经验。按照皮亚杰的观点，这是他们"在从事各种活动而与环境相互作用的过程中"所建立起来的用来"对付他们的世界"的"一系列心理图式、概念或模型"（朱纯，1994）。"书本知识"则既可以特指教材上的知识，也可以泛指各种材料上的书面知识。

在教学活动发生的过程中，教师与学生之间出现了言语互动，这种言语互动是有关书本内容的信息交流。

师生之间在进行言语互动的时候，他们彼此都从对方那里获得了什么，但这不是知识，而是信息。

当师生从对方那里获得新信息之后，他们的过去经验对新信息进行加工，包括同化和调节两个过程。"同化是按信息与现有图式一致的方式提取和解释新信息的过程。调节是改变图式使之更好地符合现实世界的过程。"换言之，同化就是将新信息纳入已有的认知结构，而调节指的是新信息与已有的认知结构发生矛盾，从而使得已有的认知结构失去平衡，认知主体必须重新建构新的认知结构。总之，在进行信息交流之后，师生双方的认知结构都发生了变化（通常情况下，学生的认知结构变化更为显著）。

认知结构的变化表现为"过去经验"疆界的扩大和内部结构的调整，这便是认识主体的"新知识"的建构。可见，在课堂里，学生的"新知识"不是教师"传授"的，也不是从教师或书本里"拿取"来的，而是他自己的过去经验对获得的新信息进行加工而建构出来的。但这种建构靠学生单方面的力量又是不够的，因为信息的获得依靠的是主体之间的交流。即便是从书本里获得信息也是如此，即读者与文本作者之间的信息交流。随着年龄的增长和经验的积累，学生的认知结构越来越丰富，他们建构知识的能力也越来越强，这表现为学生自学能力的提高：他们可以自己看书，从书本里获取信息，并利用自己的过去经验将新信息建构为新知识。但是，学生总会遇到困难，也就是说，他们的认知结构遇到新信息时既不能同化也不能调节时；此时教师凭借自己更为丰富的过去经验，与学生进行交流，进行对话，在对话的过程中促进学生认知结构的调整，从而促进学生新知识的建构。

从以上分析可以看出，教师和学生是平等的认识主体；书本知识存在于主体之间，在相互交流、相互沟通的基础上才可能被认识主体建构为自己的新知识。

第四节　主体间性外语教学模式的建立

一、主体间性教学模式

现如今，西方哲学已由认识论轴心转向语言学轴心，主体间性成为哲学思考的核心。主体间性超越了主客关系的主体性理念，将主体性置于主体与主体之间，每一个主体都是关系之中的主体，主体之间的关系是"和而不同"的关系。胡塞尔从认识论上以主体间性替代了笛卡尔孤独的"我思"主体性：他努力以"移情"

和"共同经验"为中介,将"我思"(我的认识)转化为"我们思"(我们的认识),从而达到意义的相通性。海德格尔从存在论上以主体间性替代了主体性,他认为"此在的世界是共同世界。在之中,就是与他人共同存在。他人的在世界之内的自在存在就是共同此在""此在自己本来就是共同存在。此在本质上是共在""共在在生存论上规定着此在。此在之独在也是在世界中共在",因此主体间性即主体的共在性。马克思从实践论上以主体间性替代主体性。他认为,任何个人改造世界的实践活动都不是孤立或单一的主体对客体的活动,而是众多主体之间的联合活动,是众多主体对共同客体世界的改造活动。从马克思的交往实践观出发,主体间性是以客体为中介的主体之间的内在关联性。

鉴于此,我们认为,在外语课堂里,应该营造对话性的氛围,搭建交流情感和沟通思想的平台,将构成教学系统的各要素置于主体之间去考察,建立一种主体间性外语教学模式。

所谓主体间性教学模式,就是由教师主导的、由多交互主体协同参与的、平等对话的、多元融合的和动态多变的课堂模式。

第一,教师主导。我们知道,所有的课堂教学活动(包括前述教师中心和学生中心教学模式)都是由教师设计构思的,正如所有文学作品的主人公(包括主人公的自由与主人公的不自由)都是由文本作者构思和创造的一样。然而,并非每一个课堂都是由教师主导的。如果从教师与学生在课堂上发挥的作用来看,在教师中心教学模式中,教师支配一切,掌控一切,教师占有的不仅是主导地位,而是绝对的统治地位。相反,在学生中心教学模式中,教师原本怀着良好的愿望,或任由学生参与选择课程内容,决定最终教学评估方法,或任由学生独立学习,以发挥其自治作用,或任由学生组织各类课堂活动,而不加以干预,最终导致教师不能操控课堂上的学习活动,因此失去了教师本应该发挥的主导地位。在这两种教学模式中,教师都走了极端。前者完全剥夺了学生的自主权,忽略了学生的主体作用;而后者对学生完全放任,结果使教师的主导地位丧失殆尽。在主体间性教学模式中,教师制定方向性原则,作为学生课程内容选择和自我学习评估的依据,或设定学习和研究范围,并对学生的独立学习和研究进行跟踪指导,或限定讨论主题,鼓励并帮助学生组织各类促进学习或展示学习和研究成果的活动,并针对学生的小组活动、两人对话、角色扮演、交际游戏等进行指导性评论。在这种主体间性教学模式中,教师是一特殊的主体,是"平等中的首席",因为无论在知识方面、经验方面还是能力方面,教师一般都超过学生,所以教师就应该捍卫自己的主导地位不动摇，自始至终给学生提供指导和帮助。

第二，多交互主体协同参与。在主体间性教学模式中，参与教学活动的主体除了在场的教师和学生以外，还包括许多不在场的主体，如教材与其他学习材料的编者、教育与教学主管部门、各类教育政策制定者、测试制度、各种教学理念等。教学媒体和学习任务成为连接师生关系的纽带。在这种教学模式中存在多主体，而且彼此之间都有交互作用、互相协作、共同完成课堂上的教学活动。

第三，平等对话。要做到多交互主体协同参与，就必须平等对话。平等是对话的前提，如果地位不平等，彼此之间就无法对话。如果教师唯上级管理部门之命是从，被动地执行其政策规定，而不敢践行新的教学理念，不敢实施教学改革，则无法与其达成对话；如果教师在剥夺了自己的话语权的同时，又剥夺学生的话语权，那么他只能对学生独白了。没有了对话的教学活动不再是教育。

第四，多元融合。我们不仅要消除二元对立的观念，我们还要提倡二元甚至多元融合，多元共生。在教学活动中，教师与学生之间、教与学之间都不是界限分明的，教师需要学习，学生也可为师，教中有学，学中有教，教学相长。不仅如此，教师和学生还要与许多不在场的主体进行对话，这种对话可以发生在师生与教材的编者之间、与教学大纲制定者之间、与测试制度或其他教育政策制定者之间、与教师的同事之间、与不同的教育理念之间等。教材不是唯一的学习材料，教师和学生可以共同开发大量其他信息和资源（包括图书馆的报刊书籍、网络资源以及各种人力资源）。总之，教学活动的完成是多元融合的结果。

第五，动态多变。课堂上的情况是纷繁复杂的。在主体间性教学模式中，一切都在发展和变化之中，一切都在未完成的状态。教学中心既不固定于教师，也不集中于学生，而是在教师与学生之间变动不居。换言之，处于教学中心的是课堂上的在场参与者。教师会在动态多变中发挥自己的主导作用，视具体情况，决定在教师与学生之间采取何种互动方式。主体间性教学模式是一种对话性教学模式，但对话性并不意味着课堂上完全是对话而决无独白，因此主体间性教学模式的动态多变性又体现在课堂上独白与对话的共生共存和彼此融合。该模式与其他教学模式不同之处在于教师具有对话性思维，他始终相信，人是一种处在变化过程中的存在，是一种不完善的存在。"一个把自己的生存看成是最完美无缺的生存、把自己的思想看成终极真理的个人和群体，必定会拒绝对话、拒绝对自己的生存和思想做出任何细微的改变。"在主体间性教学模式的课堂里，教师走出封闭的自我观念，认真倾听来自学生的不同声音，不断反思自己的教学，不断总结其成败，与学生一起探索世界，建构意义，师生共同营造一种开放的、动态的教学生成状态。

教师中心教学模式和学生中心教学模式都是在教师与学生之间所作的取舍，在二元对立中采取了非此即彼的立场。主体间性教学模式则超越了教师与学生之间的二元对立，走向了师生与众多不在场者的多主体之间的多元共生的状态，考虑到微观的课堂场域，也考虑到中观的学校场域，甚至还考虑到宏观的社会场域。

二、主体间性教学模式的微观构建

从微观来看，直接参与课堂教学活动的主体有教师、学生和不在场的教材编者、教学学习文本的作者等。首先，在场的师生之间达成共识：课堂的每一项教学活动都离不开师生的共同参与，每一项任务都需要他们协作完成。其次，无论是教材，还是其他学习材料，都不再被看作任由师生处理的客体对象，因为教材蕴含了编者的思想和理念，教学材料和学习材料的文本都有自己的作者，所以师生都需要与这些不在场的编者、作者进行交流，一切教学和学习活动同样离不开他们的参与。这里呈现出来的是教师、学生、教材编者、文本作者之间的多主体对话。

作为"平等中的首席"，教师要向学生表现出高姿态，让学生大胆地享有自己的权力，放心地与教师"平起平坐"，树立起学习主体意识，从而充分发挥学生的主体作用。这是从思维模式上培养学生的对话精神。有了这样的氛围，师生便能够就一切问题进行心灵的沟通和行为的交流。例如，师生一起研究教材（而非教师教教材，学生学教材），共同对教材的内容进行甄选和拓展。研究教材的过程就是与教材编者、文本作者进行对话的过程，对教材内容的甄选和拓展就是对编者和作者的观点的认可、赞许、同意、质疑、批判、否定、补充等。在甄选和拓展的基础上，师生共同参与教材文本的诠释，讲台不再为教师独占，而是师生共享，抑或讲台的位置不再固定，每一个主体的位置都是讲台，这样一来师生才能一起探索和建构意义。在这里，在场的教师与学生之间有了平等的对话机会。同时，他们都对教材内容敞开心扉地发表自己的见解，与不在场的教材编者和文本作者争辩，而不是一味地依靠教材上所说的一切内容。

除了教材以外，师生还一起商讨和共同开发学习材料，因为"教材所能起的作用是非常有限的，特别是外语教学，更不能紧扣一套教材。外语是一种语言，语言是在使用的，是活的。活的语言比死的要好。什么是活的语言？今天的报纸，今天的交谈、杂志，这些都是最好的语言。这些语言比教材更好"。教师给学生提供指导性建议，然后由学生利用图书馆、报刊、网络、外籍教师等发掘和整合各种外语学习资源。

如果说在教材内容的甄选、拓展和诠释的过程中教师还在前台的话，那么在学习材料的开发和建设的过程中教师则退到了后台。前台与后台的切换也是主体间性教学模式动态多变的一种体现。但这并不意味着教师完全退出舞台，对学生一味盲目放任，那是一种不作为和不尽责。相反，教师始终关注和参与学生学习材料的构建和学习活动的进行。学习资源的开发、学习材料的构建与学习活动的展开完全是一种研究性、整合性、合作性的学习过程。

研究性指的是一种探究式学习。学生进行资料搜索、课题研究以及包括话题教学、短剧表演、辩论演讲等形式在内的课堂呈现，以探究的状态观察世界，不断激发学生学习兴趣与热情，从而获得对世界真正的理解。

主体间性外语教学模式旨在培养学生的研究性或探究式学习能力，而不仅仅满足于教会学生记住几个外语单词、读懂几篇外语文章、掌握几条语法规则。外语课程不仅是一门知识性课程，它更是一门技能性课程，而语言知识和技能的掌握不是教师教会的，而应该是学生与周围环境接触的过程中自己建构起来的。

根据皮亚杰提出的建构主义理论，儿童在与周围环境相互作用的过程中，逐步建构起关于外部世界的知识，从而使自身的认知结构得以发展。建构主义者认识到学习者在学习过程中的主导地位，强调知识不是通过老师传授而得到的，而是学习者在一定的环境和社会文化背景之下，借助于学习和别人的帮助，利用必要的学习资料，通过意义建构而获得的。所谓意义建构，即认识事物的性质、规律以及事物之间的内在联系。

研究性学习要求学生以探究的方式观察和分析世界，研究和解决问题，把学习与研究有机结合。研究性外语教学活动特别强调学生的主体性，要求他们亲自参与知识体系的建构和语言能力的培养上。学生以小组为单位，围绕个人的兴趣、社会热点问题或有争议的问题等方面，从自己的生活世界中进行选题，每个小组都必须在认真讨论的基础上进行合作课题立项，人人参与资料的搜索与整理，讨论和研究问题，提出解决办法并加以论证，以不同形式在课堂上呈现研究的成果，从而引发同学之间更多的讨论与思考。研究性教学的根本目的是激发学生的探究精神和创新意识，培养他们的探究能力和创新能力。研究性外语学习不再仅仅是一种语言学习，更是一种利用语言对世界进行的思考、探索和理解。

整合性指的是包括听、说、读、写、译在内的语言技能平衡发展与综合提高、学习资源全面开发与丰富多彩、教学方法灵活多变、综合素质全面培养等。

各种语言技能互相促进、相辅相成，因此在主体间性教学模式中，外语课程融听、说、读、写、译于一体，综合提高学生的所有语言能力，使其平衡发展。在这里，教材不是学生学习的唯一材料，除了教材外，学生还可以利用图书馆、因特网等一切资源，将各种自己感兴趣的外语资料、信息进行整合，从而形成一系列各具特色的"学材"。在如今的信息化时代，任何传统的教材都不可能跟上时代步伐。学生通过课后大量阅读报刊、书籍、网络信息等，能够从中获取最新的、处于学科前沿的知识，在研究问题中锻炼了"读"的能力；在课上或课后，每个学习小组对小组合作项目进行反复讨论，并对讨论内容做认真的记录，每次上课留出适当的时间由各学习小组针对课题研究进展向全班同学进行口头汇报，他们在讨论和汇报中锻炼了"说"的能力；为了能在老师的指导下，切实完成小组合作项目，所有同学必然非常投入和认真地听取教师的建议和同学发表的观点，认真听取同学的汇报，从而锻炼了"听"的能力；收集的资料中有很多是汉语，这就要求学生进行大量的翻译工作，不知不觉中训练了"译"的能力；每个学习小组的合作研究项目需要向全班作课堂呈现，这涉及书面材料的准备，在课堂呈现之后撰写该课题的论文（对于高级阶段的学习者来说）、活动感受等，这一系列活动大大促进了学生"写"的能力。于是，外语课程成为听、说、读、写、译等各种技能的整合性课程。除此之外，它还包括学习资源、学习方法、学习时空和教学方法的整合。

合作性指的是构建学习群体，在群体中共享资源和合作学习，采取讨论、话题研究、辩论等多种群体学习活动。

根据俄罗斯心理学家维果茨基的社会互动学习理论，社会互动是学习产生的先决条件，学习是由个体、自然和社会环境这三者构成的复杂的动态反应过程。维果茨基的社会互动理论中的一个重要概念是"社会平台"（Social Scaffolding），它与建筑上的"脚手架"有关。维果茨基将能力强的人比作脚手架，学习者借助于脚手架则可以顺利地学习。这一社会平台起到了帮助学习者自学的作用。对于第二语言学习者来说，教师和同学就是他们最容易获取帮助的社会平台。通过与同伴、老师等互动，学习者的第二语言学习活动将得以更顺利地进行。

因此，在主体间性教学模式中，学生的任何学习活动都是在主体之间合作完成的，都需要借助于学习群体的力量。即便是个体的学习任务也可以在小组讨论中征求同伴的观点和意见,获得同伴的反馈,从而激发自己更多的思想。在小组合作研究项目的实施过程中,合作就显得尤为重要。从项目的立项到结项,每一阶段都需要成员之间的通力合作与密切配合。

这种研究性、整合性、合作性的学习过程可以图示如下。

学生首先在教师指导下组建合作学习小组,然后在组内进行角色分工,角色包括主席、秘书、发言人、保管员等,主席负责主持讨论,秘书负责讨论内容记录(可以录音形式),发言人负责讨论内容的课堂汇报、研究成果的课堂呈现等,保管员负责各类学习材料的分类保管等工作,到下一轮课题研究时可以交换角色。然后小组讨论酝酿并提出待选选题(教师可以安排课堂讨论,也可以让学生课后讨论,时间地点都不固定)。接着小组成员就待选选题分头查阅资料,并做进一步探讨,论证和确定选题,然后就确定的选题进行调研分配(收集资料,方法包括去图书馆、上网、录音、访谈、咨询、问卷调查等,资料来源包括书籍、报纸、杂志、网络、教师等资料语言包括中英文)。在整个学习过程中,课堂汇报这一环节的位置并不固定,教师见机行事,可以多次安排不定期进行,每个小组针对自己的调研进展情况向全班做简要陈述。在充分的调研之后,小组将收集的资料进行分类整理,其中包括必要的翻译工作,并为课堂呈现做充分的准备,如书面材料的撰写、演示文稿的制作、道具的准备、节目的排练等。课堂呈现的环节是整个学习过程的核心部分,是学生学习成果的汇报,其形式多样,有简单的陈述,有精彩的短剧,有激烈的辩论,有趣味的访谈,等等。在某一小组进行课堂呈现之后,其他小组就课堂呈现内容展开课堂讨论,形成组际互动。在课堂讨论之后,完成了课堂呈现的小组需要完成一份书面的活动报告(视学生语言水平等情况,高级阶段的学习者可以进行论文的写作),最后对活动的感受进行总结。

在这一过程中,教师始终在幕后辅以行动指导和意见反馈,一切活动都由学生自行完成。通过与同学和教师的社会互动,通过"脚手架"的帮助,所有学生都能在研究中学习,在整合中提高,在合作中受益。

在课堂场域中,主体间性还体现于多元的评价体系。该评价体系融入终结性评价与形成性评价于一体,既有微观的测试,也有宏观的考量;既采取笔试形式,也采取口试和操作形式;既有闭卷考试,也有开卷测验;既有量化的分数,也有叙述的文字;既有教师评价,也有同伴评价和自我评价;既考虑结果,更注重过程;既考查语言知识的掌握,更强调语言能力的运用和综合素质的发展。在主体间性教学模式中，评价完全为学习服务，评价贯穿于整个学习过程。教师可以提出一个建议性评价框架，用于教师评价、同伴评价和学生自我评价。

当然，针对不同的学习群体，在不同的学习阶段，根据不同的学习目的，教师可以对评价的内容进行调整，也可以让学生参与评价框架的制定与修改。

教师评价、同伴评价与自我评价的结合让"他人眼中之我""我眼中之我"和"我眼中之他人"之间展开了对话。多元的评价体系可以相对真实、全面地反映学生的学习情况，进一步促进教学水平的提升。

三、主体间性教学模式

微观的课堂场域是整个主体间性教学模式的核心部分，然而如果将主体间性教学模式仅仅局限于课堂，那么这种主体间性就过于狭隘了，这种对话性就过于封闭了。事实上，该教学模式所涉及的主体不仅仅是课堂里的在场者，即教师与学生，也不仅仅包括教材编者和文本作者，参与教学活动的主体还包括中观层面和宏观层面的各级教育教学管理部门。

中观层面指的是学校内部各级教学管理部门负责人，如年级组组长、教研室主任、（高校分管教学的）系主任或院长、教务处处长、分管教学的校长等，也包括同一教研室或年级组或整个学校的同事。宏观层面指的是来自社会的各级教育管理部门负责人，如教育局、教育厅、教育部等部门的教育政策制定者，还包括教育理论与实践的研究者等。测试制度对教学也起着非常重要的作用。

在主体间性教学模式中，教师与管理者之间不再是上控下从的关系，而是对话的关系。他们都善于与对方沟通、协商、探讨、交流，努力寻求教育的真谛，共同探究教育的奥秘。

教师是构筑对话的最关键因素，学生的自由取决于教师的构思，教师本人的话语权靠教师自己去争取，课堂的对话与独白在于教师的设计。在微观的课堂场域如此（作为"平等中的首席"，教师要向学生表现出对话的姿态），在中观的学校场域和宏观的社会场域也是这样，因为教师身处教学一线，对课堂的具体情况最为了解，对教学活动各个环节的相关决策最有发言权。既然如此，教师就必须具有自己的教学思想，作为与他人对话的基础。而教学思想的产生又来源于对话，如教师与同事之间的沟通（中观的学校场域的对话）、教师与教育同行和学术同仁之间的交流（宏观的社会场域的对话）。我们至少可以说，教师与同事之间、教师与教育同行和学术同仁之间不存在阻碍对话的、明显不平等的权力关系。没有了权力的干扰，同事之间、同行之间、同仁之间就没有隔阂，他们就可以自由、畅快地进行教育思想和学术理念的交流。

在此基础上，教师会主动地向管理者（首先是最直接的管理者）表达诉求，陈述自己的教学理念，以获得支持，而管理者一方面认真考虑教学一线的教师们对教育教学政策提出的建议。另一方面在重大决策之前主动与教师专家沟通交流，征求其意见。不同层级的管理者之间形成一个快速的对话通道，使得信息得以上通下达，形成一个对话性的教育氛围。不同层级的管理者提出的教育方案最终还是需要教师的课堂教学来实施和检验。在主体间性教学模式中，无论是教师，还是管理者，都愿意倾听，善于吸纳。只有这样，教师与管理者之间便形成一个教育对话的良性循环，主体间性获得进一步发展。

当然，实际的对话关系远比图示复杂得多。无论是发生在学校场域还是在社会场域的对话，最终都要服务于课堂场域的师生之间的教学活动，服务于学生的学习，最核心的内容还是师生在课堂上做了什么。

外语教学活动的最终旨归是学生的"学"。学生要"学"的东西并非靠教师的"传授"，而是靠学生的"建构"，但仅靠自己的力量又无法"建构"，"学生新建构的知识"发生于主体之间。在课堂场域，外语学习正是通过师生互动教学理念、不同的课程观、教学观和学习观。不同的教学理念又会导致对课程性质的不同认识，导致对课程的知识性、技能性和研究性的不同领悟，反映到课堂上，不同的知识观和不同的教学理念则会导致诸如以教师为中心和以学生为中心等不同的教学模式。在当今的时代，现代知识观的独自型思维与后现代知识观的对话型思维都在对教育理念、对教学模式、对课堂话语产生影响。从某种意义上说，某种知识观其实就是一种特定的话语体系，课堂实际是不同的知识观不断地斗争、妥协的场所，从而可以推论课堂是不同话语不断斗争、妥协的场所，是独自型思维与对话型思维抗争的场所。

参考文献

[1] 陈荣著. 第二语言习得与课堂互动研究 [M]. 太原：山西经济出版社，2019.01.

[2] 秦红斌著. 互动课堂 基于交互环境的教与学变革 [M]. 上海：上海科技教育出版社，2017.04.

[3] 寇金南著；萧国政主编. 中国大学英语课堂小组互动模式研究 [M]. 世界图书出版广东有限公司，2015.09.

[4] 吴敏. 动态系统理论视域下的大学英语课堂互动机制另解 [M]. 厦门大学出版社有限责任公司，2021.12.

[5] 朱红梅著. 英语教师课堂互动反思研究 [M]. 北京：中国社会科学出版社，2017.06.

[6] 肖思汉著. 听说 探索课堂互动的研究谱系 [M]. 上海：华东师范大学出版社，2017.12.

[7] 刘颖著. 基于语料库的 EFL 课堂互动话语用语研究 [M]. 北京：人民日报出版社，2016.06.

[8] 杨华著. 高校外语课堂互动形成性评估研究 [M]. 北京：外语教学与研究出版社，2016.06.

[9] 李红美著. 教学应答系统促进课堂互动的研究 [M]. 南京：南京大学出版社，2015.12.

[10] 马予华，孙茂华，曹李宏著. 英语教育与互动课堂模式研究 [M]. 北京：中国纺织出版社，2019.05.

[11] 张海著；万明钢主编. 多民族文化背景下的课堂师生互动研究 [M]. 北京：中国社会科学出版社，2019.06.

[12] 刘莹著. 大学英语课堂师生互动方式研究 [M]. 北京：金盾出版社，2017.05.

[13] 李航著. 外语课堂师生意义协商互动与优化 [M]. 北京：科学出版社，2016.06.

[14] 周雷, 丹金著. 大学英语课堂师生教学话语互动研究 [M]. 北京：光明日报出版社, 2016.07.

[15] 王德鹏主编. 双导互动课堂模式的探索与实践 [M]. 天津：天津教育出版社, 2015.

[16] 何源著. 课堂情境下师生人际互动研究 [M]. 南京：南京大学出版社, 2015.12.

[17] 颜英仪. 课堂互动教学促发展 [J]. 读与写（中旬）,2022(4)：164-165.

[18] 卢盛娟1, 岑洪2, 廖成成2. 深化课堂互动："微"时代高校课堂互动的变革 [J]. 中国继续医学教育,2021(29)：20-23.

[19] 冯国蕊. 课堂互动的教师自我研究 [J]. 创新人才教育,2021(1)：57-60.

[20] 张栋杰. 英语课堂的互动教学策略 [J]. 河南教育（基础教育版）,2021(C1)：111.

[21] 陈霞. 课堂互动教学模式探究 [J]. 小学科学（教师版）,2021(2)：143.

[22] 李小荣. 课堂互动经验浅谈 [J]. 试题与研究（教学论坛）,2019(1)：147.

[23] 杨钦海. 实施课堂互动的认识 [J]. 神州,2019(35)：116.

[24] 时广军. 线上课堂互动的情感能量研究 [J]. 教育科学研究,2022(7)：53-58，65.

[25] 朱明. 课堂互动, 实践提升 [J]. 新课程,2022(4).

[26] 刘婷婷1, 郭婧2. 建构"文学思维"的课堂互动教学路径 [J]. 现代基础教育研究,2022(1)：186-192.

[27] 樊丽红. 课堂互动有效整合师生集体智慧 [J]. 小学科学（学生版）,2022(11)：119-121.

[28] 杨佳. 如何构建有效的课堂互动 [J]. 中华传奇,2020(31)：120.

[29] 肖思汉. 如何呈现一场课堂互动 [J]. 全球教育展望,2020(12)：13-26.

[30] 张丽."教学生活化, 课堂互动化"刍议 [J]. 数学之友,2023(1)：18-19.

[31] 高燕燕. 课堂互动化 [J]. 新一代,2018(9).

[32] 吴梦婷. 课堂互动化教学模式的创新分析 [J]. 小学科学（教师版）,2021(1)：188.

[33] 孟迪, 邢加新. 国内英语课堂互动研究综述 [J]. 考试与评价（大学英语教研版）,2021(5)：124-128.

[34] 王珍财. 教学生活化, 课堂互动化 [J]. 知识窗,2021(14)：84.

[35] 韦宏霞,吴昊,曹仕燕.国际课堂互动研究热点与前沿分析[J].高教论坛,2021(4):111-115.

[36] 余琴.课堂互动工具教学实践与探索[J].中国宽带,2021(2):130.

[37] 刘小刚.高效课堂互动点评环节研究[J].试题与研究(教学论坛),2021(15):155.

[38] 刘纳.基于"互联网+"的课堂互动教学模式探究[J].中国教育信息化,2021(20):62-66.

[39] 周俊福.基于学习共同体下的课堂互动研究[J].国家通用语言文字教学与研究,2021(8):121,129.

[40] 赖珍珠.多模态英语教学中的课堂互动[J].试题与研究(教学论坛),2021(9):58.